CHINÊS
VOCABULÁRIO

PALAVRAS MAIS ÚTEIS

PORTUGUÊS CHINÊS

Para alargar o seu léxico e apurar
as suas competências linguísticas

9000 palavras

Vocabulário Português-Chinês - 9000 palavras

Por Andrey Taranov

Os vocabulários da T&P Books destinam-se a ajudar a aprender, a memorizar, e a rever palavras estrangeiras. O dicionário é dividido em temas, cobrindo todas as principais esferas de atividades quotidianas, negócios, ciência, cultura, etc.

O processo de aprendizagem, utilizando os dicionários baseados em temáticas da T&P Books dá-lhe as seguintes vantagens:

- Informação de origem corretamente agrupada predetermina o sucesso em fases subsequentes da memorização de palavras
- Disponibilização de palavras derivadas da mesma raiz, o que permite a memorização de unidades de texto (em vez de palavras separadas)
- Pequenas unidades de palavras facilitam o processo de estabelecimento de vínculos associativos necessários para a consolidação do vocabulário
- O nível de conhecimento da língua pode ser estimado pelo número de palavras aprendidas

T&P Books Publishing
www.tpbooks.com

ISBN: 978-1-78400-855-0

Este livro também está disponível em formato E-book.
Por favor visite www.tpbooks.com ou as principais livrarias on-line.

VOCABULÁRIO CHINÊS
palavras mais úteis

Os vocabulários da T&P Books destinam-se a ajudar a aprender, a memorizar, e a rever palavras estrangeiras. O vocabulário contém mais de 9000 palavras de uso comum organizadas tematicamente.

O vocabulário contém as palavras mais comummente usadas
Recomendado como adicional para qualquer curso de línguas
Satisfaz as necessidades dos iniciados e dos alunos avançados de línguas estrangeiras
Conveniente para o uso diário, sessões de revisão e atividades de auto-teste
Permite avaliar o seu vocabulário

Características especias do vocabulário

· As palavras estão organizadas de acordo com o seu significado, e não por ordem alfabética
· As palavras são apresentadas em três colunas para facilitar os processos de revisão e auto-teste
· As palavras compostas são divididas em pequenos blocos para facilitar o processo de aprendizagem
· O vocabulário oferece uma transcrição simples e adequada de cada palavra estrangeira

O vocabulário contém 256 tópicos incluindo:

Conceitos básicos, Números, Cores, Meses, Estações do ano, Unidades de medida, Roupas & Acessórios, Alimentos & Nutrição, Restaurante, Membros da Família, Parentes, Caráter, Sentimentos, Emoções, Doenças, Cidade, Passeios, Compras, Dinheiro, Casa, Lar, Escritório, Trabalho no Escritório, Importação & Exportação, Marketing, Pesquisa de Emprego, Desportos, Educação, Computador, Internet, Ferramentas, Natureza, Países, Nacionalidades e muito mais ...

TABELA DE CONTEÚDOS

GUIA DE PRONUNCIAÇÃO

Letra	Exemplo Chinês	Alfabeto fonético T&P	Exemplo Português
a	tóufa	[a]	chamar
ai	hǎi	[aɪ]	cereais
an	bèipàn	[an]	anular
ang	pīncháng	[ɑ̃]	jantar
ao	gǎnmào	[au]	produção
b	Bànfǎ	[p]	presente
c	cǎo	[tsh]	[ts] aspirado
ch	chē	[tʃh]	[tsch] aspirado
d	dǐdá	[t]	tulipa
e	dēngjì	[ɛ]	mesquita
ei	běihǎi	[eɪ]	seis
en	xúnwèn	[ə]	milagre
eng	bēngkuì	[ə̃]	entusiasmo
er	érzi	[ɛr]	querer
f	fǎyuàn	[f]	safári
g	gōnglù	[k]	kiwi
h	hǎitún	[h]	[h] aspirada
i	fēijī	[iː]	cair
ia	jiā	[jɑ]	Himalaias
ian	kànjiàn	[jʌn]	pianista
ie	jiéyuē	[je]	folheto
in	cónglín	[iːn]	canino
j	jǐqì	[tɕ]	tchetcheno
k	kuàilè	[kh]	[k] aspirada
l	lúnzi	[l]	libra
m	hémǎ	[m]	magnólia
n	nǐ hǎo	[n]	natureza
o	yībō	[ɔ]	emboço
ong	chénggōng	[ü]	conjunto
ou	běiměizhōu	[ou]	chow-chow
p	pào	[ph]	[p] aspirada
q	qiáo	[tʃ]	Tchim-tchim!
r	rè	[ʒ]	talvez
s	sàipǎo	[s]	sanita
sh	shāsǐ	[ʃ]	mês
t	tūrán	[th]	[t] aspirada
u	dáfù	[u], [ʊ]	bonita
ua	chuán	[ua]	qualidade
un	yúchǔn	[uːn], [ʊn]	boneca
ü	lǚxíng	[y]	questionar
ün	shēnyùn	[jun]	nacional

Letra	Exemplo Chinês	Alfabeto fonético T&P	Exemplo Português
uo	zuòwèi	[uɔ]	álcool
w	wùzhì	[w]	página web
x	xiǎo	[ɕ]	shiatsu
z	zérèn	[ts]	tsé-tsé
zh	zhǎo	[dʒ]	adjetivo

Comentários

˙ **Primeiro tom** (alto, contínuo)
No primeiro tom, o tom de voz permanece constante e ligeiramente alto ao longo da sílaba. Exemplo: **mā**
Segundo tom (crescendo)
No segundo tom, o tom de voz aumenta ligeiramente enquanto pronuncia a sílaba. Exemplo: **má**
Terceiro tom (caindo-crescendo)
No terceiro tom, o tom de voz baixa, e depois volta a subir na mesma sílaba. Exemplo: **mǎ**
Quarto tom (caindo)
No quarto tom, o tom de voz desce abruptamente durante a sílaba. Exemplo: **mà**
Quinto tom (tom neutro)
No tom neutro o tom da voz depende da palavra que se está a dizer, mas normalmente é dito mais breve e mais suave que as outras sílabas. Exemplo: **ma**

ABREVIATURAS
usadas no vocabulário

Abreviaturas do Português

adj	-	adjetivo
adv	-	advérbio
anim.	-	animado
conj.	-	conjunção
desp.	-	desporto
etc.	-	etecetra
ex.	-	por exemplo
f	-	nome feminino
f pl	-	feminino plural
fem.	-	feminino
inanim.	-	inanimado
m	-	nome masculino
m pl	-	masculino plural
m, f	-	masculino, feminino
masc.	-	masculino
mat.	-	matemática
mil.	-	militar
pl	-	plural
prep.	-	preposição
pron.	-	pronome
sb.	-	sobre
sing.	-	singular
v aux	-	verbo auxiliar
vi	-	verbo intransitivo
vi, vt	-	verbo intransitivo, transitivo
vr	-	verbo reflexivo
vt	-	verbo transitivo

CONCEITOS BÁSICOS

Conceitos básicos. Parte 1

1. Pronomes

eu	我	wǒ
tu	你	nǐ
ele	他	tā
ela	她	tā
ele, ela (neutro)	它	tā
nós	我们	wǒ men
vocês	你们	nǐ men
eles	他们	tā men
elas	她们	tā men

2. Cumprimentos. Saudações. Despedidas

Olá!	你好!	nǐ hǎo!
Bom dia! (formal)	你们好!	nǐmen hǎo!
Bom dia! (de manhã)	早上好!	zǎo shàng hǎo!
Boa tarde!	午安!	wǔ ān!
Boa noite!	晚上好!	wǎn shàng hǎo!
cumprimentar (vt)	问好	wèn hǎo
Olá!	你好!	nǐ hǎo!
saudação (f)	问候	wèn hòu
saudar (vt)	欢迎	huān yíng
Como vai?	你好吗?	nǐ hǎo ma?
O que há de novo?	有 什么 新 消息?	yǒu shénme xīn xiāoxi?
Até à vista!	再见!	zài jiàn!
Até breve!	回头见!	huí tóu jiàn!
Adeus!	再见!	zài jiàn!
despedir-se (vr)	说再见	shuō zài jiàn
Até logo!	回头见!	huí tóu jiàn!
Obrigado! -a!	谢谢!	xièxie!
Muito obrigado! -a!	多谢!	duō xiè!
De nada	不客气	bù kè qi
Não tem de quê	不用谢谢!	bùyòng xièxie!
De nada	没什么	méi shén me
Desculpa! -pe!	请原谅	qǐng yuán liàng
desculpar-se (vr)	道歉	dào qiàn

As minhas desculpas	我道歉	wǒ dào qiàn
Desculpe!	对不起!	duì bu qǐ!
perdoar (vt)	原谅	yuán liàng
por favor	请	qǐng
Não se esqueça!	别忘了!	bié wàng le!
Certamente! Claro!	当然!	dāng rán!
Claro que não!	当然不是!	dāng rán bù shi!
Está bem! De acordo!	同意!	tóng yì!
Basta!	够了!	gòu le!

3. Como se dirigir a alguém

senhor	先生	xiān sheng
senhora	夫人	fū ren
rapariga	姑娘	gū niang
rapaz	年轻人	nián qīng rén
menino	小男孩	xiǎo nán hái
menina	小女孩	xiǎo nǚ hái

4. Números cardinais. Parte 1

zero	零	líng
um	一	yī
dois	二	èr
três	三	sān
quatro	四	sì
cinco	五	wǔ
seis	六	liù
sete	七	qī
oito	八	bā
nove	九	jiǔ
dez	十	shí
onze	十一	shí yī
doze	十二	shí èr
treze	十三	shí sān
catorze	十四	shí sì
quinze	十五	shí wǔ
dezasseis	十六	shí liù
dezassete	十七	shí qī
dezoito	十八	shí bā
dezanove	十九	shí jiǔ
vinte	二十	èrshí
vinte e um	二十一	èrshí yī
vinte e dois	二十二	èrshí èr
vinte e três	二十三	èrshí sān
trinta	三十	sānshí
trinta e um	三十一	sānshí yī

trinta e dois	三十二	sānshí èr
trinta e três	三十三	sānshí sān
quarenta	四十	sìshí
quarenta e um	四十一	sìshí yī
quarenta e dois	四十二	sìshí èr
quarenta e três	四十三	sìshí sān
cinquenta	五十	wǔshí
cinquenta e um	五十一	wǔshí yī
cinquenta e dois	五十二	wǔshí èr
cinquenta e três	五十三	wǔshí sān
sessenta	六十	liùshí
sessenta e um	六十一	liùshí yī
sessenta e dois	六十二	liùshí èr
sessenta e três	六十三	liùshí sān
setenta	七十	qīshí
setenta e um	七十一	qīshí yī
setenta e dois	七十二	qīshí èr
setenta e três	七十三	qīshí sān
oitenta	八十	bāshí
oitenta e um	八十一	bāshí yī
oitenta e dois	八十二	bāshí èr
oitenta e três	八十三	bāshí sān
noventa	九十	jiǔshí
noventa e um	九十一	jiǔshí yī
noventa e dois	九十二	jiǔshí èr
noventa e três	九十三	jiǔshí sān

5. Números cardinais. Parte 2

cem	一百	yī bǎi
duzentos	两百	liǎng bǎi
trezentos	三百	sān bǎi
quatrocentos	四百	sì bǎi
quinhentos	五百	wǔ bǎi
seiscentos	六百	liù bǎi
setecentos	七百	qī bǎi
oitocentos	八百	bā bǎi
novecentos	九百	jiǔ bǎi
mil	一千	yī qiān
dois mil	两千	liǎng qiān
De quem são ...?	三千	sān qiān
dez mil	一万	yī wàn
cem mil	十万	shí wàn
um milhão	百万	bǎi wàn
mil milhões	十亿	shíyì

6. Números ordinais

primeiro	第一	dì yī
segundo	第二	dì èr
terceiro	第三	dì sān
quarto	第四	dì sì
quinto	第五	dì wǔ

sexto	第六	dì liù
sétimo	第七	dì qī
oitavo	第八	dì bā
nono	第九	dì jiǔ
décimo	第十	dì shí

7. Números. Frações

fração (f)	分数	fēnshù
um meio	二分之一	èrfēn zhīyī
um terço	三分之一	sānfēn zhīyī
um quarto	四分之一	sìfēn zhīyī

um oitavo	八分之一	bāfēn zhīyī
um décimo	十分之一	shífēn zhīyī
dois terços	三分之二	sānfēn zhīèr
três quartos	四分之三	sìfēn zhīsān

8. Números. Operações básicas

subtração (f)	减法	jiǎn fǎ
subtrair (vi, vt)	减，减去	jiǎn, jiǎn qù
divisão (f)	除法	chú fǎ
dividir (vt)	除	chú

adição (f)	加法	jiā fǎ
somar (vt)	加	jiā
adicionar (vt)	加	jiā
multiplicação (f)	乘法	chéng fǎ
multiplicar (vt)	乘	chéng

9. Números. Diversos

algarismo, dígito (m)	数字	shù zì
número (m)	数	shù
numeral (m)	数词	shù cí
menos (m)	负号	fù hào
mais (m)	正号	zhèng hào
fórmula (f)	公式	gōng shì
cálculo (m)	计算	jì suàn
contar (vt)	计算	jì suàn

calcular (vt)	结算	jié suàn
comparar (vt)	比较	bǐ jiào
Quanto, -os, -as?	多少?	duōshao?
soma (f)	和	hé
resultado (m)	结果	jié guǒ
resto (m)	余数	yú shù
alguns, algumas ...	几个	jǐ gè
um pouco de ...	不多	bù duō
resto (m)	剩下的	shèng xià de
um e meio	一个半	yī gè bàn
dúzia (f)	一打	yī dá
ao meio	成两半	chéng liǎng bàn
em partes iguais	平均地	píng jūn de
metade (f)	一半	yī bàn
vez (f)	次	cì

10. Os verbos mais importantes. Parte 1

abrir (vt)	开	kāi
acabar, terminar (vt)	结束	jié shù
aconselhar (vt)	建议	jià nyì
adivinhar (vt)	猜中	cāi zhòng
advertir (vt)	警告	jǐng gào
ajudar (vt)	帮助	bāng zhù
alugar (~ um apartamento)	租房	zū fáng
amar (vt)	爱	ài
ameaçar (vt)	威胁	wēi xié
anotar (escrever)	记录	jì lù
apanhar (vt)	抓住	zhuā zhù
apressar-se (vr)	赶紧	gǎn jǐn
arrepender-se (vr)	后悔	hòu huǐ
assinar (vt)	签名	qiān míng
atirar, disparar (vi)	射击	shè jī
brincar (vi)	开玩笑	kāi wán xiào
brincar, jogar (crianças)	玩	wán
buscar (vt)	寻找	xún zhǎo
caçar (vi)	打猎	dǎ liè
cair (vi)	跌倒	diē dǎo
cavar (vt)	挖	wā
cessar (vt)	停止	tíng zhǐ
chamar (~ por socorro)	呼	hū
chegar (vi)	来到	lái dào
chorar (vi)	哭	kū
começar (vt)	开始	kāi shǐ
comparar (vt)	比较	bǐ jiào
compreender (vt)	明白	míng bai

concordar (vi)	同意	tóng yì
confiar (vt)	信任	xìn rèn
confundir (equivocar-se)	混淆	hùn xiáo
conhecer (vt)	认识	rèn shi
contar (fazer contas)	计算	jì suàn
contar com (esperar)	指望	zhǐ wàng
continuar (vt)	继续	jì xù
controlar (vt)	控制	kòng zhì
convidar (vt)	邀请	yāo qǐng
correr (vi)	跑	pǎo
criar (vt)	创造	chuàng zào
custar (vt)	价钱为	jià qian wèi

11. Os verbos mais importantes. Parte 2

dar (vt)	给	gěi
dar uma dica	暗示	àn shì
decorar (enfeitar)	装饰	zhuāng shì
defender (vt)	保卫	bǎo wèi
deixar cair (vt)	掉	diào
descer (para baixo)	下来	xià lai
desculpar-se (vr)	道歉	dào qiàn
dirigir (~ uma empresa)	管理	guǎn lǐ
discutir (notícias, etc.)	讨论	tǎo lùn
dizer (vt)	说	shuō
duvidar (vt)	怀疑	huái yí
encontrar (achar)	找到	zhǎo dào
enganar (vt)	骗	piàn
entrar (na sala, etc.)	进来	jìn lái
enviar (uma carta)	寄	jì
errar (equivocar-se)	犯错	fàn cuò
escolher (vt)	选	xuǎn
esconder (vt)	藏	cáng
escrever (vt)	写	xiě
esperar (o autocarro, etc.)	等	děng
esperar (ter esperança)	希望	xī wàng
esquecer (vt)	忘	wàng
estudar (vt)	学习	xué xí
exigir (vt)	要求	yāo qiú
existir (vi)	存在	cún zài
explicar (vt)	说明	shuō míng
falar (vi)	说	shuō
faltar (clases, etc.)	错过	cuò guò
fazer (vt)	做	zuò
ficar em silêncio	沉默	chén mò
gabar-se, jactar-se (vr)	自夸	zì kuā
gritar (vi)	叫喊	jiào hǎn

guardar (cartas, etc.)	保存	bǎo cún
informar (vt)	通知	tōng zhī
insistir (vi)	坚持	jiān chí
insultar (vt)	侮辱	wǔ rǔ
interessar-se (vr)	对 ⋯ 感兴趣	duì ... gǎn xìng qù
ir (a pé)	走	zǒu
ir nadar	去游泳	qù yóu yǒng
jantar (vi)	吃晚饭	chī wǎn fàn

12. Os verbos mais importantes. Parte 3

ler (vt)	读	dú
libertar (cidade, etc.)	解放	jiě fàng
matar (vt)	杀死	shā sǐ
mencionar (vt)	提到	tí dào
mostrar (vt)	展示	zhǎn shì
mudar (modificar)	改变	gǎi biàn
nadar (vi)	游泳	yóuyǒng
negar-se a ...	拒绝	jù jué
objetar (vt)	反对	fǎn duì
observar (vt)	观察	guān chá
ordenar (mil.)	命令	mìng lìng
ouvir (vt)	听见	tīng jiàn
pagar (vt)	付，支付	fù, zhī fù
parar (vi)	停	tíng
participar (vi)	参与	cān yù
pedir (comida)	订	dìng
pedir (um favor, etc.)	请求	qǐng qiú
pegar (tomar)	拿	ná
pensar (vt)	想	xiǎng
perceber (ver)	注意到	zhù yì dào
perdoar (vt)	原谅	yuán liàng
perguntar (vt)	问	wèn
permitir (vt)	允许	yǔn xǔ
pertencer a ...	属于	shǔ yú
planear (vt)	计划	jì huà
poder (vi)	能	néng
possuir (vt)	拥有	yǒng yǒu
preferir (vt)	宁愿	nìng yuàn
preparar (vt)	做饭	zuò fàn
prever (vt)	预见	yù jiàn
prometer (vt)	承诺	chéng nuò
pronunciar (vt)	发音	fā yīn
propor (vt)	提议	tí yì
punir (castigar)	惩罚	chéng fá

13. Os verbos mais importantes. Parte 4

quebrar (vt)	打破	dǎ pò
queixar-se (vr)	抱怨	bào yuàn
querer (desejar)	想，想要	xiǎng, xiǎng yào
recomendar (vt)	推荐	tuī jiàn
repetir (dizer outra vez)	重复	chóng fù
repreender (vt)	责骂	zé mà
reservar (~ um quarto)	预订	yù dìng
responder (vt)	回答	huí dá
rezar, orar (vi)	祈祷	qí dǎo
rir (vi)	笑	xiào
roubar (vt)	偷窃	tōu qiè
saber (vt)	知道	zhī dào
sair (~ de casa)	走出去	zǒu chū qù
salvar (vt)	救出	jiù chū
seguir ...	跟随	gēn suí
sentar-se (vr)	坐下	zuò xia
ser necessário	需要	xū yào
ser, estar	当	dāng
significar (vt)	表示	biǎo shì
sorrir (vi)	微笑	wēi xiào
subestimar (vt)	轻视	qīng shì
surpreender-se (vr)	吃惊	chī jīng
tentar (vt)	试图	shì tú
ter (vt)	有	yǒu
ter fome	饿	è
ter medo	害怕	hài pà
ter sede	渴	kě
tocar (com as mãos)	摸	mō
tomar o pequeno-almoço	吃早饭	chī zǎo fàn
trabalhar (vi)	工作	gōng zuò
traduzir (vt)	翻译	fān yì
unir (vt)	联合	lián hé
vender (vt)	卖	mài
ver (vt)	见，看见	jiàn, kàn jiàn
virar (ex. ~ à direita)	转弯	zhuǎn wān
voar (vi)	飞	fēi

14. Cores

cor (f)	颜色	yán sè
matiz (m)	色调	sè diào
tom (m)	色调	sè diào
arco-íris (m)	彩虹	cǎi hóng
branco	白的	bái de

| preto | 黑色的 | hēi sè de |
| cinzento | 灰色的 | huī sè de |

verde	绿色的	lǜ sè de
amarelo	黄色的	huáng sè de
vermelho	红色的	hóng sè de

azul	蓝色的	lán sè
azul claro	天蓝色的	tiānlán sè
rosa	粉红色的	fěnhóng sè
laranja	橙色的	chéng sè de
violeta	紫色的	zǐ sè de
castanho	棕色的	zōng sè de

| dourado | 金色的 | jīn sè de |
| prateado | 银白色的 | yín bái sè de |

bege	浅棕色的	qiǎn zōng sè de
creme	奶油色的	nǎi yóu sè de
turquesa	青绿色的	qīng lǜ sè de
vermelho cereja	樱桃色的	yīng táo sè de
lilás	淡紫色的	dànzǐ sè de
carmesim	深红色的	shēn hóng sè de

claro	淡色的	dàn sè de
escuro	深色的	shēn sè de
vivo	鲜艳的	xiān yàn de

de cor	有色的	yǒu sè de
a cores	彩色的	cǎi sè de
preto e branco	黑白色的	hēi bái sè de
unicolor	单色的	dān sè de
multicor	杂色的	zá sè de

15. Questões

Quem?	谁?	shéi?
Que?	什么?	shén me?
Onde?	在哪儿?	zài nǎr?
Para onde?	到哪儿?	dào nǎr?
De onde?	从哪儿来?	cóng nǎr lái?
Quando?	什么时候?	shénme shíhou?
Para quê?	为了什么目的?	wèile shénme mùdì?
Porquê?	为什么?	wèi shénme?
Para quê?	为了什么目的?	wèile shénme mùdì?
Como?	如何?	rú hé?
Qual? (entre dois ou mais)	哪个?	nǎ ge?

A quem?	给谁?	gěi shéi?
Sobre quem?	关于谁?	guān yú shéi?
Do quê?	关于什么?	guān yú shénme?
Com quem?	跟谁?	gēns héi?
Quanto, -os, -as?	多少?	duōshao?
De quem?	谁的?	shéi de?

16. Preposições

com (prep.)	和，跟	hé, gēn
sem (prep.)	没有	méi yǒu
a, para (exprime lugar)	往	wǎng
sobre (ex. falar ~)	关于	guān yú
antes de ...	在 ⋯ 之前	zài ... zhī qián
diante de ...	在 ⋯ 前面	zài ... qián mian
sob (debaixo de)	在 ⋯ 下面	zài ... xià mian
sobre (em cima de)	在 ⋯ 上方	zài ... shàng fāng
sobre (~ a mesa)	在 ⋯ 上	zài ... shàng
de (vir ~ Lisboa)	从	cóng
de (feito ~ pedra)	⋯ 做的	... zuò de
dentro de (~ dez minutos)	在 ⋯ 之后	zài ... zhī hòu
por cima de ...	跨过	kuà guò

17. Palavras funcionais. Advérbios. Parte 1

Onde?	在哪儿?	zài nǎr?
aqui	在这儿	zài zhèr
lá, ali	那儿	nàr
em algum lugar	某处	mǒu chù
em lugar nenhum	无处	wú chù
ao pé de ...	在 ⋯ 旁边	zài ... páng biān
ao pé da janela	在窗户旁边	zài chuānghu páng biān
Para onde?	到哪儿?	dào nǎr?
para cá	到这儿	dào zhèr
para lá	往那边	wǎng nà bian
daqui	从这里	cóng zhè lǐ
de lá, dali	从那里	cóng nà lǐ
perto	附近	fù jìn
longe	远	yuǎn
perto de ...	在 ⋯ 附近	zài ... fù jìn
ao lado de	在附近，在近处	zài fù jìn, zài jìn chǔ
perto, não fica longe	不远	bù yuǎn
esquerdo	左边的	zuǒ bian de
à esquerda	在左边	zài zuǒ bian
para esquerda	往左	wàng zuǒ
direito	右边的	yòu bian de
à direita	在右边	zài yòu bian
para direita	往右	wàng yòu
à frente	在前面	zài qián miàn
da frente	前 ⋯ ，前面的	qián ..., qián miàn de

em frente (para a frente)	先走	xiān zǒu
atrás de …	在后面	zài hòu miàn
por detrás (vir ~)	从后面	cóng hòu miàn
para trás	往后	wàng hòu

| meio (m), metade (f) | 中间 | zhōng jiān |
| no meio | 在中间 | zài zhōng jiān |

de lado	在一边	zài yī biān
em todo lugar	到处	dào chù
ao redor (olhar ~)	周围	zhōu wéi

de dentro	从里面	cóng lǐ miàn
para algum lugar	往某处	wàng mǒu chù
diretamente	径直地	jìng zhí de
de volta	往后	wàng hòu

| de algum lugar | 从任何地方 | cóng rèn hé de fāng |
| de um lugar | 从某处 | cóng mǒu chù |

em primeiro lugar	第一	dì yī
em segundo lugar	第二	dì èr
em terceiro lugar	第三	dì sān

de repente	忽然	hū rán
no início	最初	zuì chū
pela primeira vez	初次	chū cì
muito antes de …	… 之前很久	… zhī qián hěn jiǔ
de novo, novamente	重新	chóng xīn
para sempre	永远	yǒng yuǎn

nunca	从未	cóng wèi
de novo	再	zài
agora	目前	mù qián
frequentemente	经常	jīng cháng
então	当时	dāng shí
urgentemente	紧急地	jǐn jí de
usualmente	通常	tōng cháng

a propósito, …	顺便	shùn biàn
é possível	可能	kě néng
provavelmente	大概	dà gài
talvez	可能	kě néng
além disso, …	再说 …	zài shuō …
por isso …	所以 …	suǒ yǐ …
apesar de …	尽管 …	jǐn guǎn …
graças a …	由于 …	yóu yú …

que (pron.)	什么	shén me
algo	某物	mǒu wù
alguma coisa	任何事	rèn hé shì
nada	毫不，决不	háo bù, jué bù

quem	谁	shéi
alguém (~ teve uma ideia …)	有人	yǒu rén
alguém	某人	mǒu rén

ninguém	无人	wú rén
para lugar nenhum	哪里都不	nǎ lǐ dōu bù
de ninguém	无人的	wú rén de
de alguém	某人的	mǒu rén de

tão	这么	zhè me
também (gostaria ~ de ...)	也	yě
também (~ eu)	也	yě

18. Palavras funcionais. Advérbios. Parte 2

Porquê?	为什么?	wèi shénme?
por alguma razão	由于某种原因	yóu yú mǒu zhǒng yuán yīn
porque ...	因为 ···	yīn wèi ...
por qualquer razão	不知为什么	bùzhǐ wèi shénme

e (tu ~ eu)	和	hé
ou (ser ~ não ser)	或者，还是	huò zhě, hái shì
mas (porém)	但	dàn
para (~ a minha mãe)	为	wèi

demasiado, muito	太	tài
só, somente	只	zhǐ
exatamente	精确地	jīng què de
cerca de (~ 10 kg)	大约	dà yuē

aproximadamente	大概	dà gài
aproximado	大概的	dà gài de
quase	差不多	chà bu duō
resto (m)	剩下的	shèng xià de

cada	每个的	měi gè de
qualquer	任何	rèn hé
muito	许多	xǔ duō
muitas pessoas	很多人	hěn duō rén
todos	都	dōu

em troca de ...	作为交换	zuò wéi jiāo huàn
em troca	作为交换	zuò wéi jiāo huàn
à mão	手工	shǒu gōng
pouco provável	几乎不	jǐ hū bù

provavelmente	可能	kě néng
de propósito	故意	gù yì
por acidente	偶然的	ǒu rán de

muito	很	hěn
por exemplo	例如	lì rú
entre	之间	zhǐ jiān
entre (no meio de)	在 ··· 中	zài ... zhōng
tanto	这么多	zhè me duō
especialmente	特别	tè bié

Conceitos básicos. Parte 2

19. Opostos

rico	富裕的	fù yù de
pobre	贫穷的	pín qióng de
doente	生病的	shēng bìng de
são	健康的	jiàn kāng de
grande	大的	dà de
pequeno	小的	xiǎo de
rapidamente	快	kuài
lentamente	慢慢地	màn màn de
rápido	快的	kuài de
lento	慢的	màn de
alegre	快乐的	kuài lè de
triste	悲哀的	bēi āi de
juntos	一起	yǐ qǐ
separadamente	分别地	fēn bié de
em voz alta (ler ~)	出声地	chū shēng de
para si (em silêncio)	看书	kàn shū
alto	高的	gāo de
baixo	低的	dī de
profundo	深的	shēn de
pouco fundo	浅的	qiǎn de
sim	是	shì
não	不	bù
distante (no espaço)	远的	yuǎn de
próximo	近的	jìn de
longe	远	yuǎn
perto	附近	fù jìn
longo	长的	cháng de
curto	短的	duǎn de
bom, bondoso	良好的	liáng hǎo de
mau	凶恶的	xiōng è de
casado	已婚的	yǐ hūn de

solteiro	独身的	dú shēn de
proibir (vt)	禁止	jìn zhǐ
permitir (vt)	允许	yǔn xǔ
fim (m)	末尾	mò wěi
começo (m)	起点	qǐ diǎn
esquerdo	左边的	zuǒ bian de
direito	右边的	yòu bian de
primeiro	第一的	dì yī de
último	最后的	zuì hòu de
crime (m)	罪行	zuì xíng
castigo (m)	惩罚	chéng fá
ordenar (vt)	命令	mìng lìng
obedecer (vt)	服从	fú cóng
reto	直的	zhí de
curvo	弯曲的	wān qū de
paraíso (m)	天堂	tiān táng
inferno (m)	地狱	dì yù
nascer (vi)	出生	chū shēng
morrer (vi)	死，死亡	sǐ, sǐ wáng
forte	强壮的	qiáng zhuàng de
fraco, débil	微弱的	wēi ruò de
idoso	老的	lǎo de
jovem	年轻的	nián qīng de
velho	旧的	jiù de
novo	新的	xīn de
duro	硬的	yìng de
mole	软的	ruǎn de
tépido	暖和的	nuǎn huo de
frio	冷的	lěng de
gordo	胖的	pàng de
magro	瘦的	shòu de
estreito	窄的	zhǎi de
largo	宽的	kuān de
bom	好的	hǎo de
mau	坏的	huài de
valente	勇敢的	yǒng gǎn de
cobarde	怯懦的	qiè nuò de

20. Dias da semana

segunda-feira (f)	星期一	xīng qī yī
terça-feira (f)	星期二	xīng qī èr
quarta-feira (f)	星期三	xīng qī sān
quinta-feira (f)	星期四	xīng qī sì
sexta-feira (f)	星期五	xīng qī wǔ
sábado (m)	星期六	xīng qī liù
domingo (m)	星期天	xīng qī tiān
hoje	今天	jīn tiān
amanhã	明天	míng tiān
depois de amanhã	后天	hòu tiān
ontem	昨天	zuó tiān
anteontem	前天	qián tiān
dia (m)	白天	bái tiān
dia (m) de trabalho	工作日	gōng zuò rì
feriado (m)	节日	jié rì
dia (m) de folga	休假日	xiū jià rì
fim (m) de semana	周末	zhōu mò
o dia todo	一整天	yī zhěng tiān
no dia seguinte	次日	cì rì
há dois dias	两天前	liǎng tiān qián
na véspera	前一天	qián yī tiān
diário	每天的	měi tiān de
todos os dias	每天地	měi tiān de
semana (f)	星期	xīng qī
na semana passada	上星期	shàng xīng qī
na próxima semana	次周	cì zhōu
semanal	每周的	měi zhōu de
cada semana	每周	měi zhōu
duas vezes por semana	一周两次	yīzhōu liǎngcì
cada terça-feira	每个星期二	měi gè xīng qī èr

21. Horas. Dia e noite

manhã (f)	早晨	zǎo chén
de manhã	在上午	zài shàng wǔ
meio-dia (m)	中午	zhōng wǔ
à tarde	在下午	zài xià wǔ
noite (f)	晚间	wǎn jiān
à noite (noitinha)	在晚上	zài wǎn shang
noite (f)	夜晚	yè wǎn
à noite	夜间	yè jiān
meia-noite (f)	午夜	wǔ yè
segundo (m)	秒	miǎo
minuto (m)	分钟	fēn zhōng
hora (f)	小时	xiǎo shí

meia hora (f)	半小时	bàn xiǎo shí
quarto (m) de hora	一刻钟	yī kè zhōng
quinze minutos	十五分钟	shíwǔ fēn zhōng
vinte e quatro horas	昼夜	zhòuyè

nascer (m) do sol	日出	rì chū
amanhecer (m)	黎明	lí míng
madrugada (f)	清晨	qīng chén
pôr do sol (m)	日落	rì luò

de madrugada	一大早地	yī dà zǎo de
hoje de manhã	今天早上	jīntiān zǎo shang
amanhã de manhã	明天早上	míngtiān zǎo shang

hoje à tarde	今天下午	jīntiān xià wǔ
à tarde	在下午	zài xià wǔ
amanhã à tarde	明天下午	míngtiān xià wǔ

| hoje à noite | 今晚 | jīn wǎn |
| amanhã à noite | 明天晚上 | míngtiān wǎn shang |

| por volta das quatro | 快到四点钟了 | kuài dào sì diǎnzhōng le |
| às doze | 十二点钟 | shí èr diǎnzhōng |

dentro de vinte minutos	二十分钟 以后	èrshí fēnzhōng yǐhòu
dentro duma hora	在一个小时	zài yī gè xiǎo shí
a tempo	按时	àn shí

menos um quarto	差一刻	chà yī kè
durante uma hora	一小时内	yī xiǎo shí nèi
a cada quinze minutos	每个十五分钟	měi gè shíwǔ fēnzhōng
as vinte e quatro horas	日夜	rì yè

22. Meses. Estações

janeiro (m)	一月	yī yuè
fevereiro (m)	二月	èr yuè
março (m)	三月	sān yuè
abril (m)	四月	sì yuè
maio (m)	五月	wǔ yuè
junho (m)	六月	liù yuè

julho (m)	七月	qī yuè
agosto (m)	八月	bā yuè
setembro (m)	九月	jiǔ yuè
outubro (m)	十月	shí yuè
novembro (m)	十一月	shí yī yuè
dezembro (m)	十二月	shí èr yuè

primavera (f)	春季，春天	chūn jì
na primavera	在春季	zài chūn jì
primaveril	春天的	chūn tiān de
verão (m)	夏天	xià tiān
no verão	在夏天	zài xià tiān

de verão	夏天的	xià tiān de
outono (m)	秋天	qiū tiān
no outono	在秋季	zài qiū jì
outonal	秋天的	qiū tiān de

inverno (m)	冬天	dōng tiān
no inverno	在冬季	zài dōng jì
de inverno	冬天的	dōng tiān de

mês (m)	月，月份	yuè, yuèfèn
este mês	本月	běn yuè
no próximo mês	次月	cì yuè
no mês passado	上个月	shàng gè yuè

há um mês	一个月前	yī gè yuè qián
dentro de um mês	在一个月	zài yī gè yuè
dentro de dois meses	过两个月	guò liǎng gè yuè
todo o mês	整个月	zhěnggè yuè
um mês inteiro	整个月	zhěnggè yuè

mensal	每月的	měi yuè de
mensalmente	每月	měi yuè
cada mês	每月	měi yuè
duas vezes por mês	一个月两次	yī gè yuè liǎngcì

ano (m)	年	nián
este ano	今年，本年度	jīn nián, běn nián dù
no próximo ano	次年	cì nián
no ano passado	去年	qù nián

há um ano	一年前	yī nián qián
dentro dum ano	在一年	zài yī nián
dentro de 2 anos	过两年	guò liǎng nián
todo o ano	一整年	yī zhěng nián
um ano inteiro	表示一整年	biǎo shì yī zhěng nián

cada ano	每年	měi nián
anual	每年的	měi nián de
anualmente	每年	měi nián
quatro vezes por ano	一年四次	yī nián sì cì

data (~ de hoje)	日期	rìqī
data (ex. ~ de nascimento)	日期	rìqī
calendário (m)	日历	rìlì

meio ano	半年	bàn nián
seis meses	半年	bàn nián
estação (f)	季节	jì jié
século (m)	世纪	shì jì

23. Tempo. Diversos

| tempo (m) | 时间 | shí jiān |
| momento (m) | 瞬间 | shùn jiān |

instante (m)	瞬间	shùn jiān
instantâneo	瞬间的	shùn jiān de
lapso (m) de tempo	时期	shí qī
vida (f)	一生	yī shēng
eternidade (f)	永恒	yǒng héng
época (f)	时代	shí dài
era (f)	纪元	jì yuán
ciclo (m)	周期	zhōu qī
período (m)	时期	shí qī
prazo (m)	期限	qī xiàn
futuro (m)	未来	wèi lái
futuro	未来的	wèi lái de
da próxima vez	下次	xià cì
passado (m)	过去	guò qù
passado	过去的	guò qu de
na vez passada	上次	shàng cì
mais tarde	后来	hòu lái
depois	在 … 以后	zài … yǐ hòu
atualmente	目前	mù qián
agora	现在	xiàn zài
imediatamente	立即	lì jí
em breve, brevemente	很快	hěn kuài
de antemão	预先	yù xiān
há muito tempo	很久以前	hěn jiǔ yǐ qián
há pouco tempo	最近	zuì jìn
destino (m)	命运	mìng yùn
recordações (f pl)	记忆力	jì yì lì
arquivo (m)	档案馆	dàng àn guǎn
durante …	在 … 期间	zài … qī jiān
durante muito tempo	长时间的	cháng shí jiān de
pouco tempo	不长	bù cháng
cedo (levantar-se ~)	早	zǎo
tarde (deitar-se ~)	晚	wǎn
para sempre	永远	yǒng yuǎn
começar (vt)	开始	kāi shǐ
adiar (vt)	推迟	tuī chí
simultaneamente	同时	tóng shí
permanentemente	长期不变地	chángqī bùbiàn de
constante (ruído, etc.)	不断的	bù duàn de
temporário	暂时的	zàn shí de
às vezes	有时	yǒu shí
raramente	少见地	shǎo jiàn dì
frequentemente	经常	jīng cháng

24. Linhas e formas

quadrado (m)	正方形	zhèng fāng xíng
quadrado	正方形的	zhèng fāng xíng de

círculo (m)	圆，圆形	yuán, yuán xíng
redondo	圆的	yuán de
triângulo (m)	三角形	sān jiǎo xíng
triangular	三角形的	sān jiǎo xíng de

oval (f)	卵形线	luǎn xíng xiàn
oval	卵形的	luǎn xíng de
retângulo (m)	矩形	jǔ xíng
retangular	矩形的	jǔ xíng de

pirâmide (f)	角椎体	jiǎo zhuī tǐ
rombo, losango (m)	菱形	líng xíng
trapézio (m)	梯形	tī xíng
cubo (m)	立方体	lì fāng tǐ
prisma (m)	棱柱体	léng zhù tǐ

circunferência (f)	周长	zhōu cháng
esfera (f)	球形	qiú xíng
globo (m)	球体	qiú tǐ
diâmetro (m)	直径	zhí jìng
raio (m)	半径	bàn jìng
perímetro (m)	周长	zhōu cháng
centro (m)	中间	zhōng jiān

horizontal	横的	héng de
vertical	竖直的	shù zhí de
paralela (f)	平行线	píng xíng xiàn
paralelo	平行的	píng xíng de

linha (f)	线	xiàn
traço (m)	笔画	bǐ huà
reta (f)	直线	zhí xiàn
curva (f)	曲线	qū xiàn
fino (linha ~a)	薄的	báo de
contorno (m)	外形	wài xíng

interseção (f)	交点	jiāo diǎn
ângulo (m) reto	直角	zhí jiǎo
segmento (m)	弓形	gōng xíng
setor (m)	扇形	shàn xíng
lado (de um triângulo, etc.)	边	biān
ângulo (m)	角	jiǎo

25. Unidades de medida

peso (m)	重量	zhòng liàng
comprimento (m)	长，长度	cháng, cháng dù
largura (f)	宽度	kuān dù
altura (f)	高度	gāo dù
profundidade (f)	深度	shēn dù
volume (m)	容量	róng liàng
área (f)	面积	miàn jī
grama (m)	克	kè
miligrama (m)	毫克	háo kè

quilograma (m)	公斤	gōng jīn
tonelada (f)	吨	dūn
libra (453,6 gramas)	磅	bàng
onça (f)	盎司	àng sī

metro (m)	米	mǐ
milímetro (m)	毫米	háo mǐ
centímetro (m)	厘米	límǐ
quilómetro (m)	公里	gōng lǐ
milha (f)	英里	yīng lǐ

polegada (f)	英寸	yīng cùn
pé (304,74 mm)	英尺	yīng chǐ
jarda (914,383 mm)	码	mǎ

| metro (m) quadrado | 平方米 | píng fāng mǐ |
| hectare (m) | 公顷 | gōng qǐng |

litro (m)	升	shēng
grau (m)	度	dù
volt (m)	伏，伏特	fú, fú tè
ampere (m)	安培	ān péi
cavalo-vapor (m)	马力	mǎ lì

quantidade (f)	量	liàng
um pouco de …	一点	yī diǎn
metade (f)	一半	yī bàn
dúzia (f)	一打	yī dá
peça (f)	个	gè

| dimensão (f) | 大小 | dà xiǎo |
| escala (f) | 比例 | bǐ lì |

mínimo	最低的	zuì dī de
menor, mais pequeno	最小的	zuì xiǎo de
médio	中等的	zhōng děng de
máximo	最多的	zuì duō de
maior, mais grande	最大的	zuì dà de

26. Recipientes

boião (m) de vidro	玻璃罐	bōli guàn
lata (~ de cerveja)	罐头	guàn tou
balde (m)	吊桶	diào tǒng
barril (m)	桶	tǒng

bacia (~ de plástico)	盆	pén
tanque (m)	箱	xiāng
cantil (m) de bolso	小酒壶	xiǎo jiǔ hú
bidão (m) de gasolina	汽油罐	qì yóu guàn
cisterna (f)	储水箱	chǔ shuǐ xiāng

| caneca (f) | 马克杯 | mǎkè bēi |
| chávena (f) | 杯子 | bēi zi |

pires (m)	碟子	dié zi
copo (m)	杯子	bēi zi
taça (f) de vinho	酒杯	jiǔ bēi
panela, caçarola (f)	炖锅	dùn guō

| garrafa (f) | 瓶子 | píng zi |
| gargalo (m) | 瓶颈 | píng jǐng |

jarro, garrafa (f)	长颈玻璃瓶	chángjǐng bōli píng
jarro (m) de barro	粘土壶	nián tǔ hú
recipiente (m)	器皿	qì mǐn
pote (m)	花盆	huā pén
vaso (m)	花瓶	huā píng

frasco (~ de perfume)	小瓶	xiǎo píng
frasquinho (ex. ~ de iodo)	小玻璃瓶	xiǎo bōli píng
tubo (~ de pasta dentífrica)	软管	ruǎn guǎn

saca (ex. ~ de açúcar)	麻袋	má dài
saco (~ de plástico)	袋	dài
maço (m)	包，盒	bāo, hé

caixa (~ de sapatos, etc.)	盒子	hé zi
caixa (~ de madeira)	箱子	xiāng zi
cesta (f)	篮子	lán zi

27. Materiais

material (m)	材料	cái liào
madeira (f)	木头	mù tou
de madeira	木头的	mù tou de

| vidro (m) | 玻璃 | bō li |
| de vidro | 玻璃的 | bō li de |

| pedra (f) | 石头，石料 | shí tou, shí liào |
| de pedra | 石头的 | shí tou de |

| plástico (m) | 塑料 | sù liào |
| de plástico | 塑料的 | sù liào de |

| borracha (f) | 橡胶 | xiàng jiāo |
| de borracha | 橡胶的 | xiàng jiāo de |

| tecido, pano (m) | 布料 | bùliào |
| de tecido | 用布料作的 | yòng bùliào zuò de |

| papel (m) | 纸 | zhǐ |
| de papel | 用纸作的 | yòng zhǐ zuò de |

cartão (m)	硬纸板	yìng zhǐ bǎn
de cartão	硬纸板制的	yìng zhǐ bǎn zhì de
polietileno (m)	聚乙烯	jù yǐ xī
celofane (m)	玻璃纸	bōli zhǐ

contraplacado (m)	胶合板	jiāo hé bǎn
porcelana (f)	瓷	cí
de porcelana	瓷的	cí de
barro (f)	粘土	nián tǔ
de barro	粘土的	nián tǔ de
cerâmica (f)	陶瓷	táo cí
de cerâmica	陶瓷的	táo cí de

28. Metais

metal (m)	金属	jīn shǔ
metálico	金属的	jīn shǔ de
liga (f)	合金	hé jīn

ouro (m)	黄金	huáng jīn
de ouro	金的	jīn de
prata (f)	银	yín
de prata	银的	yín de

ferro (m)	铁	tiě
de ferro	铁的	tiě de
aço (m)	钢铁	gāng tiě
de aço	钢铁的	gāng tiě de
cobre (m)	铜	tóng
de cobre	铜的	tóng de

alumínio (m)	铝	lǚ
de alumínio	铝 … , 铝的	lǚ …, lǚde
bronze (m)	青铜	qīng tóng
de bronze	青铜的	qīng tóng de

latão (m)	黄铜	huáng tóng
níquel (m)	镍	niè
platina (f)	白金	bái jīn
mercúrio (m)	水银	shuǐ yín
estanho (m)	锡	xī
chumbo (m)	铅	qiān
zinco (m)	锌	xīn

O SER HUMANO

O ser humano. O corpo

29. Humanos. Conceitos básicos

ser (m) humano	人	rén
homem (m)	男人	nán rén
mulher (f)	女人	nǚ rén
criança (f)	孩子	hái zi
menina (f)	女孩	nǚ hái
menino (m)	男孩	nán hái
adolescente (m)	少年	shào nián
velho (m)	老先生	lǎo xiān sheng
velha, anciã (f)	老妇人	lǎo fù rén

30. Anatomia humana

organismo (m)	人体	rén tǐ
coração (m)	心，心脏	xīn, xīn zàng
sangue (m)	血	xuè
artéria (f)	动脉	dòng mài
veia (f)	静脉	jìng mài
cérebro (m)	脑	nǎo
nervo (m)	神经	shén jīng
nervos (m pl)	神经	shén jīng
vértebra (f)	椎骨	zhuī gǔ
coluna (f) vertebral	脊柱	jǐ zhù
estômago (m)	胃	wèi
intestinos (m pl)	肠	cháng
intestino (m)	肠	cháng
fígado (m)	肝，肝脏	gān, gān zàng
rim (m)	肾	shèn
osso (m)	骨头	gǔtou
esqueleto (m)	骨骼	gǔ gé
costela (f)	肋骨	lèi gǔ
crânio (m)	头骨	tóu gǔ
músculo (m)	肌肉	jī ròu
bíceps (m)	二头肌	èr tóu jī
tríceps (m)	三头肌	sān tóu jī
tendão (m)	腱，肌腱	jiàn, jī jiàn
articulação (f)	关节	guān jié

pulmões (m pl)	肺	fèi
órgãos (m pl) genitais	生殖器	shēng zhí qì
pele (f)	皮肤	pí fū

31. Cabeça

cabeça (f)	头	tóu
cara (f)	脸，面孔	liǎn, miàn kǒng
nariz (m)	鼻子	bí zi
boca (f)	口，嘴	kǒu, zuǐ

olho (m)	眼	yǎn
olhos (m pl)	眼睛	yǎn jing
pupila (f)	瞳孔	tóng kǒng
sobrancelha (f)	眉毛	méi mao
pestana (f)	睫毛	jié máo
pálpebra (f)	眼皮	yǎn pí

língua (f)	舌，舌头	shé, shé tou
dente (m)	牙，牙齿	yá, yá chǐ
lábios (m pl)	唇	chún
maçãs (f pl) do rosto	颧骨	quán gǔ
gengiva (f)	齿龈	chǐ yín
palato (m)	腭	è

narinas (f pl)	鼻孔	bí kǒng
queixo (m)	颏	kē
mandíbula (f)	下颌	xià hé
bochecha (f)	脸颊	liǎn jiá

testa (f)	前额	qián é
têmpora (f)	太阳穴	tài yáng xué
orelha (f)	耳朵	ěr duo
nuca (f)	后脑勺儿	hòu nǎo sháo r
pescoço (m)	颈	jǐng
garganta (f)	喉部	hóu bù

cabelos (m pl)	头发	tóu fa
penteado (m)	发型	fà xíng
corte (m) de cabelo	发式	fà shì
peruca (f)	假发	jiǎ fà

bigode (m)	胡子	hú zi
barba (f)	胡须	hú xū
usar, ter (~ barba, etc.)	蓄着	xù zhuó
trança (f)	辫子	biàn zi
suíças (f pl)	鬓角	bìn jiǎo

ruivo	红发的	hóng fà de
grisalho	灰白的	huī bái de
calvo	秃头的	tū tóu de
calva (f)	秃头	tū tóu
rabo-de-cavalo (m)	马尾辫	mǎ wěi biàn
franja (f)	刘海	liú hǎi

32. Corpo humano

mão (f)	手	shǒu
braço (m)	胳膊	gēbo
dedo (m)	手指	shǒu zhǐ
polegar (m)	拇指	mǔ zhǐ
dedo (m) mindinho	小指	xiǎo zhǐ
unha (f)	指甲	zhǐ jia
punho (m)	拳	quán
palma (f) da mão	手掌	shǒu zhǎng
pulso (m)	腕	wàn
antebraço (m)	前臂	qián bì
cotovelo (m)	肘	zhǒu
ombro (m)	肩膀	jiān bǎng
perna (f)	腿	tuǐ
pé (m)	脚，足	jiǎo, zú
joelho (m)	膝，膝盖	xī, xī gài
barriga (f) da perna	小腿肚	xiǎo tuǐ dù
anca (f)	臀部	tún bù
calcanhar (m)	后跟	hòu gēn
corpo (m)	身体	shēntǐ
barriga (f)	腹，腹部	fù, fù bù
peito (m)	胸	xiōng
seio (m)	乳房	rǔ fáng
lado (m)	体侧	tǐ cè
costas (f pl)	背	bèi
região (f) lombar	下背	xià bèi
cintura (f)	腰	yāo
umbigo (m)	肚脐	dù qí
nádegas (f pl)	臀部，屁股	tún bù, pì gu
traseiro (m)	屁股	pì gu
sinal (m)	痣	zhì
sinal (m) de nascença	胎痣	tāi zhì
tatuagem (f)	文身	wén shēn
cicatriz (f)	疤	bā

Vestuário & Acessórios

33. Roupa exterior. Casacos

roupa (f)	服装	fú zhuāng
roupa (f) exterior	外衣，上衣	wài yī, shàng yī
roupa (f) de inverno	寒衣	hán yī
sobretudo (m)	大衣	dà yī
casaco (m) de peles	皮大衣	pí dà yī
casaco curto (m) de peles	皮草短外套	pí cǎo duǎn wài tào
casaco (m) acolchoado	羽绒服	yǔ róng fú
casaco, blusão (m)	茄克衫	jiā kè shān
impermeável (m)	雨衣	yǔ yī
impermeável	不透水的	bù tòu shuǐ de

34. Vestuário de homem & mulher

camisa (f)	衬衫	chèn shān
calças (f pl)	裤子	kù zi
calças (f pl) de ganga	牛仔裤	niú zǎi kù
casaco (m) de fato	西服上衣	xī fú shàng yī
fato (m)	套装	tào zhuāng
vestido (ex. ~ vermelho)	连衣裙	lián yī qún
saia (f)	裙子	qún zi
blusa (f)	女衬衫	nǚ chèn shān
casaco (m) de malha	针织毛衣	zhēn zhī máo yī
casaco, blazer (m)	茄克衫	jiā kè shān
T-shirt, camiseta (f)	T袖	T xù
calções (Bermudas, etc.)	短裤	duǎn kù
fato (m) de treino	运动服	yùn dòng fú
roupão (m) de banho	浴衣	yù yī
pijama (m)	睡衣	shuì yī
suéter (m)	毛衣	máo yī
pulôver (m)	套头衫	tào tóu shān
colete (m)	马甲	mǎ jiǎ
fraque (m)	燕尾服	yàn wěi fú
smoking (m)	无尾礼服	wú wěi lǐ fú
uniforme (m)	制服	zhì fú
roupa (f) de trabalho	工作服	gōng zuò fú
fato-macaco (m)	连体服	lián tǐ fú
bata (~ branca, etc.)	医师服	yī shī fú

35. Vestuário. Roupa interior

roupa (f) interior	内衣	nèi yī
camisola (f) interior	汗衫	hàn shān
peúgas (f pl)	短袜	duǎn wà
camisa (f) de noite	睡衣	shuì yī
sutiã (m)	乳罩	rǔ zhào
meias longas (f pl)	膝上袜	xī shàng wà
meia-calça (f)	连裤袜	lián kù wà
meias (f pl)	长筒袜	cháng tǒng wà
fato (m) de banho	游泳衣	yóu yǒng yī

36. Adereços de cabeça

chapéu (m)	帽子	mào zi
chapéu (m) de feltro	礼帽	lǐ mào
boné (m) de beisebol	棒球帽	bàng qiú mào
boné (m)	鸭舌帽	yā shé mào
boina (f)	贝雷帽	bèi léi mào
capuz (m)	风帽	fēng mào
panamá (m)	巴拿马草帽	bānámǎ cǎo mào
gorro (m) de malha	针织帽	zhēn zhī mào
lenço (m)	头巾	tóujīn
chapéu (m) de mulher	女式帽	nǚshì mào
capacete (m) de proteção	安全帽	ān quán mào
bibico (m)	船形帽	chuán xíng mào
capacete (m)	头盔	tóu kuī
chapéu-coco (m)	圆顶礼帽	yuán dǐng lǐ mào
chapéu (m) alto	大礼帽	dà lǐ mào

37. Calçado

calçado (m)	鞋类	xié lèi
botinas (f pl)	短靴	duǎn xuē
sapatos (de salto alto, etc.)	翼尖鞋	yì jiān xié
botas (f pl)	靴子	xuē zi
pantufas (f pl)	拖鞋	tuō xié
ténis (m pl)	运动鞋	yùndòng xié
sapatilhas (f pl)	胶底运动鞋	jiāodǐ yùndòng xié
sandálias (f pl)	凉鞋	liáng xié
sapateiro (m)	鞋匠	xié jiàng
salto (m)	鞋后跟	xié hòu gēn
par (m)	一双	yī shuāng
atacador (m)	鞋带	xié dài

apertar os atacadores	系鞋带	jì xié dài
calçadeira (f)	鞋拔	xié bá
graxa (f) para calçado	鞋油	xié yóu

38. Têxtil. Tecidos

algodão (m)	棉布	mián bù
de algodão	棉布	mián bù
linho (m)	亚麻	yà má
de linho	亚麻制的	yà má zhì de

seda (f)	丝	sī
de seda	丝 … ，丝的	sī …, sī de
lã (f)	羊毛	yáng máo
de lã	羊毛的	yáng máo de

veludo (m)	丝绒	sī róng
camurça (f)	绒面革	róng miàn gé
bombazina (f)	绒布	róng bù

náilon (m)	尼龙	ní lóng
de náilon	尼龙的	ní lóng de
poliéster (m)	聚酯纤维	jù zhǐ xiān wéi
de poliéster	聚酯纤维的	jù zhǐ xiān wéi de

couro (m)	皮革	pí gé
de couro	皮革 … ，皮的	pí gé …, pí de
pele (f)	毛皮	máo pí
de peles, de pele	毛皮的	máo pí de

39. Acessórios pessoais

luvas (f pl)	手套	shǒu tào
mitenes (f pl)	连指手套	lián zhǐ shǒu tào
cachecol (m)	围巾	wéi jīn

óculos (m pl)	眼镜	yǎn jìng
armação (f) de óculos	眼镜框	yǎn jìng kuàng
guarda-chuva (m)	雨伞	yǔ sǎn
bengala (f)	手杖	shǒu zhàng
escova (f) para o cabelo	梳子	shū zi
leque (m)	扇子	shàn zi

gravata (f)	领带	lǐng dài
gravata-borboleta (f)	领结	lǐng jié
suspensórios (m pl)	吊裤带	diào kù dài
lenço (m)	手帕	shǒu pà

pente (m)	梳子	shū zi
travessão (m)	发夹	fà jiā
gancho (m) de cabelo	发针	fà zhēn
fivela (f)	皮带扣	pí dài kòu

| cinto (m) | 腰带 | yāo dài |
| correia (f) | 肩带 | jiān dài |

mala (f)	包	bāo
mala (f) de senhora	女手提包	nǔ shǒutí bāo
mochila (f)	背包	bēi bāo

40. Vestuário. Diversos

moda (f)	时装	shí zhuāng
na moda	正在流行	zhèng zài liú xíng
estilista (m)	时装设计师	shízhuāng shèjìshī

colarinho (m), gola (f)	衣领，领子	yī lǐng, lǐng zi
bolso (m)	口袋	kǒu dài
de bolso	口袋的	kǒu dài de
manga (f)	袖子	xiù zi
alcinha (f)	挂衣环	guà yī huán
braguilha (f)	前开口	qián kāi kǒu

fecho (m) de correr	拉链	lā liàn
fecho (m), colchete (m)	扣子	kòu zi
botão (m)	纽扣	niǔ kòu
casa (f) de botão	纽扣孔	niǔ kòu kǒng
soltar-se (vr)	掉	diào

coser, costurar (vi)	缝纫	féng rèn
bordar (vt)	绣	xiù
bordado (m)	绣花	xiù huā
agulha (f)	针	zhēn
fio (m)	线	xiàn
costura (f)	线缝	xiàn féng

sujar-se (vr)	弄脏	nòng zāng
mancha (f)	污点，污迹	wū diǎn, wū jì
engelhar-se (vr)	起皱	qǐ zhòu
rasgar (vt)	扯破	chě pò
traça (f)	衣蛾	yī é

41. Cuidados pessoais. Cosméticos

pasta (f) de dentes	牙膏	yá gāo
escova (f) de dentes	牙刷	yá shuā
escovar os dentes	刷牙	shuā yá

máquina (f) de barbear	剃须刀	tì xū dāo
creme (m) de barbear	剃须膏	tì xū gāo
barbear-se (vr)	刮脸	guā liǎn

sabonete (m)	肥皂	féi zào
champô (m)	洗发液	xǐ fā yè
tesoura (f)	剪子，剪刀	jiǎn zi, jiǎndāo

lima (f) de unhas	指甲锉	zhǐ jia cuò
corta-unhas (m)	指甲钳	zhǐ jia qián
pinça (f)	镊子	niè zi

cosméticos (m pl)	化妆品	huà zhuāng pǐn
máscara (f) facial	面膜	miàn mó
manicura (f)	美甲	měi jiǎ
fazer a manicura	修指甲	xiū zhǐ jia
pedicure (f)	足部护理	zú bù hù lǐ

mala (f) de maquilhagem	化妆包	huà zhuāng bāo
pó (m)	粉	fěn
caixa (f) de pó	粉盒	fěn hé
blush (m)	胭脂	yān zhī

perfume (m)	香水	xiāng shuǐ
água (f) de toilette	香水	xiāng shuǐ
loção (f)	润肤液	rùn fū yè
água-de-colónia (f)	古龙水	gǔ lóng shuǐ

sombra (f) de olhos	眼影	yǎn yǐng
lápis (m) delineador	眼线笔	yǎn xiàn bǐ
máscara (f), rímel (m)	睫毛膏	jié máo gāo

batom (m)	口红	kǒu hóng
verniz (m) de unhas	指甲油	zhǐjia yóu
laca (f) para cabelos	喷雾发胶	pēn wù fà jiāo
desodorizante (m)	除臭剂	chú chòu jì

creme (m)	护肤霜	hù fū shuāng
creme (m) de rosto	面霜	miàn shuāng
creme (m) de mãos	护手霜	hù shǒu shuāng
creme (m) antirrugas	抗皱霜	kàng zhòu shuāng
de dia	白天的	bái tiān de
da noite	夜间的	yè jiān de

tampão (m)	卫生棉条	wèi shēng mián tiáo
papel (m) higiénico	卫生纸	wèi shēng zhǐ
secador (m) elétrico	吹风机	chuī fēng jī

42. Joalheria

joias (f pl)	珠宝	zhū bǎo
precioso	宝…，宝贵的	bǎo …, bǎoguì de
marca (f) de contraste	印记	yìn jì

anel (m)	戒指	jièzhi
aliança (f)	结婚戒指	jiéhūn jièzhi
pulseira (f)	手镯	shǒu zhuó

brincos (m pl)	耳环	ěr huán
colar (m)	项链	xiàng liàn
coroa (f)	王冠	wáng guān
colar (m) de contas	珠串项链	zhū chuàn xiàng liàn

diamante (m)	钻石	zuàn shí
esmeralda (f)	绿宝石	lǜ bǎo shí
rubi (m)	红宝石	hóng bǎo shí
safira (f)	蓝宝石	lán bǎo shí
pérola (f)	珍珠	zhēn zhū
âmbar (m)	琥珀	hǔpò

43. Relógios de pulso. Relógios

relógio (m) de pulso	手表	shǒu biǎo
mostrador (m)	钟面	zhōng miàn
ponteiro (m)	指针	zhǐ zhēn
bracelete (f) em aço	手表链	shǒu biǎo liàn
bracelete (f) em couro	表带	biǎo dài

pilha (f)	电池	diàn chí
descarregar-se	没电	méi diàn
trocar a pilha	换电池	huàn diàn chí
estar adiantado	快	kuài
estar atrasado	慢	màn

relógio (m) de parede	挂钟	guà zhōng
ampulheta (f)	沙漏	shā lòu
relógio (m) de sol	日规	rì guī
despertador (m)	闹钟	nào zhōng
relojoeiro (m)	钟表匠	zhōng biǎo jiàng
reparar (vt)	修理	xiū lǐ

Alimentação. Nutrição

44. Comida

carne (f)	肉	ròu
galinha (f)	鸡肉	jī ròu
frango (m)	小鸡	xiǎo jī
pato (m)	鸭子	yā zi
ganso (m)	鹅肉	é ròu
caça (f)	猎物	liè wù
peru (m)	火鸡	huǒ jī
carne (f) de porco	猪肉	zhū ròu
carne (f) de vitela	小牛肉	xiǎo niú ròu
carne (f) de carneiro	羊肉	yáng ròu
carne (f) de vaca	牛肉	niú ròu
carne (f) de coelho	兔肉	tù ròu
chouriço, salsichão (m)	香肠	xiāng cháng
salsicha (f)	小灌肠	xiǎo guàn cháng
bacon (m)	腊肉	là ròu
fiambre (f)	火腿	huǒ tuǐ
presunto (m)	熏火腿	xūn huǒ tuǐ
patê (m)	鹅肝酱	é gān jiàng
fígado (m)	肝	gān
carne (f) moída	碎牛肉	suì niú ròu
língua (f)	口条	kǒu tiáo
ovo (m)	鸡蛋	jī dàn
ovos (m pl)	鸡蛋	jī dàn
clara (f) do ovo	蛋白	dàn bái
gema (f) do ovo	蛋黄	dàn huáng
peixe (m)	鱼	yú
mariscos (m pl)	海鲜	hǎi xiān
caviar (m)	鱼子酱	yúzǐ jiàng
caranguejo (m)	螃蟹	páng xiè
camarão (m)	虾，小虾	xiā, xiǎo xiā
ostra (f)	牡蛎	mǔ lì
lagosta (f)	龙虾	lóng xiā
polvo (m)	章鱼	zhāng yú
lula (f)	鱿鱼	yóu yú
esturjão (m)	鲟鱼	xú nyú
salmão (m)	鲑鱼	guī yú
halibute (m)	比目鱼	bǐ mù yú
bacalhau (m)	鳕鱼	xuě yú
cavala, sarda (f)	鲭鱼	qīng yú

| atum (m) | 金枪鱼 | jīn qiāng yú |
| enguia (f) | 鳗鱼，鳝鱼 | mán yú, shàn yú |

truta (f)	鳟鱼	zūn yú
sardinha (f)	沙丁鱼	shā dīng yú
lúcio (m)	狗鱼	gǒu yú
arenque (m)	鲱鱼	fēi yú

pão (m)	面包	miàn bāo
queijo (m)	奶酪	nǎi lào
açúcar (m)	糖	táng
sal (m)	盐，食盐	yán, shí yán

arroz (m)	米	mǐ
massas (f pl)	通心粉	tōng xīn fěn
talharim (m)	面条	miàn tiáo

manteiga (f)	黄油	huáng yóu
óleo (m) vegetal	植物油	zhí wù yóu
óleo (m) de girassol	向日葵油	xiàng rì kuí yóu
margarina (f)	人造奶油	rénzào nǎi yóu

| azeitonas (f pl) | 橄榄 | gǎn lǎn |
| azeite (m) | 橄榄油 | gǎn lǎn yóu |

leite (m)	牛奶	niú nǎi
leite (m) condensado	炼乳	liàn rǔ
iogurte (m)	酸奶	suān nǎi
nata (f) azeda	酸奶油	suān nǎi yóu
nata (f) do leite	奶油	nǎi yóu

| maionese (f) | 蛋黄酱 | dàn huáng jiàng |
| creme (m) | 乳脂 | rǔ zhī |

grãos (m pl) de cereais	谷粒	gǔ lì
farinha (f)	面粉	miàn fěn
enlatados (m pl)	罐头食品	guàn tou shí pǐn

flocos (m pl) de milho	玉米片	yù mǐ piàn
mel (m)	蜂蜜	fēng mì
doce (m)	果冻	guǒ dòng
pastilha (f) elástica	口香糖	kǒu xiāng táng

45. Bebidas

água (f)	水	shuǐ
água (f) potável	饮用水	yǐn yòng shuǐ
água (f) mineral	矿泉水	kuàng quán shuǐ

sem gás	无气的	wú qì de
gaseificada	苏打 ···	sū dá ...
com gás	汽水	qì shuǐ
gelo (m)	冰	bīng
com gelo	加冰的	jiā bīng de

sem álcool	不含酒精的	bù hán jiǔ jīng de
bebida (f) sem álcool	软性饮料	ruǎn xìng yǐn liào
refresco (m)	清凉饮料	qīng liáng yǐn liào
limonada (f)	柠檬水	níng méng shuǐ
bebidas (f pl) alcoólicas	烈酒	liè jiǔ
licor (m)	甜酒	tián jiǔ
champanhe (m)	香槟	xiāng bīn
vermute (m)	苦艾酒	kǔ ài jiǔ
uísque (m)	威士忌酒	wēi shì jì jiǔ
vodka (f)	伏特加	fú tè jiā
gim (m)	杜松子酒	dù sōng zǐ jiǔ
conhaque (m)	法国白兰地	fǎguó báilándì
rum (m)	朗姆酒	lǎng mǔ jiǔ
café (m)	咖啡	kāfēi
café (m) puro	黑咖啡	hēi kāfēi
café (m) com leite	加牛奶的咖啡	jiāniúnǎide kāfēi
cappuccino (m)	卡布奇诺	kǎ bù jī nuò
café (m) solúvel	速溶咖啡	sùróng kāfēi
leite (m)	牛奶	niú nǎi
coquetel (m)	鸡尾酒	jī wěi jiǔ
batido (m) de leite	奶昔	nǎi xī
sumo (m)	果汁	guǒzhī
sumo (m) de tomate	番茄汁	fān qié zhī
sumo (m) de laranja	橙子汁	chéng zi zhī
sumo (m) fresco	新鲜果汁	xīnxiān guǒzhī
cerveja (f)	啤酒	píjiǔ
cerveja (f) clara	淡啤酒	dàn píjiǔ
cerveja (f) preta	黑啤酒	hēi píjiǔ
chá (m)	茶	chá
chá (m) preto	红茶	hóng chá
chá (m) verde	绿茶	lǜ chá

46. Vegetais

legumes (m pl)	蔬菜	shū cài
verduras (f pl)	青菜	qīng cài
tomate (m)	西红柿	xī hóng shì
pepino (m)	黄瓜	huáng guā
cenoura (f)	胡萝卜	hú luó bo
batata (f)	土豆	tǔ dòu
cebola (f)	洋葱	yáng cōng
alho (m)	大蒜	dà suàn
couve (f)	洋白菜	yáng bái cài
couve-flor (f)	菜花	cài huā
couve-de-bruxelas (f)	球芽甘蓝	qiú yá gān lán

brócolos (m pl)	西蓝花	xī lán huā
beterraba (f)	甜菜	tiáncài
beringela (f)	茄子	qié zi
curgete (f)	西葫芦	xī hú lu
abóbora (f)	南瓜	nán guā
nabo (m)	蔓菁	mán jing
salsa (f)	欧芹	ōu qín
funcho, endro (m)	莳萝	shì luó
alface (f)	生菜，莴苣	shēng cài, wō jù
aipo (m)	芹菜	qín cài
espargo (m)	芦笋	lú sǔn
espinafre (m)	菠菜	bō cài
ervilha (f)	豌豆	wān dòu
fava (f)	豆子	dòu zi
milho (m)	玉米	yù mǐ
feijão (m)	四季豆	sì jì dòu
pimentão (m)	胡椒，辣椒	hú jiāo, là jiāo
rabanete (m)	水萝卜	shuǐ luó bo
alcachofra (f)	朝鲜蓟	cháo xiǎn jì

47. Frutos. Nozes

fruta (f)	水果	shuǐ guǒ
maçã (f)	苹果	píng guǒ
pera (f)	梨	lí
limão (m)	柠檬	níng méng
laranja (f)	橙子	chén zi
morango (m)	草莓	cǎo méi
tangerina (f)	橘子	jú zi
ameixa (f)	李子	lǐ zi
pêssego (m)	桃子	táo zi
damasco (m)	杏子	xìng zi
framboesa (f)	覆盆子	fù pén zi
ananás (m)	菠萝	bō luó
banana (f)	香蕉	xiāng jiāo
melancia (f)	西瓜	xī guā
uva (f)	葡萄	pú tao
ginja (f)	樱桃	yīngtáo
cereja (f)	欧洲甜樱桃	ōuzhōu tián yīngtáo
meloa (f)	瓜，甜瓜	guā, tián guā
toranja (f)	葡萄柚	pú tao yòu
abacate (m)	鳄梨	è lí
papaia (f)	木瓜	mù guā
manga (f)	芒果	máng guǒ
romã (f)	石榴	shí liú
groselha (f) vermelha	红醋栗	hóng cù lì
groselha (f) preta	黑醋栗	hēi cù lì

groselha (f) espinhosa	醋栗	cù lì
mirtilo (m)	越橘	yuè jú
amora silvestre (f)	黑莓	hēi méi

uvas (f pl) passas	葡萄干	pútao gān
figo (m)	无花果	wú huā guǒ
tâmara (f)	海枣	hǎi zǎo

amendoim (m)	花生	huā shēng
amêndoa (f)	杏仁	xìng rén
noz (f)	核桃	hé tao
avelã (f)	榛子	zhēn zi
coco (m)	椰子	yē zi
pistáchios (m pl)	开心果	kāi xīn guǒ

48. Pão. Bolaria

pastelaria (f)	油酥面饼	yóu sū miàn bǐng
pão (m)	面包	miàn bāo
bolacha (f)	饼干	bǐng gān

chocolate (m)	巧克力	qiǎo kè lì
de chocolate	巧克力的	qiǎo kè lì de
rebuçado (m)	糖果	táng guǒ
bolo (cupcake, etc.)	小蛋糕	xiǎo dàngāo
bolo (m) de aniversário	蛋糕	dàngāo

| tarte (~ de maçã) | 大馅饼 | dà xiàn bǐng |
| recheio (m) | 馅 | xiàn |

doce (m)	果酱	guǒ jiàng
geleia (f) de frutas	酸果酱	suān guǒ jiàng
waffle (m)	华夫饼干	huá fū bǐng gān
gelado (m)	冰淇淋	bīng qí lín

49. Pratos cozinhados

prato (m)	菜	cài
cozinha (~ portuguesa)	菜肴	cài yáo
receita (f)	烹饪法	pēng rèn fǎ
porção (f)	一份	yǐ fèn

| salada (f) | 沙拉 | shā lā |
| sopa (f) | 汤 | tāng |

caldo (m)	清汤	qīng tāng
sandes (f)	三明治	sān míng zhì
ovos (m pl) estrelados	煎蛋	jiān dàn

hambúrguer (m)	汉堡	hàn bǎo
bife (m)	牛排	niú pái
conduto (m)	配菜	pèi cài

espaguete (m)	意大利面条	yì dà lì miàn tiáo
puré (m) de batata	土豆泥	tǔ dòu ní
pizza (f)	比萨饼	bǐ sà bǐng
papa (f)	麦片粥	mài piàn zhōu
omelete (f)	鸡蛋饼	jīdàn bǐng
cozido em água	煮熟的	zhǔ shóu de
fumado	熏烤的	xūn kǎo de
frito	油煎的	yóu jiān de
seco	干的	gān de
congelado	冷冻的	lěng dòng de
em conserva	醋渍的	cù zì de
doce (açucarado)	甜的	tián de
salgado	咸的	xián de
frio	冷的	lěng de
quente	烫的	tàng de
amargo	苦的	kǔ de
gostoso	美味的	měi wèi de
cozinhar (em água a ferver)	做饭	zuò fàn
fazer, preparar (vt)	做饭	zuò fàn
fritar (vt)	油煎	yóu jiān
aquecer (vt)	加热	jiā rè
salgar (vt)	加盐	jiā yán
apimentar (vt)	加胡椒	jiā hú jiāo
ralar (vt)	磨碎	mò suì
casca (f)	皮	pí
descascar (vt)	剥皮	bāo pí

50. Especiarias

sal (m)	盐，食盐	yán, shí yán
salgado	含盐的	hán yán de
salgar (vt)	加盐	jiā yán
pimenta (f) preta	黑胡椒	hēi hú jiāo
pimenta (f) vermelha	红辣椒粉	hóng là jiāo fěn
mostarda (f)	芥末	jiè mo
raiz-forte (f)	辣根汁	là gēn zhī
condimento (m)	调味品	diào wèi pǐn
especiaria (f)	香料	xiāng liào
molho (m)	调味汁	tiáo wèi zhī
vinagre (m)	醋	cù
anis (m)	茴芹	huí qín
manjericão (m)	罗勒	luó lè
cravo (m)	丁香	dīng xiāng
gengibre (m)	姜	jiāng
coentro (m)	芫荽	yuán suī
canela (f)	肉桂	ròu guì
sésamo (m)	芝麻	zhī ma

folhas (f pl) de louro	月桂叶	yuè guì yè
páprica (f)	红甜椒粉	hóng tián jiāo fěn
cominho (m)	葛缕子	gélǚ zi
açafrão (m)	番红花	fān hóng huā

51. Refeições

| comida (f) | 食物 | shí wù |
| comer (vt) | 吃 | chī |

pequeno-almoço (m)	早饭	zǎo fàn
tomar o pequeno-almoço	吃早饭	chī zǎo fàn
almoço (m)	午饭	wǔ fàn
almoçar (vi)	吃午饭	chī wǔ fàn
jantar (m)	晚餐	wǎn cān
jantar (vi)	吃晚饭	chī wǎn fàn

| apetite (m) | 胃口 | wèi kǒu |
| Bom apetite! | 请慢用！ | qǐng màn yòng! |

abrir (~ uma lata, etc.)	打开	dǎ kāi
derramar (vt)	洒出	sǎ chū
derramar-se (vr)	洒出	sǎ chū

ferver (vi)	煮开	zhǔ kāi
ferver (vt)	烧开	shāo kāi
fervido	煮开过的	zhǔ kāi guò de
arrefecer (vt)	变凉	biàn liáng
arrefecer-se (vr)	变凉	biàn liáng

| sabor, gosto (m) | 味道 | wèi dào |
| gostinho (m) | 回味，余味 | huí wèi, yú wèi |

fazer dieta	减肥	jiǎn féi
dieta (f)	日常饮食	rì cháng yǐn shí
vitamina (f)	维生素	wéi shēng sù
caloria (f)	卡路里	kǎlùlǐ
vegetariano (m)	素食者	sù shí zhě
vegetariano	素的	sù de

gorduras (f pl)	脂肪	zhī fáng
proteínas (f pl)	蛋白质	dàn bái zhì
carboidratos (m pl)	碳水化合物	tàn shuǐ huà hé wù
fatia (~ de limão, etc.)	一片	yī piàn
pedaço (~ de bolo)	一块	yī kuài
migalha (f)	面包屑	miàn bāo xiè

52. Por a mesa

colher (f)	勺子	sháo zi
faca (f)	刀，刀子	dāo, dāo zi
garfo (m)	叉，餐叉	chā, cān chā

chávena (f)	杯子	bēi zi
prato (m)	盘子	pán zi
pires (m)	碟子	dié zi
guardanapo (m)	餐巾	cān jīn
palito (m)	牙签	yá qiān

53. Restaurante

restaurante (m)	饭馆	fàn guǎn
café (m)	咖啡馆	kāfēi guǎn
bar (m), cervejaria (f)	酒吧	jiǔ bā
salão (m) de chá	茶馆	chá guǎn

empregado (m) de mesa	服务员	fú wù yuán
empregada (f) de mesa	女服务员	nǚ fú wù yuán
barman (m)	酒保	jiǔ bǎo

ementa (f)	菜单	cài dān
lista (f) de vinhos	酒单	jiǔ dān
reservar uma mesa	订桌子	dìng zhuō zi

prato (m)	菜	cài
pedir (vt)	订菜	dìng cài
fazer o pedido	订菜	dìng cài

aperitivo (m)	开胃酒	kāi wèi jiǔ
entrada (f)	开胃菜	kāi wèi cài
sobremesa (f)	甜点心	tián diǎn xīn

conta (f)	账单	zhàng dān
pagar a conta	付账	fù zhàng
dar o troco	找零钱	zhǎo líng qián
gorjeta (f)	小费	xiǎo fèi

Família, parentes e amigos

54. Informação pessoal. Formulários

nome (m)	名字	míng zi
apelido (m)	姓	xìng
data (f) de nascimento	出生日期	chū shēng rì qī
local (m) de nascimento	出生地	chū shēng dì
nacionalidade (f)	国籍	guó jí
lugar (m) de residência	住所地	zhù suǒ dì
país (m)	国家	guó jiā
profissão (f)	职业	zhí yè
sexo (m)	性，性别	xìng, xìngbié
estatura (f)	身高	shēn gāo
peso (m)	重量	zhòng liàng

55. Membros da família. Parentes

mãe (f)	母亲	mǔ qīn
pai (m)	父亲	fù qīn
filho (m)	儿子	ér zi
filha (f)	女儿	nǚ ér
filha (f) mais nova	最小的女儿	zuìxiǎode nǚ ér
filho (m) mais novo	最小的儿子	zuìxiǎode ér zi
filha (f) mais velha	最大的女儿	zuìdàde nǚér
filho (m) mais velho	最大的儿子	zuìdàde ér zi
irmão (m) mais velho	哥哥	gēge
irmão (m) mais novo	弟弟	dìdi
irmã (f) mais velha	姐姐	jiějie
irmã (f) mais nova	妹妹	mèi mei
primo (m)	堂兄弟，表兄弟	tángxiōngdì, biǎoxiōngdì
prima (f)	堂姊妹，表姊妹	tángzǐmèi, biǎozǐmèi
mamã (f)	妈妈	mā ma
papá (m)	爸爸	bàba
pais (pl)	父母	fù mǔ
criança (f)	孩子	hái zi
crianças (f pl)	孩子们	hái zi men
avó (f)	姥姥	lǎo lao
avô (m)	爷爷	yé ye
neto (m)	孙子	sūn zi
neta (f)	孙女	sūn nǚ
netos (pl)	孙子们	sūn zi men

tio (m)	姑爹	gū diē
tia (f)	姑妈	gū mā
sobrinho (m)	侄子	zhí zi
sobrinha (f)	侄女	zhí nǚ

sogra (f)	岳母	yuè mǔ
sogro (m)	公公	gōng gong
genro (m)	女婿	nǚ xu
madrasta (f)	继母	jì mǔ
padrasto (m)	继父	jì fù

criança (f) de colo	婴儿	yīng ér
bebé (m)	婴儿	yīng ér
menino (m)	小孩	xiǎo hái

mulher (f)	妻子	qī zi
marido (m)	老公	lǎo gōng
esposo (m)	配偶	pèi ǒu
esposa (f)	配偶	pèi ǒu

casado	结婚的	jié hūn de
casada	结婚的	jié hūn de
solteiro	独身的	dú shēn de
solteirão (m)	单身汉	dān shēn hàn
divorciado	离婚的	lí hūn de
viúva (f)	寡妇	guǎ fu
viúvo (m)	鳏夫	guān fū

parente (m)	亲戚	qīn qi
parente (m) próximo	近亲	jìn qīn
parente (m) distante	远亲	yuǎn qīn
parentes (m pl)	亲属	qīn shǔ

órfão (m), órfã (f)	孤儿	gū ér
tutor (m)	监护人	jiān hù rén
adotar (um filho)	收养	shōu yǎng
adotar (uma filha)	收养	shōu yǎng

56. Amigos. Colegas de trabalho

amigo (m)	朋友	péngyou
amiga (f)	女性朋友	nǚxìng péngyou
amizade (f)	友谊	yǒu yì
ser amigos	交朋友	jiāo péngyou

amigo (m)	朋友	péngyou
amiga (f)	朋友	péngyou
parceiro (m)	搭档	dā dàng

chefe (m)	老板	lǎo bǎn
proprietário (m)	物主	wù zhǔ
subordinado (m)	下属	xià shǔ
colega (m)	同事	tóng shì
conhecido (m)	熟人	shú rén

companheiro (m) de viagem	旅伴	lǚ bàn
colega (m) de classe	同学	tóng xué
vizinho (m)	邻居	lín jū
vizinha (f)	邻居	lín jū
vizinhos (pl)	邻居们	lín jū men

57. Homem. Mulher

mulher (f)	女人	nǚ rén
rapariga (f)	姑娘	gū niang
noiva (f)	新娘	xīn niáng
bonita	漂亮的	piào liang de
alta	高的	gāo de
esbelta	苗条	miáo tiáo
de estatura média	矮的	ǎi de
loura (f)	金发女郎	jīnfà nǚláng
morena (f)	黑发女人	hēifà nǚrén
de senhora	女式	nǚ shì
virgem (f)	处女	chǔ nǚ
grávida	怀孕的	huái yùn de
homem (m)	男人	nán rén
louro (m)	金发男子	jīnfà nánzǐ
moreno (m)	黑发男人	hēifà nánrén
alto	高的	gāo de
de estatura média	矮的	ǎi de
rude	粗鲁的	cū lǔ de
atarracado	结实的	jiē shi de
robusto	强健的	qiáng jiàn de
forte	强壮的	qiáng zhuàng de
força (f)	力气	lìqi
gordo	肥胖的	féi pàng de
moreno	黝黑的	yǒu hēi de
esbelto	身强力壮的	shēn qiáng lì zhuàng de
elegante	雅致的	yǎ zhì de

58. Idade

idade (f)	年龄	nián líng
juventude (f)	青年时期	qīng nián shí qī
jovem	年轻的	nián qīng de
mais novo	··· 比 ··· 小	... bǐ ... xiǎo
mais velho	··· 比 ··· 大	... bǐ ... dà
jovem (m)	年轻男士	nián qīng nán shì
adolescente (m)	少年	shào nián

rapaz (m)	小伙子	xiǎo huǒ zi
velho (m)	老先生	lǎo xiān sheng
velhota (f)	老妇人	lǎo fù rén
adulto	成年的	chéng nián de
de meia-idade	中年的	zhōng nián de
idoso, de idade	年长的	nián zhǎng de
velho	老的	lǎo de
reforma (f)	退休	tuì xiū
reformar-se (vr)	退休	tuì xiū
reformado (m)	退休人员	tuì xiū rén yuán

59. Crianças

criança (f)	孩子	hái zi
crianças (f pl)	孩子们	hái zi men
gémeos (m pl)	孪生儿	luán shēng ér
berço (m)	摇篮	yáo lán
guizo (m)	摇铃	yáo líng
fralda (f)	尿布	niào bù
chupeta (f)	安抚奶嘴	ān fǔ nǎi zuǐ
carrinho (m) de bebé	婴儿车	yīng ér chē
jardim (m) de infância	幼儿园	yòu ér yuán
babysitter (f)	保姆	bǎo mǔ
infância (f)	童年	tóng nián
boneca (f)	娃娃	wá wa
brinquedo (m)	玩具	wán jù
jogo (m) de armar	建筑玩具	jiàn zhù wán jù
bem-educado	有教养的	yǒu jiào yǎng de
mal-educado	教养差的	jiào yǎng chà de
mimado	宠坏的	chǒng huài de
ser travesso	淘气	táoqì
travesso, traquinas	淘气的	táoqì de
travessura (f)	淘气	táoqì
criança (f) travessa	淘气的男孩	táoqì de nán hái
obediente	听话的	tīnghuà de
desobediente	不听话的	bù tīnghuà de
dócil	温顺的	wēn shùn de
inteligente	聪明的	cōng ming de
menino (m) prodígio	天才儿童	tiān cái ér tóng

60. Casais. Vida de família

beijar (vt)	吻	wěn
beijar-se (vr)	相吻	xiāng wěn

família (f)	家庭	jiā tíng
familiar	家庭的	jiā tíng de
casal (m)	夫妻	fūqī
matrimónio (m)	婚姻	hūn yīn
lar (m)	家庭	jiā tíng
dinastia (f)	王朝	wáng cháo
encontro (m)	约会	yuē huì
beijo (m)	吻	wěn
amor (m)	爱情	ài qíng
amar (vt)	爱	ài
amado, querido	爱人	ài rén
ternura (f)	温柔	wēn róu
terno, afetuoso	温柔的	wēn róu de
fidelidade (f)	忠贞	zhōng zhēn
fiel	忠贞的	zhōng zhēn de
cuidado (m)	关心	guān xīn
carinhoso	关心的	guān xīn de
recém-casados (m pl)	新婚夫妇	xīn hūn fū fù
lua de mel (f)	蜜月	mì yuè
casar-se (com um homem)	结婚	jié hūn
casar-se (com uma mulher)	结婚	jié hūn
boda (f)	婚礼	hūn lǐ
bodas (f pl) de ouro	金婚纪念	jīn hūn jì niàn
aniversário (m)	周年	zhōu nián
amante (m)	情人	qíng rén
amante (f)	情妇	qíng fù
adultério (m)	通奸	tōng jiān
cometer adultério	通奸	tōng jiān
ciumento	吃醋的	chī cù de
ser ciumento	吃醋	chī cù
brigar (discutir)	吵架	chǎo jià
fazer as pazes	和解	hé jiě
juntos	一起	yī qǐ
sexo (m)	性爱	xìng ài
felicidade (f)	幸福	xìng fú
feliz	幸福的	xìng fú de
infelicidade (f)	不幸	bù xìng
infeliz	不幸福的	bù xìng fú de

Caráter. Sentimentos. Emoções

61. Sentimentos. Emoções

sentimento (m)	感情	gǎn qíng
sentimentos (m pl)	感情	gǎn qíng
sentir (vt)	感觉	gǎn jué
fome (f)	饿	è
ter fome	饿	è
sede (f)	渴，口渴	kě, kǒukě
ter sede	渴	kě
sonolência (f)	睡意	shuì yì
estar sonolento	感到困倦	gǎn dào kùn juàn
cansaço (m)	疲劳	pí láo
cansado	疲劳的	pí láo de
ficar cansado	疲倦	pí juàn
humor (m)	心情	xīn qíng
tédio (m)	厌烦	yàn fán
aborrecer-se (vr)	过无聊的生活	guòwúliáode shēnghuó
isolamento (m)	隐居	yǐn jū
isolar-se	隐居	yǐn jū
preocupar (vt)	使 ⋯ 发愁	shǐ ... fā chóu
preocupar-se (vr)	担心	dān xīn
preocupação (f)	忧虑	yōu lǜ
ansiedade (f)	焦虑	jiāo lǜ
preocupado	忧虑的	yōu lǜ de
estar nervoso	紧张	jǐn zhāng
entrar em pânico	惊慌	jīng huāng
esperança (f)	希望	xī wàng
esperar (vt)	希望	xī wàng
certeza (f)	确定	què dìng
certo	确定的	què dìng de
indecisão (f)	不确定	bù què dìng
indeciso	不确定的	bù què dìng de
ébrio, bêbado	喝醉的	hē zuì de
sóbrio	清醒的	qīng xǐng de
fraco	体弱	tǐ ruò
feliz	幸运的	xìng yùn de
assustar (vt)	吓唬	xià hu
fúria (f)	暴怒	bào nù
ira, raiva (f)	狂怒	kuáng nù
depressão (f)	沮丧	jǔ sàng
desconforto (m)	不方便	bù fāng biàn

conforto (m)	安逸	ān yì
arrepender-se (vr)	后悔	hòu huǐ
arrependimento (m)	遗憾	yí hàn
azar (m), má sorte (f)	倒霉	dǎo méi
tristeza (f)	悲哀	bēi āi
vergonha (f)	惭愧	cán kuì
alegria (f)	欢乐	huān lè
entusiasmo (m)	热情	rè qíng
entusiasta (m)	热衷者	rè zhōng zhě
mostrar entusiasmo	表现出热情	biǎoxiàn chū rèqíng

62. Caráter. Personalidade

caráter (m)	品行	pǐn xíng
falha (f) de caráter	缺点	quē diǎn
mente (f)	头脑	tóunǎo
razão (f)	智力	zhì lì
consciência (f)	良心	liáng xīn
hábito (m)	习惯	xí guàn
habilidade (f)	能力	néng lì
saber (~ nadar, etc.)	能，会	néng, huì
paciente	有耐心的	yǒu nài xīn de
impaciente	不耐烦的	bù nài fán de
curioso	好奇的	hào qí de
curiosidade (f)	好奇心	hào qí xīn
modéstia (f)	谦虚	qiān xū
modesto	谦虚的	qiān xū de
imodesto	不谦虚的	bù qiān xū de
preguiça (f)	懒惰	lǎn duò
preguiçoso	懒惰的	lǎn duò de
preguiçoso (m)	懒人	lǎn rén
astúcia (f)	狡猾	jiǎo huá
astuto	狡猾的	jiǎo huá de
desconfiança (f)	不信任	bù xìn rèn
desconfiado	不信任的	bù xìn rèn de
generosidade (f)	慷慨	kāng kǎi
generoso	慷慨的	kāng kǎi de
talentoso	有才能的	yǒu cái néng de
talento (m)	才能	cái néng
corajoso	勇敢的	yǒng gǎn de
coragem (f)	勇敢	yǒng gǎn
honesto	诚实的	chéng shí de
honestidade (f)	诚实	chéng shí
prudente	小心的	xiǎo xīn de
valente	无畏的	wú wèi de

sério	认真的	rèn zhēn de
severo	严格的	yán gé de
decidido	坚决的	jiān jué de
indeciso	优柔寡断的	yōu róu guǎ duàn de
tímido	羞怯的	xiū qiè de
timidez (f)	羞怯	xiū qiè
confiança (f)	信任	xìn rèn
confiar (vt)	信任	xìn rèn
crédulo	轻信的	qīng xìn de
sinceramente	真诚地	zhēn chéng de
sincero	真诚的	zhēn chéng de
sinceridade (f)	真诚	zhēn chéng
aberto	开朗的	kāi lǎng de
calmo	安静的	ān jìng de
franco	坦白的	tǎn bái de
ingénuo	天真的	tiān zhēn de
distraído	心不在焉的	xīn bú zài yān de
engraçado	可笑的	kě xiào de
ganância (f)	贪婪	tān lán
ganancioso	贪婪的	tān lán de
avarento	小气的	xiǎoqìde
mau	凶恶的	xiōng è de
teimoso	固执的	gù zhí de
desagradável	讨厌的	tǎo yàn de
egoísta (m)	自私的人	zì sī de rén
egoísta	自私的	zì sī de
cobarde (m)	懦夫	nuò fū
cobarde	怯懦地	qiè nuò de

63. O sono. Sonhos

dormir (vi)	睡觉	shuì jiào
sono (m)	睡眠	shuì mián
sonho (m)	梦	mèng
sonhar (vi)	做梦	zuò mèng
sonolento	瞌睡的	kē shuì de
cama (f)	床	chuáng
colchão (m)	床垫	chuáng diàn
cobertor (m)	羽绒被	yǔ róng bèi
almofada (f)	枕头	zhěn tou
lençol (m)	床单	chuáng dān
insónia (f)	失眠	shī mián
insone	失眠的	shī mián de
sonífero (m)	安眠药	ān mián yào
tomar um sonífero	服安眠药	fú ān mián yào
estar sonolento	感到困倦	gǎn dào kùn juàn

bocejar (vi)	打哈欠	dǎ hā qian
ir para a cama	去睡觉	qù shuì jiào
fazer a cama	铺床	pū chuáng
adormecer (vi)	睡着	shuì zháo

pesadelo (m)	噩梦	è mèng
ronco (m)	鼾声	hān shēng
roncar (vi)	打鼾	dǎ hān

despertador (m)	闹钟	nào zhōng
acordar, despertar (vt)	叫醒	jiào xǐng
acordar (vi)	醒来	xǐng lái
levantar-se (vr)	起床	qǐ chuáng
lavar-se (vr)	洗脸	xǐ liǎn

64. Humor. Riso. Alegria

humor (m)	幽默	yōu mò
sentido (m) de humor	幽默感	yōu mò gǎn
divertir-se (vr)	乐趣	lè qù
alegre	欢乐的	huān lè de
alegria (f)	欢乐	huān lè

sorriso (m)	笑容	xiào róng
sorrir (vi)	微笑	wēi xiào
começar a rir	开始大笑	kāi shǐ dà xiào
rir (vi)	笑	xiào
riso (m)	笑	xiào

anedota (f)	趣闻	qù wén
engraçado	好笑的	hǎo xiào de
ridículo	可笑的	kě xiào de

brincar, fazer piadas	开玩笑	kāi wán xiào
piada (f)	笑话	xiào huà
alegria (f)	欢欣	huān xīn
regozijar-se (vr)	高兴	gāo xìng
alegre	高兴的	gāo xìng de

65. Discussão, conversação. Parte 1

| comunicação (f) | 交往 | jiāo wǎng |
| comunicar-se (vr) | 沟通 | gōu tōng |

conversa (f)	谈话	tán huà
diálogo (m)	对话	duì huà
discussão (f)	讨论	tǎo lùn
debate (m)	争论	zhēng lùn
debater (vt)	争论	zhēng lùn

| interlocutor (m) | 对话者 | duì huà zhě |
| tema (m) | 话题 | huà tí |

ponto (m) de vista	观点	guān diǎn
opinião (f)	见解	jiàn jiě
discurso (m)	发言	fā yán

discussão (f)	谈论	tán lùn
discutir (vt)	讨论	tǎo lùn
conversa (f)	谈话	tán huà
conversar (vi)	谈话	tán huà
encontro (m)	会	huì
encontrar-se (vr)	见面	jiàn miàn

provérbio (m)	谚语	yàn yǔ
ditado (m)	俗语	sú yǔ
adivinha (f)	谜语	mí yǔ
dizer uma adivinha	给 … 出谜语	gěi … chū mí yǔ
senha (f)	口令	kǒu lìng
segredo (m)	秘密	mì mì

juramento (m)	誓言	shì yán
jurar (vi)	发誓	fā shì
promessa (f)	诺言	nuò yán
prometer (vt)	承诺	chéng nuò

conselho (m)	建议	jià nyì
aconselhar (vt)	建议	jià nyì
escutar (~ os conselhos)	听话	tīng huà

novidade, notícia (f)	新闻	xīn wén
sensação (f)	轰动	hōng dòng
informação (f)	消息	xiāo xi
conclusão (f)	结论	jié lùn
voz (f)	声音	shēng yīn
elogio (m)	恭维	gōng wei
amável	慈祥的	cí xiáng de

palavra (f)	字，单词	zì, dāncí
frase (f)	短语	duǎn yǔ
resposta (f)	答案	dá àn

| verdade (f) | 实话 | shí huà |
| mentira (f) | 谎言 | huǎng yán |

| pensamento (m) | 念头 | niàn tou |
| fantasia (f) | 虚构 | xū gòu |

66. Discussão, conversação. Parte 2

estimado	尊敬的	zūn jìng de
respeitar (vt)	尊敬	zūn jìng
respeito (m)	尊敬	zūn jìng
Estimado ..., Caro ...	亲爱的	qīn ài de

| travar conhecimento | 相识 | xiāng shí |
| intenção (f) | 意向 | yì xiàng |

tencionar (vt)	打算	dǎ suàn
desejo (m)	祝愿	zhù yuàn
desejar (ex. ~ boa sorte)	祝	zhù
surpresa (f)	惊讶	jīng yà
surpreender (vt)	使惊讶	shǐ jīng yà
surpreender-se (vr)	吃惊	chī jīng
dar (vt)	给	gěi
pegar (tomar)	拿	ná
devolver (vt)	归还	guī huán
retornar (vt)	归还	guī huán
desculpar-se (vr)	道歉	dào qiàn
desculpa (f)	道歉	dào qiàn
perdoar (vt)	原谅	yuán liàng
falar (vi)	谈话	tán huà
escutar (vt)	听	tīng
ouvir até o fim	听完	tīng wán
compreender (vt)	明白	míng bai
mostrar (vt)	展示	zhǎn shì
olhar para ...	看	kàn
chamar (dizer em voz alta o nome)	叫	jiào
perturbar (vt)	打扰	dǎ rǎo
entregar (~ em mãos)	递	dì
pedido (m)	请求	qǐng qiú
pedir (ex. ~ ajuda)	求	qiú
exigência (f)	要求	yāo qiú
exigir (vt)	要求	yāo qiú
chamar nomes (vt)	戏弄	xì nòng
zombar (vt)	嘲笑	cháo xiào
zombaria (f)	笑柄	xiào bǐng
alcunha (f)	绰号	chuò hào
insinuação (f)	暗示	àn shì
insinuar (vt)	暗示	àn shì
subentender (vt)	意思	yì si
descrição (f)	描述	miáo shù
descrever (vt)	描写	miáo xiě
elogio (m)	称赞	chēng zàn
elogiar (vt)	称赞	chēng zàn
desapontamento (m)	失望	shī wàng
desapontar (vt)	使失望	shǐ shī wàng
desapontar-se (vr)	失望	shī wàng
suposição (f)	假设	jiǎ shè
supor (vt)	假设	jiǎ shè
advertência (f)	警告	jǐng gào
advertir (vt)	警告	jǐng gào

67. Discussão, conversação. Parte 3

convencer (vt)	说服	shuō fú
acalmar (vt)	使 … 放心	shǐ … fàngxīn
silêncio (o ~ é de ouro)	沉默	chén mò
ficar em silêncio	沉默	chén mò
sussurrar (vt)	耳语	ěr yǔ
sussurro (m)	耳语	ěr yǔ
francamente	坦白地讲	tǎn bái de jiǎng
a meu ver ...	在我看来	zài wǒ kànlai
detalhe (~ da história)	细节	xì jié
detalhado	详细的	xiáng xì de
detalhadamente	详细地	xiáng xì de
dica (f)	提示，暗示	tíshì, ànshì
dar uma dica	暗示	àn shì
olhar (m)	表情	biǎo qíng
dar uma vista de olhos	看一看	kàn yī kàn
fixo (olhar ~)	呆滞的眼光	dāizhìde yǎnguāng
piscar (vi)	眨	zhǎ
pestanejar (vt)	眨眼	zhǎ yǎn
acenar (com a cabeça)	点头	diǎn tóu
suspiro (m)	叹息	tàn xī
suspirar (vi)	叹气	tàn qì
estremecer (vi)	战栗	zhàn lì
gesto (m)	手势	shǒu shì
tocar (com as mãos)	摸	mō
agarrar (~ pelo braço)	抓住	zhuā zhù
bater de leve	轻拍	qīng pāi
Cuidado!	小心!	xiǎo xīn!
A sério?	真的?	zhēn de?
Boa sorte!	祝你好运!	zhù nǐ hǎo yùn!
Compreendi!	明白了!	míng bai le!
Que pena!	可惜!	kě xī!

68. Acordo. Recusa

consentimento (~ mútuo)	同意	tóng yì
consentir (vi)	同意	tóng yì
aprovação (f)	批准	pī zhǔn
aprovar (vt)	批准	pī zhǔn
recusa (f)	拒绝	jù jué
negar-se (vt)	拒绝	jù jué
Está ótimo!	太好了	tài hǎo le
Muito bem!	好吧!	hǎo ba!
Está bem! De acordo!	同意!	tóng yì!

proibido	被禁止的	bèi jìn zhǐ de
é proibido	不许	bù xǔ
é impossível	它是不可能的	tā shì bù kě néng de
incorreto	错的	cuò de
rejeitar (~ um pedido)	拒绝	jù jué
apoiar (vt)	支持	zhī chí
aceitar (desculpas, etc.)	接受	jiē shòu
confirmar (vt)	证明	zhèng míng
confirmação (f)	证明	zhèng míng
permissão (f)	允许	yǔn xǔ
permitir (vt)	允许	yǔn xǔ
decisão (f)	决定	jué dìng
não dizer nada	不作声	bù zuò shēng
condição (com uma ~)	条件	tiáo jiàn
pretexto (m)	借口	jiè kǒu
elogio (m)	称赞	chēng zàn
elogiar (vt)	称赞	chēng zàn

69. Sucesso. Boa sorte. Insucesso

êxito, sucesso (m)	成功	chéng gōng
com êxito	成功地	chéng gōng de
bem sucedido	成功的	chéng gōng de
sorte (fortuna)	幸运	xìng yùn
Boa sorte!	祝你好运!	zhù nǐ hǎo yùn!
de sorte	幸运的	xìng yùn de
sortudo, felizardo	成功的	chéng gōng de
fracasso (m)	失败	shī bài
pouca sorte (f)	失败	shī bài
azar (m), má sorte (f)	倒霉	dǎo méi
mal sucedido	不成功的	bù chéng gōng de
catástrofe (f)	大灾难	dà zāi nàn
orgulho (m)	自尊心	zì zūn xīn
orgulhoso	自豪的	zì háo de
estar orgulhoso	自豪	zì háo
vencedor (m)	胜利者	shèng lì zhě
vencer (vi)	赢, 获胜	yíng, huò shèng
perder (vt)	输掉	shū diào
tentativa (f)	尝试	cháng shì
tentar (vt)	试图	shì tú
chance (m)	良机	liáng jī

70. Conflitos. Emoções negativas

grito (m)	喊声	hǎn shēng
gritar (vi)	叫喊	jiào hǎn

começar a gritar	喊叫起来	hǎn jiào qǐ lai
discussão (f)	吵架	chǎo jià
discutir (vt)	吵架	chǎo jià
escândalo (m)	争吵	zhēng chǎo
criar escândalo	争吵	zhēng chǎo
conflito (m)	冲突	chōng tū
mal-entendido (m)	误解，曲解	wù jiě, qū jiě
insulto (m)	侮辱	wǔ rǔ
insultar (vt)	侮辱	wǔ rǔ
insultado	受辱的	shòu rǔ de
ofensa (f)	冒犯	mào fàn
ofender (vt)	得罪	dé zui
ofender-se (vr)	生气	shēng qì
indignação (f)	愤慨	fèn kǎi
indignar-se (vr)	气愤	qì fèn
queixa (f)	抱怨	bào yuàn
queixar-se (vr)	抱怨	bào yuàn
desculpa (f)	道歉	dào qiàn
desculpar-se (vr)	道歉	dào qiàn
pedir perdão	请原谅	qǐng yuán liàng
crítica (f)	批评	pī píng
criticar (vt)	批评	pī píng
acusação (f)	指责	zhǐ zé
acusar (vt)	指责	zhǐ zé
vingança (f)	报仇	bào chóu
vingar (vt)	报 … 之仇	bào … zhī chóu
vingar-se (vr)	报复	bào fù
desprezo (m)	轻视	qīng shì
desprezar (vt)	看不起	kàn bu qǐ
ódio (m)	憎恨	zēng hèn
odiar (vt)	憎恨	zēng hèn
nervoso	紧张的	jǐn zhāng de
estar nervoso	紧张	jǐn zhāng
zangado	生气的	shēng qì de
zangar (vt)	使 … 生气	shǐ … shēng qì
humilhar (vt)	损害尊严	sǔnhài zūnyán
humilhar-se (vr)	损害自己的尊严	sǔnhài zìjǐ de zūnyán
choque (m)	震惊	zhèn jīng
chocar (vt)	使震惊	shǐ zhèn jīng
medo (m)	恐惧	kǒng jù
terrível (tempestade, etc.)	糟糕的	zāo gāo de
assustador (ex. história ~a)	可怕的	kě pà de
horror (m)	恐怖	kǒng bù
horrível (crime, etc.)	恐怖的	kǒng bù de
chorar (vi)	哭	kū
começar a chorar	开始哭	kāi shǐ kū

lágrima (f)	眼泪	yǎn lèi
falta (f)	过错	guò cuò
culpa (f)	负罪感	fù zuì gǎn
desonra (f)	羞辱	xiū rǔ
protesto (m)	抗议	kàng yì
stresse (m)	压力	yā lì
perturbar (vt)	打扰	dǎ rǎo
zangar-se com ...	生气	shēng qì
zangado	生气的	shēng qì de
terminar (vt)	终止	zhōng zhǐ
praguejar	吵架	chǎo jià
assustar-se	害怕	hài pà
golpear (vt)	打，击	dǎ, jī
brigar (na rua, etc.)	打架	dǎ jià
resolver (o conflito)	解决	jiě jué
descontente	不满意的	bù mǎn yì de
furioso	暴怒的	bào nù de
Não está bem!	这样不好！	zhèyàng bùhǎo!
É mau!	这样不好！	zhèyàng bùhǎo!

Medicina

71. Doenças

doença (f)	病	bìng
estar doente	生病	shēng bìng
saúde (f)	健康	jiàn kāng
nariz (m) a escorrer	流鼻涕	liú bí tì
amigdalite (f)	扁桃体炎	biǎn táo tǐ yán
constipação (f)	感冒	gǎn mào
constipar-se (vr)	感冒	gǎn mào
bronquite (f)	支气管炎	zhī qì guǎn yán
pneumonia (f)	肺炎	fèi yán
gripe (f)	流感	liú gǎn
míope	近视的	jìn shì de
presbita	远视的	yuǎn shì de
estrabismo (m)	斜眼	xié yǎn
estrábico	对眼的	duì yǎn de
catarata (f)	白内障	bái nèi zhàng
glaucoma (m)	青光眼	qīng guān gyǎn
AVC (m), apoplexia (f)	中风	zhòng fēng
ataque (m) cardíaco	梗塞	gěng sè
enfarte (m) do miocárdio	心肌梗塞	xīn jī gěng sè
paralisia (f)	麻痹	má bì
paralisar (vt)	使 … 麻痹	shǐ … má bì
alergia (f)	过敏	guò mǐn
asma (f)	哮喘	xiāo chuǎn
diabetes (f)	糖尿病	táng niào bìng
dor (f) de dentes	牙痛	yá tòng
cárie (f)	龋齿	qǔ chǐ
diarreia (f)	腹泻	fù xiè
prisão (f) de ventre	便秘	biàn bì
desarranjo (m) intestinal	饮食失调	yǐn shí shī tiáo
intoxicação (f) alimentar	食物中毒	shí wù zhòng dú
intoxicar-se	中毒	zhòng dú
artrite (f)	关节炎	guān jié yán
raquitismo (m)	佝偻病	kòu lóu bìng
reumatismo (m)	风湿	fēng shī
arteriosclerose (f)	动脉粥样硬化	dòng mài zhōu yàng yìng huà
gastrite (f)	胃炎	wèi yán
apendicite (f)	阑尾炎	lán wěi yán

| colecistite (f) | 胆囊炎 | dǎn nán gyán |
| úlcera (f) | 溃疡 | kuì yáng |

sarampo (m)	麻疹	má zhěn
rubéola (f)	风疹	fēng zhěn
iterícia (f)	黄疸	huáng dǎn
hepatite (f)	肝炎	gān yán

esquizofrenia (f)	精神分裂症	jīngshen fēnliè zhèng
raiva (f)	狂犬病	kuáng quǎn bìng
neurose (f)	神经症	shén jīng zhèng
comoção (f) cerebral	脑震荡	nǎo zhèn dàng

cancro (m)	癌症	ái zhèng
esclerose (f)	硬化	yìng huà
esclerose (f) múltipla	多发性硬化症	duō fā xìng yìng huà zhèng

alcoolismo (m)	酗酒	xù jiǔ
alcoólico (m)	酗酒者	xù jiǔ zhě
sífilis (f)	梅毒	méi dú
SIDA (f)	艾滋病	ài zī bìng

tumor (m)	肿瘤	zhǒng liú
febre (f)	发烧	fā shāo
malária (f)	疟疾	nuè ji
gangrena (f)	坏疽	huài jū
enjoo (m)	晕船	yùn chuán
epilepsia (f)	癫痫	diān xián

epidemia (f)	流行病	liú xíng bìng
tifo (m)	斑疹伤寒	bān zhěn shāng hán
tuberculose (f)	结核病	jié hé bìng
cólera (f)	霍乱	huò luàn
peste (f)	瘟疫	wēn yì

72. Sintomas. Tratamentos. Parte 1

sintoma (m)	症状	zhèng zhuàng
temperatura (f)	体温	tǐ wēn
febre (f)	发热	fā rè
pulso (m)	脉搏	mài bó

vertigem (f)	眩晕	xuàn yùn
quente (testa, etc.)	热	rè
calafrio (m)	颤抖	chàn dǒu
pálido	苍白的	cāng bái de

tosse (f)	咳嗽	ké sou
tossir (vi)	咳，咳嗽	ké, ké sou
espirrar (vi)	打喷嚏	dǎ pēn tì
desmaio (m)	晕倒	yūn dǎo
desmaiar (vi)	晕倒	yūn dǎo
nódoa (f) negra	青伤痕	qīng shāng hén
galo (m)	包	bāo

magoar-se (vr)	擦伤	cā shāng
pisadura (f)	擦伤	cā shāng
aleijar-se (vr)	瘀伤	yū shāng
coxear (vi)	跛行	bǒ xíng
deslocação (f)	脱位	tuō wèi
deslocar (vt)	使 … 脱位	shǐ … tuō wèi
fratura (f)	骨折	gǔ zhé
fraturar (vt)	弄骨折	nòng gǔzhé
corte (m)	伤口	shāng kǒu
cortar-se (vr)	割破	gē pò
hemorragia (f)	流血	liú xuè
queimadura (f)	烧伤	shāo shāng
queimar-se (vr)	烧伤	shāo shāng
picar (vt)	扎破	zhā pò
picar-se (vr)	扎伤	zhā shāng
lesionar (vt)	损伤	sǔn shāng
lesão (m)	损伤	sǔn shāng
ferida (f), ferimento (m)	伤口	shāng kǒu
trauma (m)	外伤	wài shāng
delirar (vi)	说胡话	shuō hú huà
gaguejar (vi)	口吃	kǒu chī
insolação (f)	中暑	zhòng shǔ

73. Sintomas. Tratamentos. Parte 2

dor (f)	痛	tòng
farpa (no dedo)	木刺	mù cì
suor (m)	汗	hàn
suar (vi)	出汗	chū hàn
vómito (m)	呕吐	ǒu tù
convulsões (f pl)	抽搐	chōu chù
grávida	怀孕的	huái yùn de
nascer (vi)	出生	chū shēng
parto (m)	生产，分娩	shēngchǎn, fēnmiǎn
dar à luz	生，分娩	shēng, fēnmiǎn
aborto (m)	人工流产	rén gōng liú chǎn
respiração (f)	呼吸	hū xī
inspiração (f)	吸	xī
expiração (f)	呼气	hū qì
expirar (vi)	呼出	hū chū
inspirar (vi)	吸入	xī rù
inválido (m)	残疾人	cán jí rén
aleijado (m)	残疾人	cán jí rén
toxicodependente (m)	吸毒者	xī dú zhě
surdo	聋的	lóng de

| mudo | 哑的 | yǎ de |
| surdo-mudo | 聋哑的 | lóng yǎ de |

louco (adj.)	精神失常的	jīngshen shī cháng de
louco (m)	疯子	fēng zi
louca (f)	疯子	fēng zi
ficar louco	发疯	fā fēng

gene (m)	基因	jī yīn
imunidade (f)	免疫力	miǎn yì lì
hereditário	遗传的	yí chuán de
congénito	天生的	tiān shēng de

vírus (m)	病毒	bìng dú
micróbio (m)	微生物	wēi shēng wù
bactéria (f)	细菌	xì jūn
infeção (f)	传染	chuán rǎn

74. Sintomas. Tratamentos. Parte 3

| hospital (m) | 医院 | yī yuàn |
| paciente (m) | 病人 | bìng rén |

diagnóstico (m)	诊断	zhěn duàn
cura (f)	治疗	zhì liáo
tratamento (m) médico	治疗	zhì liáo
curar-se (vr)	治病	zhì bìng
tratar (vt)	治疗	zhì liáo
cuidar (pessoa)	看护	kān hù
cuidados (m pl)	护理	hùlǐ

operação (f)	手术	shǒu shù
enfaixar (vt)	用绷带包扎	yòng bēngdài bāozā
enfaixamento (m)	绷带法	bēngdài fǎ

vacinação (f)	疫苗	yìmiáo
vacinar (vt)	给 … 接种疫苗	gěi … jiē zhòng yì miáo
injeção (f)	注射	zhù shè
dar uma injeção	打针	dǎ zhēn

ataque (~ de asma, etc.)	发作	fāzuò
amputação (f)	截肢	jié zhī
amputar (vt)	截肢	jié zhī
coma (f)	昏迷	hūn mí
estar em coma	昏迷	hūn mí
reanimação (f)	重症监护室	zhòng zhēng jiàn hù shì

recuperar-se (vr)	复原	fù yuán
estado (~ de saúde)	状态	zhuàng tài
consciência (f)	知觉	zhī jué
memória (f)	记忆力	jì yì lì

| tirar (vt) | 拔牙 | bá yá |
| chumbo (m), obturação (f) | 补牙 | bǔ yá |

chumbar, obturar (vt)	补牙	bǔ yá
hipnose (f)	催眠	cuī mián
hipnotizar (vt)	催眠	cuī mián

75. Médicos

médico (m)	医生	yīshēng
enfermeira (f)	护士	hù shi
médico (m) pessoal	私人医生	sī rén yīshēng
dentista (m)	牙科医生	yá kē yīshēng
oculista (m)	眼科医生	yǎn kē yīshēng
terapeuta (m)	内科医生	nèi kē yīshēng
cirurgião (m)	外科医生	wài kē yīshēng
psiquiatra (m)	精神病医生	jīng shén bìng yīshēng
pediatra (m)	儿科医生	ér kē yīshēng
psicólogo (m)	心理学家	xīn lǐ xué jiā
ginecologista (m)	妇科医生	fù kē yīshēng
cardiologista (m)	心脏病专家	xīn zàng bìng zhuān jiā

76. Medicina. Drogas. Acessórios

medicamento (m)	药	yào
remédio (m)	药剂	yào jì
receitar (vt)	开药方	kāi yào fāng
receita (f)	药方	yào fāng
comprimido (m)	药片	yào piàn
pomada (f)	药膏	yào gāo
ampola (f)	安瓿	ān bù
preparado (m)	药水	yào shuǐ
xarope (m)	糖浆	táng jiāng
cápsula (f)	药丸	yào wán
remédio (m) em pó	药粉	yào fěn
ligadura (f)	绷带	bēngdài
algodão (m)	药棉	yào mián
iodo (m)	碘酒	diǎn jiǔ
penso (m) rápido	橡皮膏	xiàng pí gāo
conta-gotas (m)	滴管	dī guǎn
termómetro (m)	体温表	tǐ wēn biǎo
seringa (f)	注射器	zhù shè qì
cadeira (f) de rodas	轮椅	lú nyǐ
muletas (f pl)	拐杖	guǎi zhàng
analgésico (m)	止痛药	zhǐ tòng yào
laxante (m)	泻药	xiè yào
álcool (m) etílico	酒精	jiǔ jīng
ervas (f pl) medicinais	药草	yào cǎo
de ervas (chá ~)	草药的	cǎo yào de

77. Fumar. Produtos tabágicos

tabaco (m)	烟叶	yān yè
cigarro (m)	香烟	xiāng yān
charuto (m)	雪茄烟	xuě jiā yān
cachimbo (m)	烟斗	yān dǒu
maço (~ de cigarros)	包，盒	bāo, hé
fósforos (m pl)	火柴	huǒ chái
caixa (f) de fósforos	火柴盒	huǒ chái hé
isqueiro (m)	打火机	dǎ huǒ jī
cinzeiro (m)	烟灰缸	yān huī gāng
cigarreira (f)	烟盒	yān hé
boquilha (f)	香烟烟嘴	xiāng yān yān zuǐ
filtro (m)	滤嘴	lǜ zuǐ
fumar (vi, vt)	抽烟	chōu yān
acender um cigarro	点根烟	diǎn gēn yān
tabagismo (m)	吸烟	xī yān
fumador (m)	吸烟者	xī yān zhě
beata (f)	烟头	yān tóu
fumo (m)	烟	yān
cinza (f)	烟灰	yān huī

HABITAT HUMANO

Cidade

78. Cidade. Vida na cidade

cidade (f)	城市	chéng shì
capital (f)	首都	shǒu dū
aldeia (f)	村庄	cūn zhuāng
mapa (m) da cidade	城市地图	chéng shì dìtú
centro (m) da cidade	城市中心	chéng shì zhōngxīn
subúrbio (m)	郊区	jiāo qū
suburbano	郊区的	jiāo qū de
periferia (f)	郊区	jiāo qū
arredores (m pl)	周围地区	zhōuwéi dì qū
quarteirão (m)	街区	jiē qū
quarteirão (m) residencial	住宅区	zhù zhái qū
tráfego (m)	交通	jiāo tōng
semáforo (m)	红绿灯	hóng lǜ dēng
transporte (m) público	公共交通	gōng gòng jiāo tōng
cruzamento (m)	十字路口	shí zì lù kǒu
passadeira (f)	人行横道	rén xíng héng dào
passagem (f) subterrânea	人行地道	rén xíng dìdào
cruzar, atravessar (vt)	穿马路	chuān mǎ lù
peão (m)	行人	xíng rén
passeio (m)	人行道	rén xíng dào
ponte (f)	桥	qiáo
margem (f) do rio	堤岸	dī àn
fonte (f)	喷泉	pēn quán
alameda (f)	小巷	xiǎo xiàng
parque (m)	公园	gōng yuán
bulevar (m)	林荫大道	lín yìn dàdào
praça (f)	广场	guǎng chǎng
avenida (f)	大街	dàjiē
rua (f)	路	lù
travessa (f)	胡同	hú tòng
beco (m) sem saída	死胡同	sǐ hú tòng
casa (f)	房子	fáng zi
edifício, prédio (m)	楼房，大厦	lóufáng, dàshà
arranha-céus (m)	摩天大楼	mó tiān dà lóu
fachada (f)	正面	zhèng miàn
telhado (m)	房顶	fáng dǐng

janela (f)	窗户	chuāng hu
arco (m)	拱门	gǒng mén
coluna (f)	柱	zhù
esquina (f)	拐角	guǎi jiǎo

montra (f)	商店橱窗	shāng diàn chú chuāng
letreiro (m)	招牌	zhāo pái
cartaz (m)	海报	hǎi bào
cartaz (m) publicitário	广告画	guǎnggào huà
painel (m) publicitário	广告牌	guǎnggào pái

lixo (m)	垃圾	lā jī
cesta (f) do lixo	垃圾桶	lā jī tǒng
jogar lixo na rua	乱扔	luàn rēng
aterro (m) sanitário	垃圾堆	lājī duī

cabine (f) telefónica	电话亭	diàn huà tíng
candeeiro (m) de rua	路灯	lù dēng
banco (m)	长椅	chángyǐ

polícia (m)	警察	jǐng chá
polícia (instituição)	警察	jǐng chá
mendigo (m)	乞丐	qǐgài

79. Instituições urbanas

loja (f)	商店	shāng diàn
farmácia (f)	药房	yào fáng
ótica (f)	眼镜店	yǎn jìng diàn
centro (m) comercial	百货商店	bǎihuò shāngdiàn
supermercado (m)	超市	chāo shì

padaria (f)	面包店	miànbāo diàn
padeiro (m)	面包师	miànbāo shī
pastelaria (f)	糖果店	tángguǒ diàn
talho (m)	肉铺	ròu pù

| loja (f) de legumes | 水果店 | shuǐ guǒ diàn |
| mercado (m) | 市场 | shì chǎng |

café (m)	咖啡馆	kāfēi guǎn
restaurante (m)	饭馆	fàn guǎn
bar (m), cervejaria (f)	酒吧	jiǔ bā
pizzaria (f)	比萨饼店	bǐ sà bǐng diàn

salão (m) de cabeleireiro	理发店	lǐ fà diàn
correios (m pl)	邮局	yóu jú
lavandaria (f)	干洗店	gān xǐ diàn
estúdio (m) fotográfico	照相馆	zhào xiàng guǎn

sapataria (f)	鞋店	xié diàn
livraria (f)	书店	shū diàn
loja (f) de artigos de desporto	体育用品店	tǐ yù yòng pǐn diàn
reparação (f) de roupa	修衣服店	xiū yī fu diàn

aluguer (m) de roupa	服装出租	fú zhuāng chū zū
aluguer (m) de filmes	DVD出租店	diwidi chūzūdiàn
circo (m)	马戏团	mǎ xì tuán
jardim (m) zoológico	动物园	dòng wù yuán
cinema (m)	电影院	diànyǐng yuàn
museu (m)	博物馆	bó wù guǎn
biblioteca (f)	图书馆	tú shū guǎn
teatro (m)	剧院	jù yuàn
ópera (f)	歌剧院	gē jù yuàn
clube (m) noturno	夜总会	yè zǒng huì
casino (m)	赌场	dǔ chǎng
mesquita (f)	清真寺	qīng zhēn sì
sinagoga (f)	犹太教堂	yóu tài jiào táng
catedral (f)	大教堂	dà jiào táng
templo (m)	庙宇，教堂	miào yǔ, jiào táng
igreja (f)	教堂	jiào táng
instituto (m)	学院	xué yuàn
universidade (f)	大学	dà xué
escola (f)	学校	xué xiào
câmara (f) municipal	市政厅	shì zhèng tīng
hotel (m)	酒店	jiǔ diàn
banco (m)	银行	yín háng
embaixada (f)	大使馆	dà shǐ guǎn
agência (f) de viagens	旅行社	lǚ xíng shè
agência (f) de informações	问询处	wèn xún chù
casa (f) de câmbio	货币兑换处	huòbì duì huàn chù
metro (m)	地铁	dì tiě
hospital (m)	医院	yī yuàn
posto (m) de gasolina	加油站	jiā yóu zhàn
parque (m) de estacionamento	停车场	tíng chē cháng

80. Sinais

letreiro (m)	招牌	zhāo pái
inscrição (f)	题词	tí cí
cartaz, póster (m)	宣传画	xuān chuán huà
sinal (m) informativo	指路标志	zhǐ lù biāo zhì
seta (f)	箭头	jiàn tóu
aviso (advertência)	警告	jǐng gào
sinal (m) de aviso	警告	jǐng gào
avisar, advertir (vt)	警告	jǐng gào
dia (m) de folga	休假日	xiū jià rì
horário (m)	时刻表	shí kè biǎo
horário (m) de funcionamento	营业时间	yíng yè shí jiān

BEM-VINDOS!	欢迎光临	huān yíng guāng lín
ENTRADA	入口	rù kǒu
SAÍDA	出口	chū kǒu

EMPURRE	推	tuī
PUXE	拉	lā
ABERTO	开门	kāi mén
FECHADO	关门	guān mén

| MULHER | 女洗手间 | nǚ xǐshǒujiān |
| HOMEM | 男洗手间 | nán xǐshǒujiān |

DESCONTOS	折扣	zhé kòu
SALDOS	销售	xiāoshòu
NOVIDADE!	新品！	xīnpǐn!
GRÁTIS	免费	miǎn fèi

ATENÇÃO!	请注意	qǐng zhù yì
NÃO HÁ VAGAS	客满	kè mǎn
RESERVADO	留座	liú zuò

| ADMINISTRAÇÃO | 高层管理者 | gāocéng guǎnlǐ zhě |
| SOMENTE PESSOAL AUTORIZADO | 仅限员工通行 | jǐn xiàn yuángōng tōngxíng |

CUIDADO CÃO FEROZ	当心狗！	dāng xīn gǒu!
PROIBIDO FUMAR!	禁止吸烟	jìnzhǐ xīyān
NÃO TOCAR	禁止触摸	jìn zhǐ chù mō

PERIGOSO	危险	wēi xiǎn
PERIGO	危险	wēi xiǎn
ALTA TENSÃO	高压危险	gāo yā wēi xiǎn
PROIBIDO NADAR	禁止游泳	jìnzhǐ yóuyǒng
AVARIADO	故障中	gù zhàng zhōng

INFLAMÁVEL	易燃物质	yì rán wù zhì
PROIBIDO	禁止	jìn zhǐ
ENTRADA PROIBIDA	禁止通行	jìnzhǐ tōng xíng
CUIDADO TINTA FRESCA	油漆未干	yóu qī wèi gān

81. Transportes urbanos

autocarro (m)	公共汽车	gōnggòng qìchē
elétrico (m)	电车	diànchē
troleicarro (m)	无轨电车	wúguǐ diànchē
itinerário (m)	路线	lù xiàn
número (m)	号	hào

ir de ... (carro, etc.)	··· 去	... qù
entrar (~ no autocarro)	上车	shàng chē
descer de ...	下车	xià chē

| paragem (f) | 车站 | chē zhàn |
| próxima paragem (f) | 下一站 | xià yī zhàn |

ponto (m) final	终点站	zhōng diǎn zhàn
horário (m)	时刻表	shí kè biǎo
esperar (vt)	等	děng
bilhete (m)	票	piào
custo (m) do bilhete	票价	piào jià
bilheteiro (m)	出纳	chū nà
controlo (m) dos bilhetes	查验车票	chá yàn chē piào
revisor (m)	售票员	shòu piào yuán
atrasar-se (vr)	误点	wù diǎn
perder (o autocarro, etc.)	未赶上	wèi gǎn shàng
estar com pressa	急忙	jí máng
táxi (m)	出租车	chūzūchē
taxista (m)	出租车司机	chūzūchē sī jī
de táxi (ir ~)	乘出租车	chéng chūzūchē
praça (f) de táxis	出租车站	chūzūchē zhàn
chamar um táxi	叫计程车	jiào jì chéng chē
apanhar um táxi	乘出租车	chéng chūzūchē
tráfego (m)	交通	jiāo tōng
engarrafamento (m)	堵车	dǔ chē
horas (f pl) de ponta	高峰 时间	gāo fēng shí jiān
estacionar (vi)	停放	tíng fàng
estacionar (vt)	停放	tíng fàng
parque (m) de estacionamento	停车场	tíng chē cháng
metro (m)	地铁	dì tiě
estação (f)	站	zhàn
ir de metro	坐地铁	zuò dì tiě
comboio (m)	火车	huǒ chē
estação (f)	火车站	huǒ chē zhàn

82. Turismo

monumento (m)	纪念像	jì niàn xiàng
fortaleza (f)	堡垒	bǎo lěi
palácio (m)	宫殿	gōng diàn
castelo (m)	城堡	chéng bǎo
torre (f)	塔	tǎ
mausoléu (m)	陵墓	líng mù
arquitetura (f)	建筑	jiàn zhù
medieval	中世纪的	zhōng shì jì de
antigo	古老的	gǔ lǎo de
nacional	国家，国民	guó jiā, guó mín
conhecido	有名的	yǒu míng de
turista (m)	旅行者	lǚ xíng zhě
guia (pessoa)	导游	dǎo yóu
excursão (f)	游览	yóu lǎn
mostrar (vt)	把 … 给 … 看	bǎ … gěi … kàn

contar (vt)	讲	jiǎng
encontrar (vt)	找到	zhǎo dào
perder-se (vr)	迷路	mí lù
mapa (~ do metrô)	地图	dì tú
mapa (~ da cidade)	地图	dì tú

lembrança (f), presente (m)	纪念品	jì niàn pǐn
loja (f) de presentes	礼品店	lǐ pǐn diàn
fotografar (vt)	拍照	pāi zhào
fotografar-se	拍照	pāi zhào

83. Compras

comprar (vt)	买，购买	mǎi, gòu mǎi
compra (f)	购买	gòu mǎi
fazer compras	去买东西	qù mǎi dōng xi
compras (f pl)	购物	gòu wù

estar aberta (loja, etc.)	营业	yíng yè
estar fechada	关门	guān mén

calçado (m)	鞋类	xié lèi
roupa (f)	服装	fú zhuāng
cosméticos (m pl)	化妆品	huà zhuāng pǐn
alimentos (m pl)	食品	shí pǐn
presente (m)	礼物	lǐ wù

vendedor (m)	售货员	shòu huò yuán
vendedora (f)	女售货员	nǚ shòuhuò yuán

caixa (f)	收银台	shōu yín tái
espelho (m)	镜子	jìng zi
balcão (m)	柜台	guì tái
cabine (f) de provas	试衣间	shì yī jiān

provar (vt)	试穿	shì chuān
servir (vi)	合适	hé shì
gostar (apreciar)	喜欢	xǐ huan

preço (m)	价格	jià gé
etiqueta (f) de preço	价格标签	jià gé biāo qiān
custar (vt)	价钱为	jià qian wèi
Quanto?	多少钱?	duōshao qián?
desconto (m)	折扣	zhé kòu

não caro	不贵的	bù guì de
barato	便宜的	pián yi de
caro	贵的	guì de
É caro	这个太贵	zhège tàiguì

aluguer (m)	出租	chū zū
alugar (vestidos, etc.)	租用	zū yòng
crédito (m)	赊购	shē gòu
a crédito	赊欠	shē qiàn

84. Dinheiro

dinheiro (m)	钱，货币	qián, huòbì
câmbio (m)	兑换	duì huàn
taxa (f) de câmbio	汇率	huì lǜ
Caixa Multibanco (m)	自动取款机	zì dòng qǔ kuǎn jī
moeda (f)	硬币	yìngbì
dólar (m)	美元	měi yuán
euro (m)	欧元	ōu yuán
lira (f)	里拉	lǐ lā
marco (m)	德国马克	dé guó mǎ kè
franco (m)	法郎	fǎ láng
libra (f) esterlina	英镑	yīng bàng
iene (m)	日元	rì yuán
dívida (f)	债务	zhài wù
devedor (m)	债务人	zhài wù rén
emprestar (vt)	借给	jiè gěi
pedir emprestado	借	jiè
banco (m)	银行	yín háng
conta (f)	账户	zhànghù
depositar na conta	存款	cún kuǎn
levantar (vt)	提取	tí qǔ
cartão (m) de crédito	信用卡	xìn yòng kǎ
dinheiro (m) vivo	现金	xiàn jīn
cheque (m)	支票	zhī piào
passar um cheque	开支票	kāi zhī piào
livro (m) de cheques	支票本	zhīpiào běn
carteira (f)	钱包	qián bāo
porta-moedas (m)	零钱包	líng qián bāo
cofre (m)	保险柜	bǎo xiǎn guì
herdeiro (m)	继承人	jì chéng rén
herança (f)	遗产	yí chǎn
fortuna (riqueza)	财产，财富	cáichǎn, cáifù
arrendamento (m)	租赁	zū lìn
renda (f) de casa	租金	zū jīn
alugar (vt)	租房	zū fáng
preço (m)	价格	jià gé
custo (m)	价钱	jià qian
soma (f)	金额	jīn é
gastar (vt)	花	huā
gastos (m pl)	花费	huā fèi
economizar (vi)	节省	jié shěng
económico	节约的	jié yuē de
pagar (vt)	付，支付	fù, zhī fù
pagamento (m)	酬金	chóu jīn

troco (m)	零钱	líng qián
imposto (m)	税，税款	shuì, shuì kuǎn
multa (f)	罚款	fá kuǎn
multar (vt)	罚款	fá kuǎn

85. Correios. Serviço postal

correios (m pl)	邮局	yóu jú
correio (m)	邮件	yóu jiàn
carteiro (m)	邮递员	yóu dì yuán
horário (m)	营业时间	yíng yè shí jiān
carta (f)	信，信函	xìn, xìn hán
carta (f) registada	挂号信	guà hào xìn
postal (m)	明信片	míng xìn piàn
telegrama (m)	电报	diàn bào
encomenda (f) postal	包裹，邮包	bāo guǒ, yóu bāo
remessa (f) de dinheiro	汇款资讯	huì kuǎn zī xùn
receber (vt)	收到	shōu dào
enviar (vt)	寄	jì
envio (m)	发信	fā xìn
endereço (m)	地址	dì zhǐ
código (m) postal	邮编	yóu biān
remetente (m)	发信人	fā xìn rén
destinatário (m)	收信人	shōu xìn rén
nome (m)	名字	míng zi
apelido (m)	姓	xìng
tarifa (f)	费率	fèi lǜ
ordinário	普通	pǔ tōng
económico	经济的	jīng jì de
peso (m)	重量	zhòng liàng
pesar (estabelecer o peso)	称重	chēng zhòng
envelope (m)	信封	xìn fēng
selo (m)	邮票	yóu piào

Moradia. Casa. Lar

86. Casa. Habitação

casa (f)	房屋	fáng wū
em casa	在家	zài jiā
pátio (m)	院子	yuàn zi
cerca (f)	围栏	wéi lán
tijolo (m)	砖	zhuān
de tijolos	砖的	zhuān de
pedra (f)	石头，石料	shí tou, shí liào
de pedra	石制的	shí zhì de
betão (m)	混凝土	hùn níng tǔ
de betão	混凝土的	hùn níng tǔ de
novo	新的	xīn de
velho	旧的	jiù de
decrépito	破旧的	pò jiù de
moderno	当代的	dāng dài de
de muitos andares	多层的	duō céng de
alto	高的	gāo de
andar (m)	层，楼层	céng, lóu céng
de um andar	单层	dān céng
andar (m) de baixo	底层	dǐ céng
andar (m) de cima	顶楼	dǐng lóu
telhado (m)	房顶	fáng dǐng
chaminé (f)	烟囱	yān cōng
telha (f)	瓦	wǎ
de telha	瓦的	wǎde
sótão (m)	阁楼，顶楼	gé lóu, dǐng lóu
janela (f)	窗户	chuāng hu
vidro (m)	玻璃	bō li
parapeito (m)	窗台	chuāng tái
portadas (f pl)	护窗板	hù chuāng bǎn
parede (f)	墙	qiáng
varanda (f)	阳台	yáng tái
tubo (m) de queda	排水管	pái shuǐ guǎn
em cima	在楼上	zài lóu shàng
subir (~ as escadas)	上楼去	shàng lóu qù
descer (vi)	下来	xià lai
mudar-se (vr)	搬家	bān jiā

87. Casa. Entrada. Elevador

entrada (f)	门口	mén kǒu
escada (f)	楼梯	lóu tī
degraus (m pl)	阶梯	jiē tī
corrimão (m)	栏杆	lán gān
hall (m) de entrada	大厅	dà tīng
caixa (f) de correio	邮箱	yóu xiāng
caixote (m) do lixo	垃圾桶	lā jī tǒng
conduta (f) do lixo	垃圾道	lā jī dào
elevador (m)	电梯	diàn tī
elevador (m) de carga	货物电梯	huòwù diàntī
cabine (f)	电梯厢	diàn tī xiāng
pegar o elevador	乘电梯	chéng diàntī
apartamento (m)	公寓	gōng yù
moradores (m pl)	承租人	chéng zū rén
vizinho (m)	邻居	lín jū
vizinha (f)	邻居	lín jū
vizinhos (pl)	邻居们	lín jū men

88. Casa. Eletricidade

eletricidade (f)	电	diàn
lâmpada (f)	灯泡	dēng pào
interruptor (m)	开关	kāi guān
fusível (m)	保险丝	bǎo xiǎn sī
fio, cabo (m)	电线	diàn xiàn
instalação (f) elétrica	电气配线	diàn qì pèi xiàn
contador (m) de eletricidade	电表	diàn biǎo
indicação (f), registo (m)	读数	dú shù

89. Casa. Portas. Fechaduras

porta (f)	门	mén
portão (m)	大门	dà mén
maçaneta (f)	门把	mén bà
destrancar (vt)	开锁	kāi suǒ
abrir (vt)	开	kāi
fechar (vt)	关	guān
chave (f)	钥匙	yào shi
molho (m)	一串	yī chuàn
ranger (vi)	嘎吱作响	gá zī zuò xiǎng
rangido (m)	嘎吱作响	gá zī zuò xiǎng
dobradiça (f)	合页	hé yè
tapete (m) de entrada	门口地垫	mén kǒu de diàn
fechadura (f)	门锁	mén suǒ

buraco (m) da fechadura	锁孔	suǒ kǒng
ferrolho (m)	门闩	mén shuān
fecho (ferrolho pequeno)	小闩	xiǎo shuān
cadeado (m)	挂锁	guà suǒ
tocar (vt)	按门铃	àn mén líng
toque (m)	铃声	líng shēng
campainha (f)	门铃	mén líng
botão (m)	按钮	àn niǔ
batida (f)	敲门声	qiāo mén shēng
bater (vi)	敲 门	qiāo mén
código (m)	密码	mì mǎ
fechadura (f) de código	密码锁	mì mǎ suǒ
telefone (m) de porta	门口对讲机	mén kǒu duì jiǎng jī
número (m)	号	hào
placa (f) de porta	门牌	mén pái
vigia (f), olho (m) mágico	门镜	mén jìng

90. Casa de campo

aldeia (f)	村庄	cūn zhuāng
horta (f)	菜圃	cài pǔ
cerca (f)	栅栏	zhà lan
paliçada (f)	栅栏	zhà lan
cancela (f) do jardim	小门	xiǎo mén
celeiro (m)	粮仓	liáng cāng
adega (f)	地窖	dì jiào
galpão, barracão (m)	棚子	péng zi
poço (m)	水井	shuǐ jǐng
fogão (m)	火炉	huǒ lú
atiçar o fogo	生炉子	shēng lú zi
lenha (carvão ou ~)	木柴	mù chái
acha (lenha)	柴火	chái huǒ
varanda (f)	凉台	liáng tái
alpendre (m)	露台	lù tái
degraus (m pl) de entrada	门台阶	mén tái jiē
balouço (m)	秋千	qiū qiān

91. Moradia. Mansão

casa (f) de campo	乡间别墅	xiāng jiān bié shù
vila (f)	别墅	bié shù
ala (~ do edifício)	侧屋	cè wū
jardim (m)	花园	huā yuán
parque (m)	公园	gōng yuán
estufa (f)	温室	wēn shì
cuidar de …	照料	zhào liào

piscina (f)	游泳池	yóu yǒng chí
ginásio (m)	健身室	jiàn shēn shì
campo (m) de ténis	网球场	wǎng qiú chǎng
cinema (m)	家庭影院	jiātíng yǐngyuàn
garagem (f)	车库	chē kù

| propriedade (f) privada | 私有 财产 | sī yǒu cái chǎn |
| terreno (m) privado | 私人土地 | sī rén tǔ dì |

| advertência (f) | 警告 | jǐng gào |
| sinal (m) de aviso | 警告牌子 | jǐng gào pái zi |

guarda (f)	安保	ān bǎo
guarda (m)	安保员	ān bǎo yuán
alarme (m)	防盗报警器	fáng dào bào jǐng qì

92. Castelo. Palácio

castelo (m)	城堡	chéng bǎo
palácio (m)	宫殿	gōng diàn
fortaleza (f)	堡垒	bǎo lěi
muralha (f)	城墙	chéng qiáng
torre (f)	塔	tǎ
calabouço (m)	城楼	chéng lóu

grade (f) levadiça	吊闸	diào zhá
passagem (f) subterrânea	地下通道	dìxia tōng dào
fosso (m)	护城河	hù chéng hé
corrente, cadeia (f)	链	liàn
seteira (f)	箭头狭缝	jiàn tóu xiá fèng

magnífico	宏伟的	hóng wěi de
majestoso	雄伟的	xióng wěi de
inexpugnável	固若金汤的	gù ruò jīn tāng de
medieval	中世纪的	zhōng shì jì de

93. Apartamento

apartamento (m)	公寓	gōng yù
quarto (m)	房间	fáng jiān
quarto (m) de dormir	卧室	wòshì
sala (f) de jantar	餐厅	cān tīng
sala (f) de estar	客厅	kè tīng
escritório (m)	书房	shū fáng

antessala (f)	入口空间	rù kǒu kōng jiān
quarto (m) de banho	浴室	yù shì
toilette (lavabo)	卫生间	wèi shēng jiān

teto (m)	天花板	tiān huā bǎn
chão, soalho (m)	地板	dì bǎn
canto (m)	墙角	qiáng jiǎo

94. Apartamento. Limpeza

arrumar, limpar (vt)	打扫	dǎ sǎo
guardar (no armário, etc.)	收好	shōu hǎo
pó (m)	灰尘	huī chén
empoeirado	灰尘多的	huī chén duō de
limpar o pó	打扫灰尘	dǎsǎo huī chén
aspirador (m)	吸尘器	xī chén qì
aspirar (vt)	用吸尘器打扫	yòng xīchénqì dǎ sǎo
varrer (vt)	打扫	dǎ sǎo
sujeira (f)	垃圾	lā jī
arrumação (f), ordem (f)	整齐	zhěng qí
desordem (f)	混乱	hùn luàn
esfregão (m)	拖把	tuō bǎ
pano (m), trapo (m)	拭尘布	shì chén bù
vassoura (f)	扫帚	sào zhǒu
pá (f) de lixo	簸箕	bò ji

95. Mobiliário. Interior

mobiliário (m)	家具	jiā jù
mesa (f)	桌子	zhuō zi
cadeira (f)	椅子	yǐ zi
cama (f)	床	chuáng
divã (m)	沙发	shā fā
cadeirão (m)	扶手椅	fú shǒu yǐ
estante (f)	书橱	shū chú
prateleira (f)	书架	shū jià
guarda-vestidos (m)	衣柜	yī guì
cabide (m) de parede	墙衣帽架	qiáng yī mào jià
cabide (m) de pé	衣帽架	yī mào jià
cómoda (f)	五斗柜	wǔ dǒu guì
mesinha (f) de centro	茶几	chá jī
espelho (m)	镜子	jìng zi
tapete (m)	地毯	dìtǎn
tapete (m) pequeno	小地毯	xiǎo dìtǎn
lareira (f)	壁炉	bì lú
vela (f)	蜡烛	là zhú
castiçal (m)	烛台	zhútái
cortinas (f pl)	窗帘	chuāng lián
papel (m) de parede	墙纸	qiáng zhǐ
estores (f pl)	百叶窗	bǎi yè chuāng
candeeiro (m) de mesa	台灯	tái dēng
candeeiro (m) de parede	灯	dēng

candeeiro (m) de pé	落地灯	luò dì dēng
lustre (m)	枝形吊灯	zhī xíng diào dēng
pé (de mesa, etc.)	腿	tuǐ
braço (m)	扶手	fú shou
costas (f pl)	靠背	kào bèi
gaveta (f)	抽屉	chōu tì

96. Quarto de dormir

roupa (f) de cama	铺盖	pū gài
almofada (f)	枕头	zhěn tou
fronha (f)	枕套	zhěn tào
cobertor (m)	羽绒被	yǔ róng bèi
lençol (m)	床单	chuáng dān
colcha (f)	床罩	chuáng zhào

97. Cozinha

cozinha (f)	厨房	chú fáng
gás (m)	煤气	méi qì
fogão (m) a gás	煤气炉	méi qì lú
fogão (m) elétrico	电炉	diàn lú
forno (m)	烤箱	kǎo xiāng
forno (m) de micro-ondas	微波炉	wēi bō lú
frigorífico (m)	冰箱	bīng xiāng
congelador (m)	冷冻室	lěng dòng shì
máquina (f) de lavar louça	洗碗机	xǐ wǎn jī
moedor (m) de carne	绞肉机	jiǎo ròu jī
espremedor (m)	榨汁机	zhà zhī jī
torradeira (f)	烤面包机	kǎo miàn bāo jī
batedeira (f)	搅拌机	jiǎo bàn jī
máquina (f) de café	咖啡机	kāfēi jī
cafeteira (f)	咖啡壶	kāfēi hú
moinho (m) de café	咖啡研磨器	kāfēi yánmóqì
chaleira (f)	开水壶	kāi shuǐ hú
bule (m)	茶壶	chá hú
tampa (f)	盖子	gài zi
coador (m) de chá	滤茶器	lǜ chá qì
colher (f)	匙子	chá zi
colher (f) de chá	茶匙	chá chí
colher (f) de sopa	汤匙	tāng chí
garfo (m)	叉，餐叉	chā, cān chā
faca (f)	刀，刀子	dāo, dāo zi
louça (f)	餐具	cān jù
prato (m)	盘子	pán zi

pires (m)	碟子	dié zi
cálice (m)	小酒杯	xiǎo jiǔ bēi
copo (m)	杯子	bēi zi
chávena (f)	杯子	bēi zi

açucareiro (m)	糖碗	táng wǎn
saleiro (m)	盐瓶	yán píng
pimenteiro (m)	胡椒瓶	hú jiāo píng
manteigueira (f)	黄油碟	huáng yóu dié

panela, caçarola (f)	炖锅	dùn guō
frigideira (f)	煎锅	jiān guō
concha (f)	长柄勺	cháng bǐng sháo
passador (m)	漏勺	lòu sháo
bandeja (f)	托盘	tuō pán

garrafa (f)	瓶子	píng zi
boião (m) de vidro	玻璃罐	bōli guàn
lata (f)	罐头	guàn tou

abre-garrafas (m)	瓶起子	píng qǐ zi
abre-latas (m)	开罐器	kāi guàn qì
saca-rolhas (m)	螺旋 拔塞器	luóxuán básāiqì
filtro (m)	滤器	lǜ qì
filtrar (vt)	过滤	guò lǜ

| lixo (m) | 垃圾 | lā jī |
| balde (m) do lixo | 垃圾桶 | lā jī tǒng |

98. Casa de banho

quarto (m) de banho	浴室	yù shì
água (f)	水	shuǐ
torneira (f)	水龙头	shuǐ lóng tóu
água (f) quente	热水	rè shuǐ
água (f) fria	冷水	lěng shuǐ

| pasta (f) de dentes | 牙膏 | yá gāo |
| escovar os dentes | 刷牙 | shuā yá |

barbear-se (vr)	剃须	tì xū
espuma (f) de barbear	剃须泡沫	tì xū pào mò
máquina (f) de barbear	剃须刀	tì xū dāo

lavar (vt)	洗	xǐ
lavar-se (vr)	洗澡	xǐ zǎo
duche (m)	淋浴	lín yù
tomar um duche	洗淋浴	xǐ lín yù

banheira (f)	浴缸	yù gāng
sanita (f)	抽水马桶	chōu shuǐ mǎ tǒng
lavatório (m)	水槽	shuǐ cáo
sabonete (m)	肥皂	féi zào
saboneteira (f)	肥皂盒	féi zào hé

esponja (f)	清洁绵	qīng jié mián
champô (m)	洗发液	xǐ fā yè
toalha (f)	毛巾，浴巾	máo jīn, yù jīn
roupão (m) de banho	浴衣	yù yī
lavagem (f)	洗衣	xǐ yī
máquina (f) de lavar	洗衣机	xǐ yī jī
lavar a roupa	洗衣服	xǐ yī fu
detergente (m)	洗衣粉	xǐ yī fěn

99. Eletrodomésticos

televisor (m)	电视机	diàn shì jī
gravador (m)	录音机	lù yīn jī
videogravador (m)	录像机	lù xiàng jī
rádio (m)	收音机	shōu yīn jī
leitor (m)	播放器	bō fàng qì
projetor (m)	投影器	tóu yǐng qì
cinema (m) em casa	家庭影院系统	jiā tíng yǐng yuàn xì tǒng
leitor (m) de DVD	DVD 播放机	diwidi bōfàngjī
amplificador (m)	放大器	fàng dà qì
console (f) de jogos	电子游戏机	diànzǐ yóuxìjī
câmara (f) de vídeo	摄像机	shè xiàng jī
máquina (f) fotográfica	照相机	zhào xiàng jī
câmara (f) digital	数码相机	shù mǎ xiàng jī
aspirador (m)	吸尘器	xī chén qì
ferro (m) de engomar	熨斗	yùn dǒu
tábua (f) de engomar	熨衣板	yùn yī bǎn
telefone (m)	电话	diàn huà
telemóvel (m)	手机	shǒu jī
máquina (f) de escrever	打字机	dǎ zì jī
máquina (f) de costura	缝纫机	féng rèn jī
microfone (m)	话筒	huà tǒng
auscultadores (m pl)	耳机	ěr jī
controlo remoto (m)	遥控器	yáo kòng qì
CD (m)	光盘	guāng pán
cassete (f)	磁带	cí dài
disco (m) de vinil	唱片	chàng piàn

100. Reparações. Renovação

renovação (f)	修理	xiū lǐ
renovar (vt), fazer obras	翻修	fān xiū
reparar (vt)	修理	xiū lǐ
consertar (vt)	整理	zhěng lǐ
refazer (vt)	重做	zhòng zuò

tinta (f)	油漆	yóu qī
pintar (vt)	油漆	yóu qī
pintor (m)	油漆工	yóu qī gōng
pincel (m)	毛刷	máo shuā

| cal (f) | 石灰水 | shí huī shuǐ |
| caiar (vt) | 用石灰水粉刷 | yòng shí huī shuǐ fěn shuā |

papel (m) de parede	墙纸	qiáng zhǐ
colocar papel de parede	贴墙纸	tiē qiáng zhǐ
verniz (m)	清漆	qīng qī
envernizar (vt)	涂清漆	tú qīng qī

101. Canalizações

água (f)	水	shuǐ
água (f) quente	热水	rè shuǐ
água (f) fria	冷水	lěng shuǐ
torneira (f)	水龙头	shuǐ lóng tóu

gota (f)	滴	dī
gotejar (vi)	滴落	dī luò
vazar (vt)	漏	lòu
vazamento (m)	漏孔	lòu kǒng
poça (f)	水洼	shuǐ wā

tubo (m)	水管	shuǐ guǎn
válvula (f)	阀门	fá mén
entupir-se (vr)	堵塞	dǔ sè

chave (f) inglesa	可调扳手	kě diào bān shǒu
desenroscar (vt)	拧开	nǐng kāi
enroscar (vt)	拧紧	nǐng jǐn

desentupir (vt)	疏通堵塞	shū tōng dǔ sè
canalizador (m)	水管工	shuǐ guǎn gōng
cave (f)	地下室	dì xià shì
sistema (m) de esgotos	排水系统	pái shuǐ xì tǒng

102. Fogo. Deflagração

incêndio (m)	火	huǒ
chama (f)	火焰	huǒ yàn
faísca (f)	火花	huǒ huā
fumo (m)	烟	yān
tocha (f)	火把	huǒ bǎ
fogueira (f)	篝火	gōu huǒ

gasolina (f)	汽油	qì yóu
querosene (m)	煤油	méi yóu
inflamável	易燃的	yì rán de
explosivo	易爆炸的	yì bào zhà de

PROIBIDO FUMAR!	禁止吸烟	jìnzhǐ xīyān
segurança (f)	安全	ān quán
perigo (m)	危险	wēi xiǎn
perigoso	危险的	wēi xiǎn de
incendiar-se (vr)	着火	zháo huǒ
explosão (f)	爆炸	bào zhà
incendiar (vt)	放火	fàng huǒ
incendiário (m)	纵火犯	zòng huǒ fàn
incêndio (m) criminoso	放火	fàng huǒ
arder (vi)	熊熊燃烧	xióng xióng rán shāo
queimar (vi)	燃烧	rán shāo
queimar tudo (vi)	焚毁	fén huǐ
bombeiro (m)	消防队员	xiāofáng duìyuán
carro (m) de bombeiros	救火车	jiù huǒ chē
corpo (m) de bombeiros	消防队	xiāo fáng duì
mangueira (f)	水龙带	shuǐ lóng dài
extintor (m)	灭火器	miè huǒ qì
capacete (m)	头盔	tóu kuī
sirene (f)	警报器	jǐng bào qì
gritar (vi)	叫喊	jiào hǎn
chamar por socorro	呼救	hū jiù
salvador (m)	救援者	jiù yuán zhě
salvar, resgatar (vt)	营救	yíng jiù
chegar (vi)	来	lái
apagar (vt)	扑灭	pū miè
água (f)	水	shuǐ
areia (f)	沙，沙子	shā, shā zi
ruínas (f pl)	废墟	fèi xū
ruir (vi)	倒塌	dǎo tā
desmoronar (vi)	倒塌	dǎo tā
desabar (vi)	坍塌	tān tā
fragmento (m)	大碎片	dà suì piàn
cinza (f)	烟灰	yān huī
sufocar (vi)	闷死	mèn sǐ
perecer (vi)	惨死	cǎn sǐ

ATIVIDADES HUMANAS

Emprego. Negócios. Parte 1

103. Escritório. O trabalho no escritório

escritório (~ de advogados)	办事处	bàn shì chù
escritório (do diretor, etc.)	办公室	bàn gōng shì
receção (f)	服务台	fú wù tái
secretário (m)	秘书	mì shū
diretor (m)	经理	jīng lǐ
gerente (m)	管理人	guǎn lǐ rén
contabilista (m)	会计员	kuài jì yuán
empregado (m)	雇员	gù yuán
mobiliário (m)	家具	jiā jù
mesa (f)	办公桌	bàn gōng zhuō
cadeira (f)	办公椅	bàn gōng yǐ
bloco (m) de gavetas	小柜	xiǎo guì
cabide (m) de pé	衣帽架	yī mào jià
computador (m)	电脑	diàn nǎo
impressora (f)	打印机	dǎ yìn jī
fax (m)	传真机	chuán zhēn jī
fotocopiadora (f)	复印机	fù yìn jī
papel (m)	纸	zhǐ
artigos (m pl) de escritório	办公用具	bàn gōng yòng jù
tapete (m) de rato	鼠标垫	shǔ biāo diàn
folha (f) de papel	一张	yī zhāng
pasta (f)	活页夹	huó yè jiā
catálogo (m)	目录	mù lù
diretório (f) telefónico	电话簿	diàn huà bù
documentação (f)	文件	wén jiàn
brochura (f)	小册子	xiǎo cè zi
flyer (m)	传单	chuán dān
amostra (f)	样品	yàng pǐn
formação (f)	训练	xùn liàn
reunião (f)	会议	huì yì
hora (f) de almoço	午饭时间	wǔ fàn shí jiān
fazer uma cópia	复印	fù yìn
tirar cópias	复印 … 份	fù yìn … fèn
receber um fax	接收传真	jiēshōu chuánzhēn
enviar um fax	发传真	fā chuánzhēn
fazer uma chamada	打电话	dǎ diàn huà

| responder (vt) | 接电话 | jiē diàn huà |
| passar (vt) | 接通 | jiē tōng |

marcar (vt)	安排	ān pái
demonstrar (vt)	展示	zhǎn shì
estar ausente	缺席	quē xí
ausência (f)	缺席	quē xí

104. Processos negociais. Parte 1

ocupação (f)	职业，工作	zhí yè, gōng zuò
firma, empresa (f)	公司	gōng sī
companhia (f)	公司	gōng sī
corporação (f)	股份公司	gǔfèn gōng sī
empresa (f)	企业，机构	qǐ yè, jī gòu
agência (f)	代理处	dài lǐ chù

acordo (documento)	协议	xié yì
contrato (m)	合同	hé tong
acordo (transação)	协议	xié yì
encomenda (f)	订购	dìng gòu
cláusulas (f pl), termos (m pl)	条件	tiáo jiàn

por grosso (adv)	批发	pī fā
por grosso (adj)	批发的	pī fā de
venda (f) por grosso	批发	pī fā
a retalho	零售	líng shòu
venda (f) a retalho	零售	líng shòu

concorrente (m)	竞争者	jìng zhēng zhě
concorrência (f)	竞争	jìng zhēng
competir (vi)	竞争	jìng zhēng

| sócio (m) | 合伙人 | hé huǒ rén |
| parceria (f) | 合伙 | hé huǒ |

crise (f)	危机	wēi jī
bancarrota (f)	破产	pò chǎn
entrar em falência	破产	pò chǎn
dificuldade (f)	困难	kùn nan
problema (m)	问题	wèn tí
catástrofe (f)	大灾难	dà zāi nàn

economia (f)	经济	jīng jì
económico	经济的	jīng jì de
recessão (f) económica	经济衰退	jīng jì shuāi tuì

| objetivo (m) | 目标 | mù biāo |
| tarefa (f) | 目的 | mù dì |

comerciar (vi, vt)	做生意	zuò shēngyi
rede (de distribuição)	网络	wǎng luò
estoque (m)	库存	kù cún
sortimento (m)	品种	pǐn zhǒng

líder (m)	领袖	lǐng xiù
grande (~ empresa)	大的	dà de
monopólio (m)	垄断	lǒng duàn

teoria (f)	理论	lǐ lùn
prática (f)	实践	shí jiàn
experiência (falar por ~)	经历	jīng lì
tendência (f)	趋势	qū shì
desenvolvimento (m)	发展	fā zhǎn

105. Processos negociais. Parte 2

| rentabilidade (f) | 利益 | lì yì |
| rentável | 盈利的 | yíng lì de |

delegação (f)	代表团	dài biǎo tuán
salário, ordenado (m)	薪水	xīn shuǐ
corrigir (um erro)	改正	gǎi zhèng
viagem (f) de negócios	出差	chū chāi
comissão (f)	委员会	wěi yuán huì

controlar (vt)	控制	kòng zhì
conferência (f)	会议	huì yì
licença (f)	许可	xǔ kě
confiável	可靠的	kě kào de

empreendimento (m)	主动行动	zhǔ dòng xíng dòng
norma (f)	标准	biāo zhǔn
circunstância (f)	情况	qíng kuàng
dever (m)	职责	zhí zé

empresa (f)	企业，机构	qǐ yè, jī gòu
organização (f)	组织	zǔ zhī
organizado	有组织的	yǒu zǔ zhī de
anulação (f)	取消	qǔ xiāo
anular, cancelar (vt)	取消	qǔ xiāo
relatório (m)	报告	bào gào

| patente (f) | 专利权 | zhuān lì quán |
| patentear (vt) | 得到 … 的专利权 | dé dào … de zhuān lì quán |

| planear (vt) | 计划 | jì huà |

prémio (m)	奖金	jiǎng jīn
profissional	专业的	zhuān yè de
procedimento (m)	手续	shǒu xù

examinar (a questão)	严密检查	yán mì jiǎn chá
cálculo (m)	计算	jì suàn
reputação (f)	名誉	míng yù
risco (m)	冒险	mào xiǎn

| dirigir (~ uma empresa) | 领导 | lǐng dǎo |
| informação (f) | 消息 | xiāo xi |

propriedade (f)	财产	cái chǎn
união (f)	联盟	lián méng
seguro (m) de vida	生命保险	shēngmìng bǎoxiǎn
fazer um seguro	投保	tóu bǎo
seguro (m)	保险	bǎo xiǎn
leilão (m)	拍卖	pāi mài
notificar (vt)	通知	tōng zhī
gestão (f)	管理	guǎn lǐ
serviço (indústria de ~s)	服务	fú wù
fórum (m)	讨论会	tǎo lùn huì
funcionar (vi)	工作	gōng zuò
estágio (m)	阶段	jiē duàn
jurídico	法律的	fǎ lǜ de
jurista (m)	律师	lǜ shī

106. Produção. Trabalhos

usina (f)	工厂	gōng chǎng
fábrica (f)	制造厂	zhì zào chǎng
oficina (f)	车间	chē jiān
local (m) de produção	生产现场	shēng chǎn xiàn chǎng
indústria (f)	工业	gōng yè
industrial	工业的	gōng yè de
indústria (f) pesada	重工业	zhòng gōng yè
indústria (f) ligeira	轻工业	qīng gōng yè
produção (f)	产品	chǎn pǐn
produzir (vt)	生产	shēng chǎn
matérias-primas (f pl)	原料	yuán liào
chefe (m) de brigada	工头，领班	gōngtóu , lǐngbān
brigada (f)	队，组	duì, zǔ
operário (m)	工人	gōng rén
dia (m) de trabalho	工作日	gōng zuò rì
pausa (f)	休息	xiū xi
reunião (f)	会议	huì yì
discutir (vt)	讨论	tǎo lùn
plano (m)	计划	jì huà
cumprir o plano	完成计划	wánchéng jìhuà
taxa (f) de produção	产量定额	chǎnliàng dìng é
qualidade (f)	质量	zhìliàng
controlo (m)	检查	jiǎn chá
controlo (m) da qualidade	质量检查	zhìliàng jiǎnchá
segurança (f) no trabalho	劳动安全	láodòng ānquán
disciplina (f)	纪律	jì lǜ
infração (f)	违反	wéi fǎn
violar (as regras)	违反	wéi fǎn

greve (f)	罢工	bà gōng
grevista (m)	罢工者	bà gōng zhě
estar em greve	罢工	bà gōng
sindicato (m)	工会	gōng huì
inventar (vt)	发明	fā míng
invenção (f)	发明	fā míng
pesquisa (f)	研究	yán jiū
melhorar (vt)	改善	gǎi shàn
tecnologia (f)	工艺	gōng yì
desenho (m) técnico	工程图	gōng chéng tú
carga (f)	货物	huò wù
carregador (m)	装货人	zhuāng huò rén
carregar (vt)	装载	zhuāng zài
carregamento (m)	装货	zhuāng huò
descarregar (vt)	卸货	xiè huò
descarga (f)	卸货	xiè huò
transporte (m)	运输	yùn shū
companhia (f) de transporte	运输公司	yùn shū gōngsī
transportar (vt)	运送	yùn sòng
vagão (m) de carga	货运车厢	huò yùn chē xiāng
cisterna (f)	储水箱	chǔ shuǐ xiāng
camião (m)	卡车	kǎ chē
máquina-ferramenta (f)	机床	jī chuáng
mecanismo (m)	机械	jī xiè
resíduos (m pl) industriais	工业废物	gōng yè fèi wù
embalagem (f)	包装	bāo zhuāng
embalar (vt)	包装	bāo zhuāng

107. Contrato. Acordo

contrato (m)	合同	hé tong
acordo (m)	协议	xié yì
adenda (f), anexo (m)	合同附件	hétong fù jiàn
assinar o contrato	签订合同	qiāndìng hétong
assinatura (f)	签名	qiān míng
assinar (vt)	签名	qiān míng
carimbo (m)	印章	yìn zhāng
objeto (m) do contrato	合同主题	hétong zhǔtí
cláusula (f)	条款	tiáo kuǎn
partes (f pl)	双方	shuāng fāng
morada (f) jurídica	法定地址	fǎ dìng dì zhǐ
violar o contrato	违约	wéi yuē
obrigação (f)	义务	yì wù
responsabilidade (f)	责任	zé rèn
força (f) maior	不可抗力	bù kě kàn glì

litígio (m), disputa (f)	争论	zhēng lùn
multas (f pl)	罚款制裁	fákuǎn zhìcái

108. Importação & Exportação

importação (f)	进口	jìn kǒu
importador (m)	进口商	jìn kǒu shāng
importar (vt)	进口	jìn kǒu
de importação	进口的	jìn kǒu de
exportador (m)	出口商	chū kǒu shāng
exportar (vt)	出口	chū kǒu
mercadoria (f)	商品	shāng pǐn
lote (de mercadorias)	一批	yī pī
peso (m)	重量	zhòng liàng
volume (m)	体积	tǐ jī
metro (m) cúbico	立方米	lì fāng mǐ
produtor (m)	生产商	shēng chǎn shāng
companhia (f) de transporte	运输公司	yùn shū gōngsī
contentor (m)	集装箱	jí zhuāng xiāng
fronteira (f)	边界	biān jiè
alfândega (f)	海关	hǎi guān
taxa (f) alfandegária	关税	guān shuì
funcionário (m) da alfândega	海关人员	hǎi guān rényuán
contrabando (atividade)	走私	zǒu sī
contrabando (produtos)	禁运品	jìn yùn pǐn

109. Finanças

ação (f)	股票	gǔ piào
obrigação (f)	债券	zhài quàn
nota (f) promissória	汇票	huì piào
bolsa (f)	证券交易所	zhèng quàn jiāo yì suǒ
cotação (m) das ações	股票行市	gǔpiào hángshì
tornar-se mais barato	落价	luò jià
tornar-se mais caro	涨价	zhǎng jià
parte (f)	股份	gǔ fèn
participação (f) maioritária	多数股权	duō shù gǔ quán
investimento (m)	投资	tóu zī
investir (vt)	投资	tóu zī
percentagem (f)	百分比	bǎi fēn bǐ
juros (m pl)	利息	lì xī
lucro (m)	利润	lì rùn
lucrativo	盈利的	yíng lì de

imposto (m)	税，税款	shuì, shuì kuǎn
divisa (f)	货币	huò bì
nacional	国家，国民	guó jiā, guó mín
câmbio (m)	兑换	duì huàn

| contabilista (m) | 会计员 | kuài jì yuán |
| contabilidade (f) | 会计部 | kuài jì bù |

bancarrota (f)	破产	pò chǎn
falência (f)	倒闭	dǎo bì
ruína (f)	破产	pò chǎn
arruinar-se (vr)	破产	pò chǎn
inflação (f)	通货膨胀	tōng huò péng zhàng
desvalorização (f)	货币贬值	huòbì biǎnzhí

capital (m)	资本	zī běn
rendimento (m)	收益	shōu yì
volume (m) de negócios	营业额	yíng yè é
recursos (m pl)	资源	zī yuán
recursos (m pl) financeiros	货币资金	huò bì zī jīn
reduzir (vt)	减少	jiǎn shǎo

110. Marketing

marketing (m)	营销	yíng xiāo
mercado (m)	市场	shì chǎng
segmento (m) do mercado	细分市场	xì fēn shì chǎng
produto (m)	产品	chǎn pǐn
mercadoria (f)	商品	shāng pǐn

marca (f) comercial	商标	shāng biāo
logotipo (m)	标志	biāo zhì
logo (m)	标志	biāo zhì

demanda (f)	需求	xū qiú
oferta (f)	供给	gōng jǐ
necessidade (f)	需要	xū yào
consumidor (m)	消费者	xiāo fèi zhě

análise (f)	分析	fēn xī
analisar (vt)	分析	fēn xī
posicionamento (m)	定位	dìng wèi
posicionar (vt)	定位	dìng wèi

preço (m)	价，价钱	jià, jià qian
política (f) de preços	定价政策	dìng jià zhèng cè
formação (f) de preços	定价	dìng jià

111. Publicidade

| publicidade (f) | 广告 | guǎng gào |
| publicitar (vt) | 为 … 做广告 | wéi … zuò guǎnggào |

orçamento (m)	预算	yù suàn
anúncio (m) publicitário	广告	guǎng gào
publicidade (f) televisiva	电视广告	diànshì guǎnggào
publicidade (f) na rádio	广播广告	guǎngbō guǎnggào
publicidade (f) exterior	室外广告	shìwài guǎnggào

comunicação (f) de massa	大众媒体	dà zhòng méi tǐ
periódico (m)	期刊	qī kān
imagem (f)	形象	xíng xiàng

| slogan (m) | 口号 | kǒu hào |
| mote (m), divisa (f) | 座石铭 | zuò shí míng |

campanha (f)	运动	yùn dòng
companha (f) publicitária	广告运动	guǎng gào yùn dòng
grupo (m) alvo	目标群	mù biāo qún

cartão (m) de visita	名片	míng piàn
flyer (m)	传单	chuán dān
brochura (f)	小册子	xiǎo cè zi
folheto (m)	小册子	xiǎo cè zi
boletim (~ informativo)	简报	jiǎn bào

letreiro (m)	招牌	zhāo pái
cartaz, póster (m)	招贴画	zhāo tiē huà
painel (m) publicitário	广告牌	guǎnggào pái

112. Banca

| banco (m) | 银行 | yín háng |
| sucursal, balcão (f) | 分支机构 | fēn zhī jī gòu |

| consultor (m) | 顾问 | gù wèn |
| gerente (m) | 主管人 | zhǔ guǎn rén |

conta (f)	账户	zhànghù
número (m) da conta	账号	zhàng hào
conta (f) corrente	活期帐户	huó qī zhànghù
conta (f) poupança	储蓄账户	chǔ xù zhànghù

abrir uma conta	开立账户	kāilì zhànghù
fechar uma conta	关闭 帐户	guān bì zhànghù
depositar na conta	存入帐户	cúnrù zhànghù
levantar (vt)	提取	tí qǔ

depósito (m)	存款	cún kuǎn
fazer um depósito	存款	cún kuǎn
transferência (f) bancária	汇款	huì kuǎn
transferir (vt)	汇款	huì kuǎn

soma (f)	金额	jīn é
Quanto?	多少钱?	duōshao qián?
assinatura (f)	签名	qiān míng
assinar (vt)	签名	qiān míng

cartão (m) de crédito	信用卡	xìn yòng kǎ
código (m)	密码	mì mǎ
número (m) do cartão de crédito	信用卡号码	xìn yòng kǎ hào mǎ
Caixa Multibanco (m)	自动取款机	zì dòng qǔ kuǎn jī
cheque (m)	支票	zhī piào
passar um cheque	开支票	kāi zhī piào
livro (m) de cheques	支票本	zhīpiào běn
empréstimo (m)	贷款	dàikuǎn
pedir um empréstimo	借款	jiè kuǎn
obter um empréstimo	取得贷款	qǔ dé dàikuǎn
conceder um empréstimo	贷款给 …	dàikuǎn gěi …
garantia (f)	保证	bǎo zhèng

113. Telefone. Conversação telefónica

telefone (m)	电话	diàn huà
telemóvel (m)	手机	shǒu jī
secretária (f) electrónica	答录机	dā lù jī
fazer uma chamada	打电话	dǎ diàn huà
chamada (f)	电话	diàn huà
marcar um número	拨号码	bō hào mǎ
Alô!	喂！	wèi!
perguntar (vt)	问	wèn
responder (vt)	接电话	jiē diàn huà
ouvir (vt)	听见	tīng jiàn
bem	好	hǎo
mal	不好	bù hǎo
ruído (m)	干扰声	gān rǎo shēng
auscultador (m)	听筒	tīng tǒng
pegar o telefone	接听	jiē tīng
desligar (vi)	挂断	guà duàn
ocupado	占线的	zhàn xiàn de
tocar (vi)	响	xiǎng
lista (f) telefónica	电话薄	diàn huà bù
local	本地的	běn dì de
de longa distância	长途	cháng tú
internacional	国际的	guó jì de

114. Telefone móvel

telemóvel (m)	手机	shǒu jī
ecrã (m)	显示器	xiǎn shì qì
botão (m)	按钮	àn niǔ

cartão SIM (m)	SIM 卡	sim kǎ
bateria (f)	电池	diàn chí
descarregar-se	没电	méi diàn
carregador (m)	充电器	chōng diàn qì

menu (m)	菜单	cài dān
definições (f pl)	设置	shè zhì
melodia (f)	曲调	qǔ diào
escolher (vt)	挑选	tiāo xuǎn

calculadora (f)	计算器	jì suàn qì
correio (m) de voz	答录机	dā lù jī
despertador (m)	闹钟	nào zhōng
contatos (m pl)	电话薄	diàn huà bù

| mensagem (f) de texto | 短信 | duǎn xìn |
| assinante (m) | 用户 | yòng hù |

115. Estacionário

| caneta (f) | 圆珠笔 | yuán zhū bǐ |
| caneta (f) tinteiro | 钢笔 | gāng bǐ |

lápis (m)	铅笔	qiān bǐ
marcador (m)	荧光笔	yíng guāng bǐ
caneta (f) de feltro	水彩笔	shuǐ cǎi bǐ

| bloco (m) de notas | 记事簿 | jì shì bù |
| agenda (f) | 日记本 | rì jì běn |

régua (f)	直尺	zhí chǐ
calculadora (f)	计算器	jì suàn qì
borracha (f)	橡皮擦	xiàng pí cā
pionés (m)	图钉	tú dīng
clipe (m)	回形针	huí xíng zhēn

cola (f)	胶水	jiāo shuǐ
agrafador (m)	钉书机	dīng shū jī
furador (m)	打孔机	dǎ kǒng jī
afia-lápis (m)	卷笔刀	juǎn bǐ dāo

116. Vários tipos de documentos

relatório (m)	报告	bào gào
acordo (m)	协议	xié yì
ficha (f) de inscrição	申请	shēn qǐng
autêntico	真正的	zhēn zhèng de
crachá (m)	身份证	shēn fèn zhèng
cartão (m) de visita	名片	míng piàn

| certificado (m) | 证明书 | zhèng míng shū |
| cheque (m) | 支票 | zhī piào |

conta (f)	账单	zhàng dān
constituição (f)	宪法	xiàn fǎ
contrato (m)	合同	hé tong
cópia (f)	复制品	fù zhì pǐn
exemplar (m)	件	jiàn
declaração (f) alfandegária	报关单	bào guān dān
documento (m)	文件	wén jiàn
carta (f) de condução	驾驶证	jià shǐ zhèng
adenda (ao contrato)	附件	fù jiàn
questionário (m)	表	biǎo
bilhete (m) de identidade	身份证	shēn fèn zhèng
inquérito (m)	询问	xún wèn
convite (m)	邀请	yāo qǐng
fatura (f)	发票	fā piào
lei (f)	成文法	chéng wén fǎ
carta (correio)	信，信函	xìn, xìn hán
papel (m) timbrado	信头	xìn tóu
lista (f)	名单	míng dān
manuscrito (m)	原稿	yuán gǎo
boletim (~ informativo)	简报	jiǎn bào
bilhete (mensagem breve)	字条	zì tiáo
passe (m)	入门证	rù mén zhèng
passaporte (m)	护照	hù zhào
permissão (f)	许可证	xǔ kě zhèng
CV, currículo (m)	简历	jiǎn lì
vale (nota promissória)	借据	jiè jù
recibo (m)	发票	fā piào
talão (f)	购物小票	gòu wù xiǎo piào
relatório (m)	报告	bào gào
mostrar (vt)	出示	chū shì
assinar (vt)	签名	qiān míng
assinatura (f)	签名	qiān míng
carimbo (m)	印章	yìn zhāng
texto (m)	文本	wén běn
bilhete (m)	票	piào
riscar (vt)	划掉	huá diào
preencher (vt)	填报	tián bào
guia (f) de remessa	运货单	yùn huò dān
testamento (m)	遗嘱	yí zhǔ

117. Tipos de negócios

serviços (m pl) de contabilidade	会计服务	kuài jì fú wù
publicidade (f)	广告	guǎng gào
agência (f) de publicidade	广告公司	guǎnggào gōngsī

ar (m) condicionado	空调	kōng tiáo
companhia (f) aérea	航空公司	hángkōng gōngsī
bebidas (f pl) alcoólicas	含酒精饮料	hánjiǔjīng yǐnliào
comércio (m) de antiguidades	古董	gǔ dǒng
galeria (f) de arte	画廊，艺廊	huà láng, yì láng
serviços (m pl) de auditoria	审计服务	shěn jì fú wù
negócios (m pl) bancários	商业银行	shāng yè yín háng
bar (m)	酒吧	jiǔ bā
salão (m) de beleza	美容院	měi róng yuàn
livraria (f)	书店	shū diàn
cervejaria (f)	啤酒厂	pí jiǔ chǎng
centro (m) de escritórios	商业中心	shāngyè zhōngxīn
escola (f) de negócios	商业学校	shāngyè xuéxiào
casino (m)	赌场	dǔ chǎng
construção (f)	建筑，建造	jiàn zhù, jiàn zào
serviços (m pl) de consultoria	咨询业	zī xún yè
estomatologia (f)	牙科医术	yá kē yī shù
design (m)	设计	shè jì
farmácia (f)	药房	yào fáng
lavandaria (f)	干洗店	gān xǐ diàn
agência (f) de emprego	职业介绍所	zhí yè jiè shào suǒ
serviços (m pl) financeiros	金融服务	jīn róng fú wù
alimentos (m pl)	食品	shí pǐn
agência (f) funerária	殡仪馆	bìn yí guǎn
mobiliário (m)	家具	jiā jù
roupa (f)	服装	fú zhuāng
hotel (m)	酒店	jiǔ diàn
gelado (m)	冰淇淋	bīng qí lín
indústria (f)	工业	gōng yè
seguro (m)	保险	bǎo xiǎn
internet (f)	因特网	yīn tè wǎng
investimento (m)	投资	tóu zī
joalheiro (m)	珠宝商	zhū bǎo shāng
joias (f pl)	珠宝	zhū bǎo
lavandaria (f)	洗衣店	xǐ yī diàn
serviços (m pl) jurídicos	法律顾问	fǎ lǜ gù wèn
indústria (f) ligeira	轻工业	qīng gōng yè
revista (f)	杂志	zá zhì
vendas (f pl) por catálogo	邮购销售	yóugòu xiāoshòu
medicina (f)	医学	yī xué
cinema (m)	电影院	diànyǐng yuàn
museu (m)	博物馆	bó wù guǎn
agência (f) de notícias	新闻社	xīn wén shè
jornal (m)	报纸	bào zhǐ
clube (m) noturno	夜总会	yè zǒng huì
petróleo (m)	石油	shí yóu
serviço (m) de encomendas	快递公司	kuài dì gōng sī

indústria (f) farmacêutica	药物工业	yào wù gōng yè
poligrafia (f)	印刷工业	yìn shuā gōng yè
editora (f)	出版社	chū bǎn shè
rádio (m)	广播	guǎng bō
imobiliário (m)	房地产	fáng dì chǎn
restaurante (m)	饭馆	fàn guǎn
empresa (f) de segurança	安保公司	ān bǎo gōng sī
desporto (m)	运动	yùn dòng
bolsa (f)	证券交易所	zhèng quàn jiāo yì suǒ
loja (f)	商店	shāng diàn
supermercado (m)	超市	chāo shì
piscina (f)	游泳池	yóu yǒng chí
alfaiataria (f)	裁缝店	cái féng diàn
televisão (f)	电视	diàn shì
teatro (m)	剧院	jù yuàn
comércio (atividade)	商业	shāng yè
serviços (m pl) de transporte	运输	yùn shū
viagens (f pl)	旅游业	lǚ yóu yè
veterinário (m)	兽医	shòu yī
armazém (m)	仓库	cāng kù
recolha (f) do lixo	垃圾运输	lājī yùnshū

Emprego. Negócios. Parte 2

118. Espetáculo. Feira

feira (f)	贸易展览会	mào yì zhǎn lǎn huì
feira (f) comercial	展览会	zhǎn lǎn huì
participação (f)	参与	cān yù
participar (vi)	参与	cān yù
participante (m)	参展者	cān zhǎn zhě
diretor (m)	经理	jīng lǐ
direção (f)	组委会	zǔ wěi huì
organizador (m)	组委会	zǔ wěi huì
organizar (vt)	组织	zǔ zhī
ficha (f) de inscrição	参展申请表	cān zhǎn shēn qǐng biǎo
preencher (vt)	填报	tián bào
detalhes (m pl)	细节	xì jié
informação (f)	消息	xiāo xi
preço (m)	价格	jià gé
incluindo	包括	bāo kuò
incluir (vt)	包含	bāo hán
pagar (vt)	付，支付	fù, zhī fù
taxa (f) de inscrição	登记费	dēng jì fèi
entrada (f)	入口	rù kǒu
pavilhão (m)	展馆，展厅	zhǎn guǎn, zhǎn tīng
inscrever (vt)	登记	dēng jì
crachá (m)	身份证	shēn fèn zhèng
stand (m)	展览台	zhǎn lǎn tái
reservar (vt)	预订	yù dìng
vitrina (f)	展示柜	zhǎn shì guì
foco, spot (m)	展台灯	zhǎn tái dēng
design (m)	设计	shè jì
pôr, colocar (vt)	放置	fàng zhì
distribuidor (m)	经销商	jīng xiāo shāng
fornecedor (m)	供应商	gōng yìng shāng
país (m)	国家	guó jiā
estrangeiro	外国的	wài guó de
produto (m)	产品	chǎn pǐn
associação (f)	社团	shè tuán
sala (f) de conferências	会议室	huì yì shì
congresso (m)	代表大会	dài biǎo dà huì

visitante (m)	参观者	cān guān zhě
visitar (vt)	参观	cān guān
cliente (m)	顾客	gù kè

119. Media

jornal (m)	报纸	bào zhǐ
revista (f)	杂志	zá zhì
imprensa (f)	报刊	bào kān
rádio (m)	广播	guǎng bō
estação (f) de rádio	广播台	guǎng bō tái
televisão (f)	电视	diàn shì

apresentador (m)	主持人	zhǔ chí rén
locutor (m)	新闻播音员	xīn wén bō yīn yuán
comentador (m)	评论员	píng lùn yuán

jornalista (m)	新闻工作者	xīnwén gōngzuò zhě
correspondente (m)	记者	jì zhě
repórter (m) fotográfico	摄影记者	shèyǐng jìzhě
repórter (m)	记者	jì zhě

| redator (m) | 编辑 | biān jí |
| redator-chefe (m) | 总编辑 | zǒng biān jí |

assinar a …	订阅	dìng yuè
assinatura (f)	订阅	dìng yuè
assinante (m)	订阅者	dìng yuè zhě
ler (vt)	读	dú
leitor (m)	读者	dú zhě

tiragem (f)	发行量	fā xíng liàng
mensal	每月的	měi yuè de
semanal	每周的	měi zhōu de
número (jornal, revista)	号	hào
recente	最近的	zuì jìn de

manchete (f)	标题	biāo tí
pequeno artigo (m)	小文章	xiǎo wén zhāng
coluna (~ semanal)	专栏	zhuān lán
artigo (m)	文章	wén zhāng
página (f)	页	yè

reportagem (f)	报道	bào dào
evento (m)	事件	shì jiàn
sensação (f)	轰动	hōng dòng

| escândalo (m) | 丑闻 | chǒu wén |
| escandaloso | 丑闻的 | chǒu wén de |

programa (m) de TV	节目	jié mù
entrevista (f)	访谈	fǎng tán
transmissão (f) em direto	直播	zhí bō
canal (m)	电视频道	diàn shì pín dào

120. Agricultura

agricultura (f)	农业	nóng yè
camponês (m)	男农民	nán nóng mín
camponesa (f)	女农民	nǚ nóng mín
agricultor (m)	农场主	nóng chǎng zhǔ
trator (m)	拖拉机	tuō lā jī
ceifeira-debulhadora (f)	收割机	shōu gē jī
arado (m)	犁	lí
arar (vt)	犁地	lí dì
campo (m) lavrado	耕地	gēng dì
rego (m)	犁沟	lí gōu
semear (vt)	播种	bō zhǒng
semeadora (f)	播种机	bō zhǒng jī
semeadura (f)	播种	bō zhǒng
gadanha (f)	大镰刀	dà lián dāo
gadanhar (vt)	割	gē
pá (f)	铲	chǎn
cavar (vt)	挖	wā
enxada (f)	锄	chú
carpir (vt)	锄	chú
erva (f) daninha	杂草	zá cǎo
regador (m)	喷壶	pēn hú
regar (vt)	给 … 浇水	gěi … jiāo shuǐ
rega (f)	浇水	jiāo shuǐ
forquilha (f)	草叉	cǎo chā
ancinho (m)	耙子	pá zi
fertilizante (m)	化肥	huàféi
fertilizar (vt)	施肥	shī féi
estrume (m)	厩肥，粪肥	jiùféi, fènféi
campo (m)	田地	tián dì
prado (m)	草地	cǎo dì
horta (f)	菜圃	cài pǔ
pomar (m)	果园	guǒ yuán
pastar (vt)	牧放	mù fàng
pastor (m)	牧人	mù rén
pastagem (f)	牧场	mù chǎng
pecuária (f)	牧业	mù yè
criação (f) de ovelhas	羊养殖	yáng yǎng zhí
plantação (f)	种植园	zhòng zhí yuán
canteiro (m)	土垄	tǔ lǒng
invernadouro (m)	温室	wēn shì

| seca (f) | 干旱 | gān hàn |
| seco (verão ~) | 干旱的 | gān hàn de |

| cereais (m pl) | 谷物 | gǔ wù |
| colher (vt) | 收获 | shōu huò |

moleiro (m)	磨坊主	mò fáng zhǔ
moinho (m)	磨坊	mò fáng
moer (vt)	磨成	mó chéng
farinha (f)	面粉	miàn fěn
palha (f)	稻草	dào cǎo

121. Construção. Processo de construção

canteiro (m) de obras	建筑工地	jiànzhù gōngdì
construir (vt)	建筑	jiàn zhù
construtor (m)	建筑工人	jiànzhù gōngrén

projeto (m)	项目	xiàng mù
arquiteto (m)	建筑师	jiànzhù shī
operário (m)	工人	gōng rén

fundação (f)	地基	dì jī
telhado (m)	房顶	fáng dǐng
estaca (f)	地基桩柱	dì jī zhuāng zhù
parede (f)	墙	qiáng

| varões (m pl) para betão | 配筋 | pèi jīn |
| andaime (m) | 脚手架 | jiǎo shǒu jià |

betão (m)	混凝土	hùn níng tǔ
granito (m)	花岗石	huā gāng shí
pedra (f)	石头，石料	shí tou, shí liào
tijolo (m)	砖	zhuān

| areia (f) | 沙，沙子 | shā, shā zi |
| cimento (m) | 水泥 | shuǐ ní |

| emboço (m) | 灰泥 | huī ní |
| emboçar (vt) | 涂灰泥于 | tú huī ní yú |

tinta (f)	油漆	yóu qī
pintar (vt)	油漆	yóu qī
barril (m)	桶	tǒng

grua (f), guindaste (m)	起重机	qǐ zhòng jī
erguer (vt)	举起	jǔ qǐ
baixar (vt)	放下	fàng xià

buldózer (m)	推土机	tuītǔjī
escavadora (f)	挖土机	wā tǔ jī
caçamba (f)	掘斗	jué dǒu
escavar (vt)	挖	wā
capacete (m) de proteção	安全帽	ān quán mào

122. Ciência. Investigação. Cientistas

ciência (f)	科学	kē xué
científico	科学的	kē xué de
cientista (m)	科学家	kē xué jiā
teoria (f)	理论	lǐ lùn
axioma (m)	公理	gōnglǐ
análise (f)	分析	fēn xī
analisar (vt)	分析	fēn xī
argumento (m)	论据	lùnjù
substância (f)	物质	wù zhì
hipótese (f)	假设	jiǎ shè
dilema (m)	两难推理	liǎng nántuīlǐ
tese (f)	学位论文	xuéwèi lùnwén
dogma (m)	教条	jiào tiáo
doutrina (f)	学说	xué shuō
pesquisa (f)	研究	yán jiū
pesquisar (vt)	研究	yán jiū
teste (m)	检验	jiǎn yàn
laboratório (m)	实验室	shí yàn shì
método (m)	方法	fāng fǎ
molécula (f)	分子	fèn zǐ
monitoramento (m)	监测	jiān cè
descoberta (f)	发现	fā xiàn
postulado (m)	公设	gōng shè
princípio (m)	原则	yuán zé
prognóstico (previsão)	预报	yù bào
prognosticar (vt)	预报	yù bào
síntese (f)	综合	zōng hé
tendência (f)	趋势	qū shì
teorema (m)	定理	dìng lǐ
ensinamentos (m pl)	学说	xué shuō
facto (m)	事实	shì shí
experiência (f)	实验	shí yàn
académico (m)	院士	yuàn shì
bacharel (m)	学士	xué shì
doutor (m)	博士	bó shì
docente (m)	副教授	fù jiào shòu
mestre (m)	硕士	shuò shì
professor (m) catedrático	教授	jiào shòu

Profissões e ocupações

123. Procura de emprego. Demissão

trabalho (m)	工作	gōng zuò
pessoal (m)	人员	rényuán
carreira (f)	职业	zhí yè
perspetivas (f pl)	前途	qián tú
mestria (f)	技能	jì néng
seleção (f)	挑选	tiāo xuǎn
agência (f) de emprego	职业介绍所	zhí yè jiè shào suǒ
CV, currículo (m)	简历	jiǎn lì
entrevista (f) de emprego	面试	miàn shì
vaga (f)	空缺	kòng quē
salário (m)	薪水	xīn shuǐ
salário (m) fixo	固定薪水	gùdìng xīnshuǐ
pagamento (m)	报酬	bào chóu
posto (m)	职务	zhí wù
dever (do empregado)	职责	zhí zé
gama (f) de deveres	职责	zhí zé
ocupado	忙	máng
despedir, demitir (vt)	解雇	jiě gù
demissão (f)	辞退	cí tuì
desemprego (m)	失业	shī yè
desempregado (m)	失业者	shī yè zhě
reforma (f)	退休	tuì xiū
reformar-se	退休	tuì xiū

124. Gente de negócios

diretor (m)	经理	jīng lǐ
gerente (m)	主管人	zhǔ guǎn rén
patrão, chefe (m)	老板	lǎo bǎn
superior (m)	上级	shàng jí
superiores (m pl)	管理层	guǎn lǐ céng
presidente (m)	总裁	zǒng cái
presidente (m) de direção	主席	zhǔxí
substituto (m)	副手	fù shǒu
assistente (m)	助手	zhù shǒu
secretário (m)	秘书	mì shū

secretário (m) pessoal	私人秘书	sīrèn mìshū
homem (m) de negócios	商人	shāng rén
empresário (m)	企业家	qǐ yè jiā
fundador (m)	创始人	chuàng shǐ rén
fundar (vt)	创始	chuàng shǐ

fundador, sócio (m)	合伙员	hé huǒ yuán
parceiro, sócio (m)	合伙人	hé huǒ rén
acionista (m)	股东	gǔ dōng

milionário (m)	百万富翁	bǎiwàn fùwēng
bilionário (m)	亿万富翁	yìwàn fùwēng
proprietário (m)	业主	yè zhǔ
proprietário (m) de terras	地主	dì zhǔ

cliente (m)	客户	kèhù
cliente (m) habitual	长期客户	chángqī kèhù
comprador (m)	顾客	gù kè
visitante (m)	参观者	cān guān zhě

profissional (m)	专家	zhuān jiā
perito (m)	行家，专家	háng jiā, zhuān jiā
especialista (m)	专家	zhuān jiā

| banqueiro (m) | 银行家 | yín háng jiā |
| corretor (m) | 经纪人 | jīng jì rén |

caixa (m, f)	收款员	shōu kuǎn yuán
contabilista (m)	会计员	kuài jì yuán
guarda (m)	安保员	ān bǎo yuán

investidor (m)	投资者	tóu zī zhě
devedor (m)	债务人	zhài wù rén
credor (m)	债权人	zhài quán rén
mutuário (m)	借款人	jiè kuǎn rén

| importador (m) | 进口者 | jìn kǒu zhě |
| exportador (m) | 出口厂商 | chū kǒu chǎng shāng |

produtor (m)	生产商	shēng chǎn shāng
distribuidor (m)	经销商	jīng xiāo shāng
intermediário (m)	中间人	zhōng jiān rén

consultor (m)	咨询顾问	zīxún gùwèn
representante (m)	代表	dài biǎo
agente (m)	代理人	dài lǐ rén
agente (m) de seguros	保险代理人	bǎo xiǎn dài lǐ rén

125. Profissões de serviços

cozinheiro (m)	厨师	chúshī
cozinheiro chefe (m)	高级厨师	gāojí chúshī
padeiro (m)	面包师	miànbāo shī
barman (m)	酒保	jiǔ bǎo

empregado (m) de mesa	服务员	fú wù yuán
empregada (f) de mesa	女服务员	nǚ fú wù yuán
advogado (m)	辩护人	biàn hù rén
jurista (m)	律师	lǜ shī
notário (m)	公证人	gōng zhèng rén
eletricista (m)	电工	diàn gōng
canalizador (m)	水管工	shuǐ guǎn gōng
carpinteiro (m)	木匠	mù jiàng
massagista (m)	男按摩师	nán ànmóshī
massagista (f)	女按摩师	nǚ ànmóshī
médico (m)	医生	yīshēng
taxista (m)	出租车司机	chūzūchē sī jī
condutor (automobilista)	司机	sī jī
entregador (m)	快递员	kuài dì yuán
camareira (f)	女服务员	nǚ fú wù yuán
guarda (m)	安保员	ān bǎo yuán
hospedeira (f) de bordo	空姐	kōng jiě
professor (m)	老师	lǎo shī
bibliotecário (m)	图书馆员	tú shū guǎn yuán
tradutor (m)	翻译，译者	fān yì, yì zhě
intérprete (m)	口译者	kǒu yì zhě
guia (pessoa)	导游	dǎo yóu
cabeleireiro (m)	理发师	lǐ fà shī
carteiro (m)	邮递员	yóu dì yuán
vendedor (m)	售货员	shòu huò yuán
jardineiro (m)	花匠	huā jiàng
criado (m)	仆人	pú rén
criada (f)	女仆	nǚ pú
empregada (f) de limpeza	清洁女工	qīng jié nǚ gōng

126. Profissões militares e postos

soldado (m) raso	士兵，列兵	shìbīng, lièbīng
sargento (m)	中士	zhōng shì
tenente (m)	中尉	zhōng wèi
capitão (m)	上尉	shàng wèi
major (m)	少校	shào xiào
coronel (m)	上校	shàng xiào
general (m)	将军	jiāng jūn
marechal (m)	元帅	yuán shuài
almirante (m)	海军上将	hǎi jūn shàng jiàng
militar (m)	军人	jūn rén
soldado (m)	士兵	shì bīng
oficial (m)	军官	jūn guān

comandante (m)	指挥员	zhǐhuī yuán
guarda (m) fronteiriço	边界守卫	biān jiè shǒu wèi
operador (m) de rádio	无线电员	wúxiàndiàn yuán
explorador (m)	侦察兵	zhēn chá bīng
sapador (m)	工兵	gōng bīng
atirador (m)	神射手	shén shè shǒu
navegador (m)	领航员	lǐng háng yuán

127. Oficiais. Padres

rei (m)	国王	guó wáng
rainha (f)	王后，女王	wáng hòu, nǚ wáng
príncipe (m)	王子	wáng zǐ
princesa (f)	公主	gōng zhǔ
czar (m)	沙皇	shā huáng
czarina (f)	沙皇皇后	shā huáng huáng hòu
presidente (m)	总统	zǒng tǒng
ministro (m)	部长	bù zhǎng
primeiro-ministro (m)	总理	zǒng lǐ
senador (m)	参议院	cān yì yuàn
diplomata (m)	外交官	wài jiāo guān
cônsul (m)	领事	lǐng shì
embaixador (m)	大使	dàshǐ
conselheiro (m)	顾问	gù wèn
funcionário (m)	官员	guān yuán
prefeito (m)	长官	zhǎng guān
Presidente (m) da Câmara	市长	shì zhǎng
juiz (m)	法官	fǎ guān
procurador (m)	公诉人	gōng sù rén
missionário (m)	传教士	chuán jiào shì
monge (m)	僧侣，修道士	sēng lǚ, xiū dào shì
abade (m)	男修道院院长	nán xiūdàoyuàn yuànzhǎng
rabino (m)	拉比	lā bǐ
vizir (m)	维齐尔	wéi qí ěr
xá (m)	沙阿	shā ē
xeque (m)	族长	zú zhǎng

128. Profissões agrícolas

apicultor (m)	养蜂人	yǎngfēng rén
pastor (m)	牧人	mù rén
agrónomo (m)	农学家	nóng xuéjiā
criador (m) de gado	饲养者	sì yǎng zhě
veterinário (m)	兽医	shòu yī

agricultor (m)	农场主	nóng chǎng zhǔ
vinicultor (m)	酒商	jiǔ shāng
zoólogo (m)	动物学家	dòng wù xuéjiā
cowboy (m)	牛仔	niú zǎi

129. Profissões artísticas

| ator (m) | 演员 | yǎnyuán |
| atriz (f) | 女演员 | nǚ yǎnyuán |

| cantor (m) | 歌手 | gē shǒu |
| cantora (f) | 女歌手 | nǚ gē shǒu |

| bailarino (m) | 舞蹈家 | wǔ dǎo jiā |
| bailarina (f) | 女舞蹈家 | nǚ wǔ dǎo jiā |

| artista (m) | 演员 | yǎnyuán |
| artista (f) | 女演员 | nǚ yǎnyuán |

músico (m)	音乐家	yīn yuè jiā
pianista (m)	钢琴家	gāng qín jiā
guitarrista (m)	吉他手	jí tā shǒu

maestro (m)	指挥	zhǐ huī
compositor (m)	作曲家	zuò qū jiā
empresário (m)	经理人	jīng lǐ rén

realizador (m)	导演	dǎo yǎn
produtor (m)	制片人	zhì piàn rén
argumentista (m)	编剧	biān jù
crítico (m)	评论家	píng lùn jiā

escritor (m)	作家	zuò jiā
poeta (m)	诗人	shī rén
escultor (m)	雕塑家	diāo sù jiā
pintor (m)	画家	huà jiā

malabarista (m)	变戏法者	biàn xì fǎ zhě
palhaço (m)	小丑	xiǎo chǒu
acrobata (m)	杂技演员	zájì yǎnyuán
mágico (m)	魔术师	mó shù shī

130. Várias profissões

médico (m)	医生	yīshēng
enfermeira (f)	护士	hù shi
psiquiatra (m)	精神病医生	jīng shén bìng yīshēng
estomatologista (m)	牙科医生	yá kē yīshēng
cirurgião (m)	外科医生	wài kē yīshēng

| astronauta (m) | 宇航员 | yǔ háng yuán |
| astrónomo (m) | 天文学家 | tiānwén xuéjiā |

piloto (m)	飞行员	fēi xíng yuán
motorista (m)	驾驶员	jiàshǐ yuán
maquinista (m)	火车司机	huǒ chē sī jī
mecânico (m)	机修工	jī xiū gōng
mineiro (m)	矿工	kuàng gōng
operário (m)	工人	gōng rén
serralheiro (m)	钳工	qián gōng
marceneiro (m)	细木工	xì mù gōng
torneiro (m)	车工	chē gōng
construtor (m)	建筑工人	jiànzhù gōngrén
soldador (m)	焊接工	hàn jiē gōng
professor (m) catedrático	教授	jiào shòu
arquiteto (m)	建筑师	jiànzhù shī
historiador (m)	历史学家	lì shǐ xué jiā
cientista (m)	科学家	kē xué jiā
físico (m)	物理学家	wù lǐ xué jiā
químico (m)	化学家	huà xué jiā
arqueólogo (m)	考古学家	kǎo gǔ xué jiā
geólogo (m)	地质学家	dì zhì xué jiā
pesquisador (cientista)	研究者	yán jiū zhě
babysitter (f)	临时保姆	línshí bǎomǔ
professor (m)	教师	jiào shī
redator (m)	编辑	biān jí
redator-chefe (m)	总编辑	zǒng biān jí
correspondente (m)	记者	jì zhě
datilógrafa (f)	打字员	dǎ zì yuán
designer (m)	设计师	shè jì shī
especialista (m) em informática	电脑专家	diàn nǎo zhuān jiā
programador (m)	程序员	chéng xù yuán
engenheiro (m)	工程师	gōng chéng shī
marujo (m)	水手	shuǐ shǒu
marinheiro (m)	海员	hǎi yuán
salvador (m)	救援者	jiù yuán zhě
bombeiro (m)	消防队员	xiāofáng duìyuán
polícia (m)	警察	jǐng chá
guarda-noturno (m)	看守人	kān shǒu rén
detetive (m)	侦探	zhēn tàn
funcionário (m) da alfândega	海关人员	hǎi guān rényuán
guarda-costas (m)	保镖	bǎo biāo
guarda (m) prisional	狱警	yù jǐng
inspetor (m)	检察员	jiǎn chá yuán
desportista (m)	运动员	yùndòng yuán
treinador (m)	教练	jiào liàn
talhante (m)	屠夫	túfū
sapateiro (m)	鞋匠	xié jiàng

| comerciante (m) | 商人 | shāng rén |
| carregador (m) | 装货人 | zhuāng huò rén |

| estilista (m) | 时装设计师 | shízhuāng shèjìshī |
| modelo (f) | 模特儿 | mó tè er |

131. Ocupações. Estatuto social

| aluno, escolar (m) | 男学生 | nán xué sheng |
| estudante (~ universitária) | 大学生 | dà xué shēng |

filósofo (m)	哲学家	zhé xué jiā
economista (m)	经济学家	jīng jì xué jiā
inventor (m)	发明者	fā míng zhě

desempregado (m)	失业者	shī yè zhě
reformado (m)	退休人员	tuì xiū rén yuán
espião (m)	间谍	jiàn dié

preso (m)	犯人，囚犯	fàn rén, qiú fàn
grevista (m)	罢工者	bà gōng zhě
burocrata (m)	官僚主义者	guān liáo zhǔ yì zhě
viajante (m)	旅行者	lǚ xíng zhě

| homossexual (m) | 同性恋者 | tóng xìng liàn zhě |
| hacker (m) | 黑客 | hēi kè |

bandido (m)	匪徒	fěi tú
assassino (m) a soldo	雇佣杀手	gù yōng shā shǒu
toxicodependente (m)	吸毒者	xī dú zhě
traficante (m)	毒贩子	dú fàn zi
prostituta (f)	卖淫者，妓女	mài yín zhě, jì nǚ
chulo (m)	皮条客	pí tiáo kè

bruxo (m)	巫师	wū shī
bruxa (f)	女巫师	nǚ wū shī
pirata (m)	海盗	hǎi dào
escravo (m)	奴隶	nú lì
samurai (m)	武士	wǔ shì
selvagem (m)	野蛮人	yě mán rén

Desportos

132. Tipos de desportos. Desportistas

desportista (m)	运动员	yùndòng yuán
tipo (m) de desporto	种运动	zhǒng yùndòng
basquetebol (m)	篮球	lán qiú
jogador (m) de basquetebol	篮球运动员	lán qiú yùndòng yuán
beisebol (m)	棒球	bàng qiú
jogador (m) de beisebol	棒球手	bàng qiú shǒu
futebol (m)	足球	zú qiú
futebolista (m)	足球运动员	zú qiú yùndòng yuán
guarda-redes (m)	守门员	shǒu mén yuán
hóquei (m)	冰球	bīng qiú
jogador (m) de hóquei	冰球运动员	bīng qiú yùndòng yuán
voleibol (m)	排球	pái qiú
jogador (m) de voleibol	排球运动员	pái qiú yùndòng yuán
boxe (m)	拳击	quánjī
boxeador, pugilista (m)	拳击运动员	quánjī yùndòng yuán
luta (f)	摔跤	shuāi jiāo
lutador (m)	摔跤运动员	shuāi jiāo yùndòng yuán
karaté (m)	空手道	kōng shǒu dào
karateca (m)	空手道专家	kòng shǒu dào zhuānjiā
judo (m)	柔道	róu dào
judoca (m)	柔道运动员	róudào yùndòng yuán
ténis (m)	网球	wǎng qiú
tenista (m)	网球运动员	wǎng qiú yùndòng yuán
natação (f)	游泳	yóuyǒng
nadador (m)	游泳运动员	yóuyǒng yùndòng yuán
esgrima (f)	击剑	jī jiàn
esgrimista (m)	击剑者	jī jiàn zhě
xadrez (m)	国际象棋	guó jì xiàng qí
xadrezista (m)	下象棋者	xià xiàng qí zhě
alpinismo (m)	登山技术	dēng shān jì shù
alpinista (m)	登山家	dēng shān jiā
corrida (f)	赛跑	sàipǎo

corredor (m)	赛跑者	sàipǎo zhě
atletismo (m)	田径运动	tiánjìng yùndòng
atleta (m)	田径运动员	tiánjìng yùndòng yuán
hipismo (m)	骑马	qí mǎ
cavaleiro (m)	骑手	qí shǒu
patinagem (f) artística	花样滑冰	huāyàng huábīng
patinador (m)	花样滑冰运动员	huāyàng huábīng yùndòng yuán
patinadora (f)	花样滑冰女运动员	huāyàng huábīng nǚ yùndòng yuán
halterofilismo (m)	举重	jǔ zhòng
corrida (f) de carros	汽车竞赛	qìchē jìngsài
piloto (m)	赛车手	sài chē shǒu
ciclismo (m)	自行车运动	zìxíngchē yùndòng
ciclista (m)	自行车运动员	zìxíngchē yùndòng yuán
salto (m) em comprimento	跳远	tiào yuǎn
salto (m) à vara	撑杆跳	chēng gān tiào
atleta (m) de saltos	跳高运动员	tiàogāo yùndòng yuán

133. Tipos de desportos. Diversos

futebol (m) americano	美式足球	měi shì zú qiú
badminton (m)	羽毛球	yǔ máo qiú
biatlo (m)	两项竞赛	liǎng xiàng jìng sài
bilhar (m)	台球	tái qiú
bobsled (m)	长橇	cháng qiāo
musculação (f)	健美运动	jiàn měi yùndòng
polo (m) aquático	水球	shuǐ qiú
andebol (m)	手球	shǒu qiú
golfe (m)	高尔夫球	gāo ěr fū qiú
remo (m)	划船运动	huáchuán yùndòng
mergulho (m)	潜水	qián shuǐ
corrida (f) de esqui	越野滑雪	yuè yě huá xuě
ténis (m) de mesa	乒乓球	pīng pāng qiú
vela (f)	帆船运动	fānchuán yùndòng
rali (m)	汽车赛	qì chē sài
râguebi (m)	橄榄球	gǎn lǎn qiú
snowboard (m)	滑雪板	huá xuě bǎn
tiro (m) com arco	射箭	shè jiàn

134. Ginásio

barra (f)	杠铃	gàng líng
halteres (m pl)	哑铃	yǎ líng

aparelho (m) de musculaçao	训练器	xùn liàn qì
bicicleta (f) ergométrica	健身自行车	jiàn shēn zì xíng chē
passadeira (f) de corrida	跑步机	pǎo bù jī
barra (f) fixa	单杠	dān gàng
barras (f) paralelas	双杠	shuāng gàng
cavalo (m)	跳马	tiào mǎ
tapete (m) de ginástica	垫子	diàn zi
aeróbica (f)	有氧健身法	yǒuyǎng jiànshēnfǎ
ioga (f)	瑜伽	yú jiā

135. Hóquei

hóquei (m)	冰球	bīng qiú
jogador (m) de hóquei	冰球运动员	bīng qiú yùndòng yuán
jogar hóquei	打冰球	dǎ bīng qiú
gelo (m)	冰	bīng
disco (m)	冰球	bīng qiú
taco (m) de hóquei	曲棍球杆	qū gùn qiú gān
patins (m pl) de gelo	冰球鞋	bīng qiú xié
muro (m)	界墙	jiè qiáng
tiro (m)	射门	shè mén
guarda-redes (m)	守门员	shǒu mén yuán
golo (m)	进球	jìn qiú
marcar um golo	打进一个球	dǎjìn yīgè qiú
tempo (m)	局	jú
banco (m) de reservas	替补席上	tì bǔ xí shàng

136. Futebol

futebol (m)	足球	zú qiú
futebolista (m)	足球运动员	zú qiú yùndòng yuán
jogar futebol	踢足球	tī zúqiú
Liga Principal (f)	职业体育总会	zhíyè tǐyù zǒng huì
clube (m) de futebol	足球俱乐部	zúqiú jùlèbù
treinador (m)	教练	jiào liàn
proprietário (m)	拥有者	yōng yǒu zhě
equipa (f)	队	duì
capitão (m) da equipa	队长	duì zhǎng
jogador (m)	球员	qiú yuán
jogador (m) de reserva	候补队员	hòu bǔ duì yuán
atacante (m)	前锋	qián fēng
avançado (m) centro	中锋	zhōng fēng
marcador (m)	前锋	qián fēng

defesa (m)	防守队员	fáng shǒu duì yuán
médio (m)	前卫	qián wèi

jogo (desafio)	比赛	bǐ sài
encontrar-se (vr)	比赛	bǐ sài
final (m)	决赛	jué sài
meia-final (f)	半决赛	bàn jué sài
campeonato (m)	锦标赛	jǐn biāo sài

tempo (m)	半场	bàn chǎng
primeiro tempo (m)	上半时	shàng bàn shí
intervalo (m)	中场休息	zhōng chǎng xiū xi

baliza (f)	球门	qiú mén
guarda-redes (m)	守门员	shǒu mén yuán
trave (f)	球门柱	qiú mén zhù
barra (f) transversal	球门横梁	qiú mén héng liáng
rede (f)	球门网	qiú mén wǎng
sofrer um golo	漏球	lòu qiú

bola (f)	球	qiú
passe (m)	传球	chuán qiú
chute (m)	踢	tī
chutar (vt)	踢	tī
tiro (m) livre	任意球	rèn yì qiú
canto (m)	角球	jiǎo qiú

ataque (m)	进攻	jìn gōng
contra-ataque (m)	反击	fǎn jī
combinação (f)	配合	pèi hé

árbitro (m)	裁判员	cái pàn yuán
apitar (vi)	吹哨	chuī shào
apito (m)	吹口哨	chuī kǒu shào
falta (f)	犯规	fàn guī
cometer a falta	犯规	fàn guī
expulsar (vt)	判罚出场	pàn fá chū cháng

cartão (m) amarelo	黄牌	huáng pái
cartão (m) vermelho	红牌	hóng pái
desqualificação (f)	取消资格	qǔxiāo zīgé
desqualificar (vt)	取消资格	qǔxiāo zīgé

penálti (m)	点球	diǎn qiú
barreira (f)	人墙	rén qiáng
marcar (vt)	进球	jìn qiú
golo (m)	进球	jìn qiú
marcar um golo	进球	jìn qiú

substituição (f)	换人	huàn rén
substituir (vt)	换人	huàn rén
regras (f pl)	规则	guī zé
tática (f)	战术	zhàn shù

| estádio (m) | 体育场 | tǐ yù chǎng |
| bancadas (f pl) | 看台 | kàn tái |

| fã, adepto (m) | 球迷 | qiú mí |
| gritar (vi) | 叫喊 | jiào hǎn |

| marcador (m) | 记分牌 | jì fēn pái |
| resultado (m) | 比分 | bǐ fēn |

derrota (f)	失败	shī bài
perder (vt)	输掉	shū diào
empate (m)	平局	píng jú
empatar (vi)	打成平局	dǎchéng píng jú

| vitória (f) | 胜利 | shèng lì |
| ganhar, vencer (vi, vt) | 赢，获胜 | yíng, huò shèng |

campeão (m)	冠军	guàn jūn
melhor	最好的	zuì hào de
felicitar (vt)	祝贺	zhù hè

comentador (m)	评论员	píng lùn yuán
comentar (vt)	评论	píng lùn
transmissão (f)	广播	guǎng bō

137. Esqui alpino

esqui (m)	滑雪板	huá xuě bǎn
esquiar (vi)	滑雪	huá xuě
estância (f) de esqui	山滑雪场	shān huá xuě chǎng
teleférico (m)	上山缆车	shàng shān lǎn chē

bastões (m pl) de esqui	滑雪杖	huá xuě zhàng
declive (m)	山坡	shān pō
slalom (m)	滑雪障碍赛	huá xuě zhàng ài sài

138. Ténis. Golfe

golfe (m)	高尔夫球	gāo ěr fū qiú
clube (m) de golfe	高尔夫球俱乐部	gāoěrfūqiú jùlèbù
jogador (m) de golfe	高尔夫球手	gāoěrfūqiú shǒu

buraco (m)	球穴	qiú xué
taco (m)	球杆	qiú gān
trolley (m)	高尔夫球包车	gāoěrfūqiú bāo chē

| ténis (m) | 网球 | wǎng qiú |
| quadra (f) de ténis | 网球场 | wǎng qiú chǎng |

| saque (m) | 发球 | fā qiú |
| sacar (vi) | 发球 | fā qiú |

raquete (f)	球拍	qiú pāi
rede (f)	球网	qiú wǎng
bola (f)	球	qiú

139. Xadrez

xadrez (m)	国际象棋	guó jì xiàng qí
peças (f pl) de xadrez	棋子	qízǐ
xadrezista (m)	下象棋者	xià xiàng qí zhě
tabuleiro (m) de xadrez	国际象棋棋盘	guó jì xiàng qí qí pán
peça (f) de xadrez	棋子	qízǐ
brancas (f pl)	白棋	bái qí
pretas (f pl)	黑棋	hēi qí
peão (m)	兵，卒	bīng, zú
bispo (m)	象	xiàng
cavalo (m)	马	mǎ
torre (f)	车	jū
dama (f)	后	hòu
rei (m)	王	wáng
vez (m)	走棋	zǒu qí
mover (vt)	走棋	zǒu qí
sacrificar (vt)	牺牲	xī shēng
roque (m)	王车易位	wáng jū yì wèi
xeque (m)	将军	jiāng jūn
xeque-mate (m)	将死	jiàng sǐ
torneio (m) de xadrez	国际象棋比赛	guó jì xiàng qí bǐ sài
grão-mestre (m)	象棋大师	xiàng qí dàshī
combinação (f)	组合	zǔ hé
partida (f)	对局	duì jú
jogo (m) de damas	西洋跳棋	xī yáng tiào qí

140. Boxe

boxe (m)	拳击	quánjī
combate (m)	拳击赛	quán jī sài
duelo (m)	拳击比赛	quán jī bǐsài
round (m)	回合	huí hé
ringue (m)	拳击台	quán jī tái
gongo (m)	锣	luó
murro, soco (m)	一拳	yì quán
knockdown (m)	击昏	jī hūn
nocaute (m)	击倒	jī dǎo
nocautear (vt)	击倒	jī dǎo
luva (f) de boxe	拳击手套	quán jī shǒu tào
árbitro (m)	裁判员	cái pàn yuán
peso-leve (m)	轻量级	qīng liàng jí
peso-médio (m)	中量级	zhōng liàng jí
peso-pesado (m)	重量级	zhòng liàng jí

141. Desportos. Diversos

Jogos (m pl) Olímpicos	奥林匹克运动会	aòlínpǐkè yùndònghuì
vencedor (m)	胜利者	shèng lì zhě
vencer (vi)	赢	yíng
vencer, ganhar (vi)	赢，获胜	yíng, huò shèng
líder (m)	领先者	lǐng xiān zhě
liderar (vt)	领先	lǐng xiān
primeiro lugar (m)	第一名	dì yī míng
segundo lugar (m)	第二名	dì èr míng
terceiro lugar (m)	第三名	dì sān míng
medalha (f)	奖章	jiǎng zhāng
troféu (m)	奖品	jiǎng pǐn
taça (f)	奖杯	jiǎng bēi
prémio (m)	奖品	jiǎng pǐn
prémio (m) principal	一等奖	yī děng jiǎng
recorde (m)	纪录	jì lù
estabelecer um recorde	创造纪录	chuàng zào jì lù
final (m)	决赛	jué sài
final	决赛的	jué sài de
campeão (m)	冠军	guàn jūn
campeonato (m)	锦标赛	jǐn biāo sài
estádio (m)	体育场	tǐ yù chǎng
bancadas (f pl)	看台	kàn tái
fã, adepto (m)	球迷	qiú mí
adversário (m)	对手	duì shǒu
partida (f)	起点	qǐ diǎn
chegada, meta (f)	终点	zhōng diǎn
derrota (f)	失败	shī bài
perder (vt)	输掉	shū diào
árbitro (m)	裁判员	cái pàn yuán
júri (m)	裁判委员会	cái pàn wěiyuánhuì
resultado (m)	比分	bǐ fēn
empate (m)	平局	píng jú
empatar (vi)	打成平局	dǎchéng píng jú
ponto (m)	分	fēn
resultado (m) final	比分	bǐ fēn
intervalo (m)	中场休息	zhōng chǎng xiū xi
doping (m)	兴奋剂	xīng fèn jì
penalizar (vt)	惩罚	chéng fá
desqualificar (vt)	取消资格	qǔxiāo zīgé
aparelho (m)	体育器材	tǐ yù qì cái
dardo (m)	标枪	biāo qiāng

| peso (m) | 铅球 | qiān qiú |
| bola (f) | 球 | qiú |

alvo, objetivo (m)	目标	mù biāo
alvo (~ de papel)	靶子	bǎ zi
atirar, disparar (vi)	射击	shè jī
preciso (tiro ~)	精确	jīng què

treinador (m)	教练	jiào liàn
treinar (vt)	训练	xùn liàn
treinar-se (vr)	训练	xùn liàn
treino (m)	训练	xùn liàn

ginásio (m)	健身房	jiàn shēn fáng
exercício (m)	练习	liàn xí
aquecimento (m)	准备活动	zhǔnbèi huódòng

Educação

142. Escola

| escola (f) | 学校 | xué xiào |
| diretor (m) de escola | 校长 | xiào zhǎng |

aluno (m)	男学生	nán xué sheng
aluna (f)	女学生	nǚ xué sheng
escolar (m)	男学生	nán xué sheng
escolar (f)	女学生	nǚ xué sheng

ensinar (vt)	教	jiào
aprender (vt)	学，学习	xué, xué xí
aprender de cor	记住	jì zhù

estudar (vi)	学习	xué xí
andar na escola	上学	shàng xué
ir à escola	去学校	qù xué xiào

| alfabeto (m) | 字母表 | zì mǔ biǎo |
| disciplina (f) | 课程 | kè chéng |

sala (f) de aula	教室	jiào shì
lição (f)	一堂课	yī táng kè
recreio (m)	课间休息	kè jiān xiū xi

toque (m)	铃	líng
carteira (f)	课桌	kè zhuō
quadro (m) negro	黑板	hēi bǎn

nota (f)	分数	fēnshù
boa nota (f)	好分数	hǎo fēnshù
nota (f) baixa	不好分数	bù hǎo fēnshù
dar uma nota	打分数	dǎ fēnshù

erro (m)	错误	cuò wù
fazer erros	犯错	fàn cuò
corrigir (vt)	改错	gǎi cuò
cábula (f)	小抄	xiǎo chāo

| dever (m) de casa | 家庭作业 | jiā tíng zuò yè |
| exercício (m) | 练习 | liàn xí |

| estar presente | 出席 | chū xí |
| estar ausente | 缺席 | quē xí |

punir (vt)	惩罚	chéng fá
punição (f)	惩罚	chéng fá
comportamento (m)	行为，举止	xíng wéi, jǔ zhǐ

boletim (m) escolar	成绩单	chéng jì dān
lápis (m)	铅笔	qiān bǐ
borracha (f)	橡皮擦	xiàng pí cā
giz (m)	粉笔	fěnbǐ
estojo (m)	铅笔盒	qiān bǐ hé
pasta (f) escolar	书包	shū bāo
caneta (f)	钢笔	gāng bǐ
caderno (m)	练习簿	liàn xí bù
manual (m) escolar	课本	kè běn
compasso (m)	圆规	yuáng uī
traçar (vt)	画	huà
desenho (m) técnico	工程图	gōng chéng tú
poesia (f)	诗	shī
de cor	凭记性	píng jì xìng
aprender de cor	记住	jì zhù
férias (f pl)	学校假期	xué xiào jià qī
estar de férias	放假	fàng jià
teste (m)	测试，考试	cè shì, kǎo shì
composição, redação (f)	作文	zuò wén
ditado (m)	听写	tīng xiě
exame (m)	考试	kǎo shì
fazer exame	参加考试	cān jiā kǎo shì
experiência (~ química)	实验	shí yàn

143. Colégio. Universidade

academia (f)	学院	xué yuàn
universidade (f)	大学	dà xué
faculdade (f)	系	xì
estudante (m)	大学生	dà xué shēng
estudante (f)	大学生	dà xué shēng
professor (m)	讲师	jiǎng shī
sala (f) de palestras	讲堂	jiǎng táng
graduado (m)	毕业生	bì yè shēng
diploma (m)	毕业证	bì yè zhèng
tese (f)	学位论文	xuéwèi lùnwén
estudo (obra)	研究报告	yán jiū bào gào
laboratório (m)	实验室	shí yàn shì
palestra (f)	讲课	jiǎng kè
colega (m) de curso	同学	tóng xué
bolsa (f) de estudos	奖学金	jiǎng xué jīn
grau (m) académico	学位	xué wèi

144. Ciências. Disciplinas

matemática (f)	数学	shù xué
álgebra (f)	代数学	dài shù xué
geometria (f)	几何学	jǐ hé xué
astronomia (f)	天文学	tiān wén xué
biologia (f)	生物学	shēng wù xué
geografia (f)	地理学	dì lǐ xué
geologia (f)	地质学	dì zhì xué
história (f)	历史学	lìshǐ xué
medicina (f)	医学	yī xué
pedagogia (f)	教育学	jiàoyù xué
direito (m)	法学	fǎ xué
física (f)	物理学	wù lǐ xué
química (f)	化学	huà xué
filosofia (f)	哲学	zhé xué
psicologia (f)	心理学	xīn lǐ xué

145. Sistema de escrita. Ortografia

gramática (f)	语法	yǔ fǎ
vocabulário (m)	词汇	cí huì
fonética (f)	语音学	yǔ yīn xué
substantivo (m)	名词	míng cí
adjetivo (m)	形容词	xíng róng cí
verbo (m)	动词	dòng cí
advérbio (m)	副词	fùcí
pronome (m)	代词	dài cí
interjeição (f)	感叹词	gǎn tàn cí
preposição (f)	介词	jiè cí
raiz (f) da palavra	词根	cí gēn
terminação (f)	词尾	cí wěi
prefixo (m)	前缀	qián zhuì
sílaba (f)	音节	yīn jié
sufixo (m)	后缀	hòu zhuì
acento (m)	重音	zhòng yīn
apóstrofo (m)	撇号	piē hào
ponto (m)	点	diǎn
vírgula (f)	逗号	dòu hào
ponto e vírgula (m)	分号	fēn hào
dois pontos (m pl)	冒号	mào hào
reticências (f pl)	省略号	shěng lüè hào
ponto (m) de interrogação	问号	wèn hào
ponto (m) de exclamação	感叹号	gǎn tàn hào

aspas (f pl)	引号	yǐn hào
entre aspas	在引号	zài yǐn hào
parênteses (m pl)	括号	kuò hào
entre parênteses	在圆括号	zài yuán kuò hào

hífen (m)	连字符	lián zì fú
travessão (m)	破折号	pò zhé hào
espaço (m)	空白	kòng bái

| letra (f) | 字母 | zì mǔ |
| letra (f) maiúscula | 大写字母 | dà xiě zì mǔ |

| vogal (f) | 元音 | yuán yīn |
| consoante (f) | 辅音 | fǔyīn |

frase (f)	句子	jù zi
sujeito (m)	主语	zhǔ yǔ
predicado (m)	谓语	wèi yǔ

linha (f)	行	háng
em uma nova linha	另起一行	lìng qǐ yī xíng
parágrafo (m)	段, 段落	duàn, duàn luò

palavra (f)	字, 单词	zì, dāncí
grupo (m) de palavras	词组	cí zǔ
expressão (f)	短语	duǎn yǔ
sinónimo (m)	同义词	tóng yì cí
antónimo (m)	反义词	fǎn yì cí

regra (f)	规则	guī zé
exceção (f)	例外	lì wài
correto	正确的	zhèng què de

conjugação (f)	变位	biàn wèi
declinação (f)	变格	biàn gé
caso (m)	名词格	míng cí gé
pergunta (f)	问题	wèn tí
sublinhar (vt)	在 ⋯ 下画线	zài … xià huà xiàn
linha (f) pontilhada	点线	diǎn xiàn

146. Línguas estrangeiras

língua (f)	语言	yǔ yán
língua (f) estrangeira	外语	wài yǔ
estudar (vt)	学习	xué xí
aprender (vt)	学, 学习	xué, xué xí

ler (vt)	读	dú
falar (vi)	说	shuō
compreender (vt)	明白	míng bai
escrever (vt)	写	xiě

| rapidamente | 快 | kuài |
| devagar | 慢慢地 | màn màn de |

fluentemente	流利	liú lì
regras (f pl)	规则	guī zé
gramática (f)	语法	yǔ fǎ
vocabulário (m)	词汇	cí huì
fonética (f)	语音学	yǔ yīn xué
manual (m) escolar	课本	kè běn
dicionário (m)	词典	cí diǎn
manual (m) de autoaprendizagem	自学的书	zì xué de shū
guia (m) de conversação	短语手册	duǎn yǔ shǒu cè
cassete (f)	磁带	cí dài
vídeo cassete (m)	录像带	lù xiàng dài
CD (m)	光盘	guāng pán
DVD (m)	数字影碟	shù zì yǐng dié
alfabeto (m)	字母表	zì mǔ biǎo
soletrar (vt)	拼写	pīn xiě
pronúncia (f)	发音	fā yīn
sotaque (m)	口音	kǒu yin
com sotaque	带口音	dài kǒu yin
sem sotaque	没有口音	méiyǒu kǒuyin
palavra (f)	字，单词	zì, dāncí
sentido (m)	意义	yì yì
cursos (m pl)	讲座	jiǎng zuò
inscrever-se (vr)	报名	bào míng
professor (m)	老师	lǎo shī
tradução (processo)	翻译	fān yì
tradução (texto)	翻译	fān yì
tradutor (m)	翻译，译者	fān yì, yì zhě
intérprete (m)	口译者	kǒu yì zhě
memória (f)	记忆力	jì yì lì

147. Personagens de contos de fadas

Pai (m) Natal	圣诞老人	shèngdàn lǎorén
Cinderela (f)	灰姑娘	huī gū niang
mago (m)	魔法师	mó fǎ shī
fada (f)	好女巫	hǎo nǚ wū
mágico	魔术的	mó shù de
varinha (f) mágica	魔术棒	mó shù bàng
conto (m) de fadas	神话	shén huà
milagre (m)	奇迹	qí jì
anão (m)	小矮人	xiǎo ǎi rén
transformar-se em ...	变成 ⋯	biàn chéng ...
fantasma (m)	鬼魂	guǐ hún
espetro (m)	鬼，幽灵	guǐ, yōulíng

monstro (m)	怪物	guài wu
dragão (m)	龙	lóng
gigante (m)	巨人	jù rén

148. Signos do Zodíaco

Carneiro	白羊座	bái yáng zuò
Touro	金牛座	jīn niú zuò
Gémeos	双子座	shuāng zǐ zuò
Caranguejo	巨蟹座	jù xiè zuò
Leão	狮子座	shī zi zuò
Virgem (f)	室女座	shì nǚ zuò

Balança	天秤座	tiān chèng zuò
Escorpião	天蝎座	tiān xiē zuò
Sagitário	人马座	rén mǎ zuò
Capricórnio	摩羯座	mó jié zuò
Aquário	宝瓶座	bǎo píng zuò
Peixes	双鱼座	shuāng yú zuò

caráter (m)	品行	pǐn xíng
traços (m pl) do caráter	品格	pǐn gé
comportamento (m)	行为	xíng wéi
predizer (vt)	占卜	zhānbǔ
adivinha (f)	女占卜者	nǚ zhānbǔ zhě
horóscopo (m)	天宫图	tiān gōng tú

Artes

149. Teatro

teatro (m)	剧院	jù yuàn
ópera (f)	歌剧	gē jù
opereta (f)	轻歌剧	qīng gē jù
balé (m)	芭蕾舞	bālěi wǔ
cartaz (m)	戏剧海报	xì jù hǎi bào
companhia (f) teatral	剧团	jù tuán
turné (digressão)	巡回演出	xún huí yǎn chū
estar em turné	巡回演出	xún huí yǎn chū
ensaiar (vt)	排演	pái yǎn
ensaio (m)	排演	pái yǎn
repertório (m)	全部节目	quán bù jié mù
apresentação (f)	演出	yǎn chū
espetáculo (m)	戏剧	xì jù
peça (f)	戏剧	xì jù
bilhete (m)	票	piào
bilheteira (f)	售票处	shòu piàn chù
hall (m)	大厅	dà tīng
guarda-roupa (m)	衣帽间	yī mào jiān
senha (f) numerada	号牌	hàopái
binóculo (m)	望远镜	wàng yuǎn jìng
lanterninha (m)	引座员	yǐn zuò yuán
plateia (f)	池座	chízuò
balcão (m)	楼座，楼厅	lóu zuò, lóu tīng
primeiro balcão (m)	二楼厢座	érlóu xiāngzuò
camarote (m)	包厢	bāo xiāng
fila (f)	排	pái
assento (m)	座位	zuò wèi
público (m)	观众	guān zhòng
espetador (m)	观众	guān zhòng
aplaudir (vt)	鼓掌	gǔ zhǎng
aplausos (m pl)	掌声	zhǎng shēng
ovação (f)	热烈欢迎	rè liè huān yíng
palco (m)	舞台	wǔ tái
pano (m) de boca	幕	mù
cenário (m)	布景	bù jǐng
bastidores (m pl)	后台	hòu tái
cena (f)	场	chǎng
ato (m)	幕	mù
entreato (m)	幕间休息	mù jiān xiū xi

150. Cinema

ator (m)	演员	yǎnyuán
atriz (f)	女演员	nǚ yǎnyuán

cinema (m)	电影业	diànyǐng yè
filme (m)	电影	diànyǐng
episódio (m)	一集	yī jí

filme (m) policial	侦探	zhēn tàn
filme (m) de ação	动作片	dòngzuò piàn
filme (m) de aventuras	惊险片	jīngxiǎn piàn
filme (m) de ficção científica	科幻片	kēhuàn piàn
filme (m) de terror	恐怖片	kǒngbù piàn

comédia (f)	喜剧片	xǐ jù piàn
melodrama (m)	传奇片	chuánqí piàn
drama (m)	戏剧片	xì jù piàn

filme (m) ficcional	故事片	gùshi piàn
documentário (m)	纪录片	jì lù piàn
desenho (m) animado	动画片	dònghuà piàn
cinema (m) mudo	无声电影	wúshēng diànyǐng

papel (m)	角色	jué sè
papel (m) principal	主角	zhǔ jué
representar (vt)	扮演	bà nyǎn

estrela (f) de cinema	电影明星	diànyǐng míng xīng
conhecido	著名的	zhù míng de
famoso	著名的	zhù míng de
popular	有名的	yǒu míng de

argumento (m)	剧本	jùběn
argumentista (m)	编剧	biān jù
realizador (m)	导演	dǎo yǎn
produtor (m)	制片人	zhì piàn rén
assistente (m)	助理	zhù lǐ
diretor (m) de fotografia	摄影师	shè yǐng shī
duplo (m)	特技演员	tè jì yǎnyuán

filmar (vt)	拍电影	pāi diàn yǐng
audição (f)	试镜头	shì jìng tóu
filmagem (f)	拍摄	pāi shè
equipe (f) de filmagem	电影摄制组	diànyǐng shèzhìzǔ
set (m) de filmagem	电影场景	diànyǐng chǎng jǐng
câmara (f)	摄影机	shèyǐng jī

cinema (m)	电影院	diànyǐng yuàn
ecrã (m), tela (f)	银幕	yín mù
exibir um filme	放映电影	fàngyìng diànyǐng

pista (f) sonora	电影声带	diànyǐng shēng dài
efeitos (m pl) especiais	特技效果	tè jì xiào guǒ
legendas (f pl)	字幕	zì mù

crédito (m)	电影片尾字幕	diànyǐng piān wěi zì mù
tradução (f)	翻译	fān yì

151. Pintura

arte (f)	艺术	yì shù
belas-artes (f pl)	美术	měi shù
galeria (f) de arte	画廊，艺廊	huà láng, yì láng
exposição (f) de arte	画展	huà zhǎn
pintura (f)	绘画	huì huà
arte (f) gráfica	图形艺术	tú xíng yìshù
arte (f) abstrata	抽象派艺术	chōu xiàng pài yìshù
impressionismo (m)	印象主义	yìnxiàng zhǔyì
pintura (f), quadro (m)	画	huà
desenho (m)	图画	tú huà
cartaz, póster (m)	宣传画	xuān chuán huà
ilustração (f)	插图	chā tú
miniatura (f)	微型画	wēi xíng huà
cópia (f)	摹本	mó běn
reprodução (f)	复制品	fù zhì pǐn
mosaico (m)	镶嵌画	xiāng qiàn huà
fresco (m)	壁画	bì huà
gravura (f)	版画	bǎn huà
busto (m)	半身像	bàn shēn xiàng
escultura (f)	雕塑	diāo sù
estátua (f)	塑像	sù xiàng
gesso (m)	石膏	shí gāo
em gesso	石膏的	shí gāo de
retrato (m)	肖像画	xiào xiàng huà
autorretrato (m)	自画像	zì huà xiàng
paisagem (f)	风景画	fēng jǐng huà
natureza (f) morta	静物画	jìng wù huà
caricatura (f)	漫画	màn huà
tinta (f)	颜料	yánliào
aguarela (f)	水彩颜料	shuǐcǎi yánliào
óleo (m)	油画颜料	yóu huà yánliào
lápis (m)	铅笔	qiān bǐ
tinta da China (f)	墨汁	mò zhī
carvão (m)	炭条	tàn tiáo
desenhar (vt)	用铅笔画	yòng qiān bǐ huà
pintar (vt)	画	huà
posar (vi)	摆姿势	bǎi zī shì
modelo (m)	模特儿	mó tè er
modelo (f)	模特儿	mó tè er
pintor (m)	画家	huà jiā

obra (f)	艺术品	yì shù pǐn
obra-prima (f)	杰作	jié zuò
estúdio (m)	画室	huà shì

tela (f)	油画布	yóu huà bù
cavalete (m)	画架	huà jià
paleta (f)	调色板	tiáo sè bǎn

moldura (f)	画框	huà kuàng
restauração (f)	修复	xiū fù
restaurar (vt)	修复	xiū fù

152. Literatura & Poesia

literatura (f)	文学	wén xué
autor (m)	作家	zuò jiā
pseudónimo (m)	笔名	bǐ míng

livro (m)	书	shū
volume (m)	卷	juàn
índice (m)	目录	mù lù
página (f)	页	yè
protagonista (m)	主角	zhǔ jué
autógrafo (m)	签名	qiān míng

conto (m)	短篇小说	duǎnpiān xiǎoshuō
novela (f)	中篇小说	zhōngpiān xiǎoshuō
romance (m)	长篇小说	chángpiān xiǎoshuō
obra (f)	作品	zuò pǐn
fábula (m)	寓言	yù yán
romance (m) policial	侦探小说	zhēntàn xiǎoshuō

poesia (obra)	诗	shī
poesia (arte)	诗歌	shī gē
poema (m)	叙事诗	xù shì shī
poeta (m)	诗人	shī rén

ficção (f)	小说	xiǎo shuō
ficção (f) científica	科幻	kē huàn
aventuras (f pl)	冒险	mào xiǎn
literatura (f) didática	教育文献	jiào yù wén xiàn
literatura (f) infantil	儿童文学	értóng wénxué

153. Circo

circo (m)	马戏团	mǎ xì tuán
circo (m) ambulante	马戏篷	mǎ xì péng
programa (m)	节目单	jié mù dān
apresentação (f)	演出	yǎn chū

| número (m) | 节目 | jié mù |
| arena (f) | 马戏场 | mǎ xì chǎng |

pantomima (f)	哑剧	yǎ jù
palhaço (m)	小丑	xiǎo chǒu
acrobata (m)	杂技演员	zájì yǎnyuán
acrobacia (f)	杂技	zájì
ginasta (m)	杂技演员	zájì yǎnyuán
ginástica (f)	杂技	zájì
salto (m) mortal	翻跟头	fān gēn tou
homem forte (m)	大力士	dà lì shì
domador (m)	驯服手	xùn fú shǒu
cavaleiro (m) equilibrista	骑手	qí shǒu
assistente (m)	助手	zhù shǒu
truque (m)	特技表演	tè jì biǎo yǎn
truque (m) de mágica	魔术	mó shù
mágico (m)	魔术师	mó shù shī
malabarista (m)	变戏法者	biàn xì fǎ zhě
fazer malabarismos	玩杂耍	wán zá shuǎ
domador (m)	驯养师	xùn yǎng shī
adestramento (m)	驯兽术	xún shòu shù
adestrar (vt)	训练	xùn liàn

154. Música. Música popular

música (f)	音乐	yīn yuè
músico (m)	音乐家	yīn yuè jiā
instrumento (m) musical	乐器	yuè qì
tocar ...	弹 ··· , 弹奏	tán ..., tán zòu
guitarra (f)	吉他	jí tā
violino (m)	小提琴	xiǎo tí qín
violoncelo (m)	大提琴	dà tí qín
contrabaixo (m)	低音提琴	dī yīn tí qín
harpa (f)	竖琴	shù qín
piano (m)	钢琴	gāng qín
piano (m) de cauda	大钢琴	dà gāng qín
órgão (m)	管风琴	guǎn fēng qín
instrumentos (m pl) de sopro	管乐器	guǎn yuè qì
oboé (m)	双簧管	shuāng huáng guǎn
saxofone (m)	萨克斯管	sà kè sī guǎn
clarinete (m)	黑管	hēi guǎn
flauta (f)	长笛	cháng dí
trompete (m)	小号	xiǎo hào
acordeão (m)	手风琴	shǒu fēng qín
tambor (m)	鼓	gǔ
duo, dueto (m)	二重奏	èr chóng zòu
trio (m)	三重奏	sān chóng zòu
quarteto (m)	四重奏	sì chóng zòu
coro (m)	合唱队	hé chàng duì

orquestra (f)	管弦乐队	guǎn xián yuè duì
música (f) pop	流行音乐	liúxíng yīnyuè
música (f) rock	摇滚乐	yáo gǔn yuè
grupo (m) de rock	摇滚乐队	yáo gǔn yuè duì
jazz (m)	爵士乐	jué shì yuè
ídolo (m)	偶像	ǒu xiàng
fã, admirador (m)	钦佩者	qīn pèi zhě
concerto (m)	音乐会	yīnyuè huì
sinfonia (f)	交响乐	jiāo xiǎng yuè
composição (f)	音乐作品	yīnyuè zuòpǐn
compor (vt)	创作	chuàng zuò
canto (m)	唱歌	chàng gē
canção (f)	歌	gē
melodia (f)	曲调	qǔ diào
ritmo (m)	节奏	jié zòu
blues (m)	蓝调音乐	lán diào yīn yuè
notas (f pl)	活页乐谱	huó yè lè pǔ
batuta (f)	指挥棒	zhǐ huī bàng
arco (m)	琴弓	qín gōng
corda (f)	琴弦	qín xián
estojo (m)	琴盒	qín hé

Descanso. Entretenimento. Viagens

155. Viagens

turismo (m)	旅游	lǚ yóu
turista (m)	旅行者	lǚ xíng zhě
viagem (f)	旅行	lǚ xíng
aventura (f)	冒险	mào xiǎn
viagem (f)	旅行	lǚ xíng
férias (f pl)	休假	xiū jià
estar de férias	放假	fàng jià
descanso (m)	休息	xiū xi
comboio (m)	火车	huǒ chē
de comboio (chegar ~)	乘火车	chéng huǒchē
avião (m)	飞机	fēijī
de avião	乘飞机	chéng fēijī
de carro	乘汽车	chéng qìchē
de navio	乘船	chéng chuán
bagagem (f)	行李	xíng li
mala (f)	手提箱	shǒu tí xiāng
carrinho (m)	行李车	xíng li chē
passaporte (m)	护照	hù zhào
visto (m)	签证	qiān zhèng
bilhete (m)	票	piào
bilhete (m) de avião	飞机票	fēijī piào
guia (m) de viagem	旅行指南	lǚ xíng zhǐ nán
mapa (m)	地图	dì tú
local (m), area (f)	地方	dì fang
lugar, sítio (m)	地方	dì fang
exotismo (m)	尖葚鸢尾	jiān ruǐ yuān wěi
exótico	外来的	wài lái de
surpreendente	惊人的	jīng rén de
grupo (m)	组	zǔ
excursão (f)	游览	yóu lǎn
guia (m)	导游	dǎo yóu

156. Hotel

hotel (m)	酒店	jiǔ diàn
motel (m)	汽车旅馆	qì chē lǚ guǎn
três estrelas	三星级	sān xīng jí

cinco estrelas	五星级	wǔ xīng jí
ficar (~ num hotel)	暂住	zàn zhù
quarto (m)	房间	fáng jiān
quarto (m) individual	单人间	dān rén jiān
quarto (m) duplo	双人间	shuāng rén jiān
reservar um quarto	订房间	dìng fáng jiān
meia pensão (f)	半膳宿	bàn shàn sù
pensão (f) completa	全食宿	quán shí sù
com banheira	带洗澡间	dài xǐ zǎo jiān
com duche	带有淋浴	dài yǒu lín yù
televisão (m) satélite	卫星电视	wèixīng diànshì
ar (m) condicionado	空调	kōng tiáo
toalha (f)	毛巾，浴巾	máo jīn, yù jīn
chave (f)	钥匙	yào shi
administrador (m)	管理者	guǎn lǐ zhě
camareira (f)	女服务员	nǚ fú wù yuán
bagageiro (m)	行李生	xíng li shēng
porteiro (m)	看门人	kān mén rén
restaurante (m)	饭馆	fàn guǎn
bar (m)	酒吧	jiǔ bā
pequeno-almoço (m)	早饭	zǎo fàn
jantar (m)	晚餐	wǎn cān
buffet (m)	自助餐	zì zhù cān
hall (m) de entrada	大厅	dà tīng
elevador (m)	电梯	diàn tī
NÃO PERTURBE	请勿打扰	qǐng wù dǎ rǎo
PROIBIDO FUMAR!	禁止吸烟	jìnzhǐ xīyān

157. Livros. Leitura

livro (m)	书	shū
autor (m)	作家	zuò jiā
escritor (m)	作家	zuò jiā
escrever (vt)	写	xiě
leitor (m)	读者	dú zhě
ler (vt)	读	dú
leitura (f)	阅读	yuè dú
para si	默	mò
em voz alta	出声地	chū shēng de
publicar (vt)	出版	chū bǎn
publicação (f)	出版	chū bǎn
editor (m)	出版者	chū bǎn zhě
editora (f)	出版社	chū bǎn shè
sair (vi)	出版	chū bǎn

lançamento (m)	出版	chū bǎn
tiragem (f)	发行量	fā xíng liàng
livraria (f)	书店	shū diàn
biblioteca (f)	图书馆	tú shū guǎn
novela (f)	中篇小说	zhōngpiān xiǎoshuō
conto (m)	短篇小说	duǎnpiān xiǎoshuō
romance (m)	长篇小说	chángpiān xiǎoshuō
romance (m) policial	侦探小说	zhēntàn xiǎoshuō
memórias (f pl)	回忆录	huí yì lù
lenda (f)	传说	chuán shuō
mito (m)	神话	shén huà
poesia (f)	诗	shī
autobiografia (f)	自传	zì zhuàn
obras (f pl) escolhidas	选集	xuǎn jí
ficção (f) científica	科幻	kē huàn
título (m)	名称	míng chēng
introdução (f)	前言	qián yán
folha (f) de rosto	书名页	shū míng yè
capítulo (m)	章	zhāng
excerto (m)	摘录	zhāi lù
episódio (m)	片断	piàn duàn
tema (m)	情节	qíng jié
conteúdo (m)	目录	mù lù
índice (m)	目录	mù lù
protagonista (m)	主角	zhǔ jué
tomo, volume (m)	卷	juàn
capa (f)	书皮	shū pí
encadernação (f)	封面	fēng miàn
marcador (m) de livro	书签	shū qiān
página (f)	页	yè
folhear (vt)	浏览	liú lǎn
margem (f)	页边	yè biān
anotação (f)	注解	zhù jiě
nota (f) de rodapé	附注	fù zhù
texto (m)	文本	wén běn
fonte (f)	铅字	qiān zì
gralha (f)	印刷错误	yìn shuā cuò wù
tradução (f)	翻译	fān yì
traduzir (vt)	翻译	fān yì
original (m)	原本	yuán běn
famoso	著名的	zhù míng de
desconhecido	不著名的	bù zhù míng de
interessante	有趣的	yǒu qù de
best-seller (m)	畅销书	chàngxiāo shū

dicionário (m)	词典	cí diǎn
manual (m) escolar	课本	kè běn
enciclopédia (f)	百科全书	bǎi kē quán shū

158. Caça. Pesca

caça (f)	打猎	dǎ liè
caçar (vi)	打猎	dǎ liè
caçador (m)	猎人	liè rén

atirar (vi)	射击	shè jī
caçadeira (f)	火枪	huǒ qiāng
cartucho (m)	枪弹	qiāng dàn
chumbo (m) de caça	铅沙弹	qiān shā dàn

armadilha (f)	陷阱	xiàn jǐng
armadilha (com corda)	罗网	luó wǎng
pôr a armadilha	陷阱	xiàn jǐng
caçador (m) furtivo	偷猎者	tōu liè zhě
caça (f)	猎物	liè wù
cão (m) de caça	猎犬	liè quǎn
safári (m)	游猎	yóu liè
animal (m) empalhado	动物标本	dòng wù biāo běn

pescador (m)	渔夫	yú fū
pesca (f)	钓鱼	diào yú
pescar (vt)	钓鱼	diào yú
cana (f) de pesca	钓竿	diào gān
linha (f) de pesca	钓鱼线	diào yú xiàn
anzol (m)	鱼钩	yú gōu
boia (f)	浮漂	fú piāo
isca (f)	饵	ěr

lançar a linha	抛鱼线	pāo yú xiàn
morder (vt)	上钩	shàng gōu
pesca (f)	捕鱼总量	bǔ yú zǒng liàng
buraco (m) no gelo	冰窟窿	bīng kūlong

rede (f)	鱼网	yú wǎng
barco (m)	小船	xiǎo chuán
pescar com rede	用网捕	yòng wǎng bǔ
lançar a rede	撒鱼网	sā yú wǎng
puxar a rede	拉鱼网	lā yú wǎng

baleeiro (m)	捕鲸者	bǔ jīng zhě
baleeira (f)	捕鲸船	bǔ jīng chuán
arpão (m)	大鱼叉	dà yú chā

159. Jogos. Bilhar

| bilhar (m) | 台球 | tái qiú |
| sala (f) de bilhar | 台球室 | tái qiú shì |

bola (f) de bilhar	球	qiú
embolsar uma bola	进球	jìn qiú
taco (m)	台球杆	tái qiú gān
caçapa (f)	球袋	qiú dài

160. Jogos. Jogar cartas

ouros (m pl)	红方块	hóng fāng kuài
espadas (f pl)	黑挑	hēi tiǎo
copas (f pl)	红挑	hóng tiǎo
paus (m pl)	梅花	méi huā
ás (m)	A纸牌	A zhǐ pái
rei (m)	老K	lǎo kei
dama (f)	王后，Q	wáng hòu, kyu
valete (m)	杰克	jié kè
carta (f) de jogar	纸牌	zhǐ pái
cartas (f pl)	纸牌	zhǐ pái
trunfo (m)	王牌	wáng pái
baralho (m)	一副纸牌	yī fù zhǐ pái
dar, distribuir (vt)	发牌	fā pái
embaralhar (vt)	洗牌	xǐ pái
vez, jogada (f)	一出	yīchū
batoteiro (m)	老千	lǎo qiān

161. Casino. Roleta

casino (m)	赌场	dǔ chǎng
roleta (f)	轮盘赌	lún pán dǔ
aposta (f)	赌注	dǔ zhù
apostar (vt)	下赌注	xià dǔ zhù
vermelho (m)	红色	hóng sè
preto (m)	黑色	hēi sè
apostar no vermelho	投注红色	tóu zhù hóng sè
apostar no preto	投注黑色	tóu zhù hēi sè
crupiê (m, f)	庄荷	zhuāng hè
regras (f pl) do jogo	规则	guī zé
ficha (f)	筹码	chóu mǎ
ganhar (vi, vt)	赢，获胜	yíng, huò shèng
ganho (m)	赢得的钱	yíng dé de qián
perder (dinheiro)	输掉	shū diào
perda (f)	损失	sǔn shī
jogador (m)	赌徒	dǔ tú
blackjack (m)	二十一点	èrshí yī diǎn
jogo (m) de dados	骰子	tóu zi
máquina (f) de jogo	老虎机	lǎo hǔ jī

162. Descanso. Jogos. Diversos

passear (vi)	散步	sàn bù
passeio (m)	散步	sàn bù
viagem (f) de carro	游玩	yóu wán
aventura (f)	冒险	mào xiǎn
piquenique (m)	野餐	yě cān
jogo (m)	游戏	yóu xì
jogador (m)	选手	xuǎn shǒu
partida (f)	一局，一盘	yī jú, yī pán
colecionador (m)	收藏家	shōu cáng jiā
colecionar (vt)	收藏	shōu cáng
coleção (f)	收藏品	shōu cáng pǐn
palavras (f pl) cruzadas	纵横字谜	zòng héng zì mí
hipódromo (m)	赛马场	sài mǎ chǎng
discoteca (f)	迪斯科舞厅	dí sī kē wǔ tīng
sauna (f)	蒸气浴	zhēng qì yù
lotaria (f)	彩票	cǎi piào
campismo (m)	旅行	lǚ xíng
acampamento (m)	野营地	yě yíng dì
tenda (f)	帐篷	zhàng peng
bússola (f)	指南针	zhǐ nán zhēn
campista (m)	露营者	lù yíng zhě
ver (vt), assistir à ...	看	kàn
telespectador (m)	电视观众	diàn shì guān zhòng
programa (m) de TV	电视节目	diàn shì jié mù

163. Fotografia

máquina (f) fotográfica	照相机	zhào xiàng jī
foto, fotografia (f)	照片	zhào piàn
fotógrafo (m)	摄影师	shè yǐng shī
estúdio (m) fotográfico	照相馆	zhào xiàng guǎn
álbum (m) de fotografias	相册	xiàng cè
objetiva (f)	镜头	jìng tóu
teleobjetiva (f)	长焦镜头	cháng jiāo jìngtóu
filtro (m)	滤镜	lǜ jìng
lente (f)	透镜	tòu jìng
ótica (f)	套机镜头	tào jī jìng tóu
abertura (f)	光圈	guāng quān
exposição (f)	曝光时间	pù guāng shí jiān
visor (m)	取景器	qǔ jǐng qì
câmara (f) digital	数码相机	shù mǎ xiàng jī
tripé (m)	三角架	sān jiǎo jià

flash (m)	闪光灯	shǎn guāng dēng
fotografar (vt)	拍照	pāi zhào
tirar fotos	拍照	pāi zhào
fotografar-se	照相	zhào xiàng
foco (m)	焦点	jiāo diǎn
focar (vt)	调整焦距	tiáo zhěng jiāo jù
nítido	清晰的	qīng xī de
nitidez (f)	清晰度	qīng xī dù
contraste (m)	反差	fǎn chā
contrastante	反差的	fǎn chā de
retrato (m)	照片	zhào piàn
negativo (m)	负片	fù piàn
filme (m)	胶卷	jiāo juǎn
fotograma (m)	相框	xiàng kuàng
imprimir (vt)	打印	dǎ yìn

164. Praia. Natação

praia (f)	沙滩	shā tān
areia (f)	沙，沙子	shā, shā zi
deserto	沙漠的	shā mò de
bronzeado (m)	晒黑	shài hēi
bronzear-se (vr)	晒黑	shài hēi
bronzeado	晒黑的	shài hēi de
protetor (m) solar	防晒油	fáng shài yóu
biquíni (m)	比基尼	bǐjīní
fato (m) de banho	游泳衣	yóu yǒng yī
calção (m) de banho	游泳裤	yóu yǒng kù
piscina (f)	游泳池	yóu yǒng chí
nadar (vi)	游泳	yóuyǒng
duche (m)	淋浴	lín yù
mudar de roupa	换衣服	huàn yī fu
toalha (f)	毛巾	máo jīn
barco (m)	小船	xiǎo chuán
lancha (f)	汽艇	qì tǐng
esqui (m) aquático	滑水橇	huá shuǐ qiāo
barco (m) de pedais	水上单车	shuǐ shàng dān chē
surf (m)	冲浪	chōng làng
surfista (m)	冲浪者	chōng làng zhě
equipamento (m) de mergulho	水肺	shuǐ fèi
barbatanas (f pl)	脚蹼	jiǎo pǔ
máscara (f)	潜水面罩	qián shuǐ miàn zhào
mergulhador (m)	潜水者	qián shuǐ zhě
mergulhar (vi)	跳水	tiào shuǐ
debaixo d'água	在水下	zài shuǐ xià

guarda-sol (m)	太阳伞	tài yáng sǎn
espreguiçadeira (f)	躺椅	tǎng yǐ
óculos (m pl) de sol	太阳镜	tài yáng jìng
colchão (m) de ar	充气床垫	chōngqì chuángdiàn
brincar (vi)	玩	wán
ir nadar	去游泳	qù yóu yǒng
bola (f) de praia	沙滩球	shā tān qiú
encher (vt)	用泵	yòng bèng
inflável, de ar	可充气的	kě chōng qì de
onda (f)	波浪	bō làng
boia (f)	浮标	fú biāo
afogar-se (pessoa)	溺死	nì sǐ
salvar (vt)	救出	jiù chū
colete (m) salva-vidas	救生衣	jiù shēng yī
observar (vt)	观察	guān chá
nadador-salvador (m)	救生员	jiù shēng yuán

EQUIPAMENTO TÉCNICO. TRANSPORTES

Equipamento técnico. Transportes

165. Computador

computador (m)	电脑	diàn nǎo
portátil (m)	笔记本电脑	bǐ jì běn diàn nǎo
ligar (vt)	打开	dǎ kāi
desligar (vt)	关	guān
teclado (m)	键盘	jiàn pán
tecla (f)	键	jiàn
rato (m)	鼠标	shǔ biāo
tapete (m) de rato	鼠标垫	shǔ biāo diàn
botão (m)	按钮	àn niǔ
cursor (m)	光标	guāng biāo
monitor (m)	监视器	jiān shì qì
ecrã (m)	屏幕	píng mù
disco (m) rígido	硬盘	yìng pán
capacidade (f) do disco rígido	硬盘容量	yìng pán róngliàng
memória (f)	内存	nèi cún
memória RAM (f)	随机存储器	suí jī cún chǔ qì
ficheiro (m)	文件	wén jiàn
pasta (f)	文件夹	wén jiàn jiā
abrir (vt)	打开	dǎ kāi
fechar (vt)	关闭	guān bì
guardar (vt)	保存	bǎo cún
apagar, eliminar (vt)	删除	shān chú
copiar (vt)	复制	fù zhì
ordenar (vt)	排序	pái xù
copiar (vt)	复制	fù zhì
programa (m)	程序	chéng xù
software (m)	软件	ruǎn jiàn
programador (m)	程序员	chéng xù yuán
programar (vt)	编制程序	biān zhì chéng xù
hacker (m)	黑客	hēi kè
senha (f)	密码	mì mǎ
vírus (m)	病毒	bìng dú
detetar (vt)	发现	fā xiàn
byte (m)	字节	zìjié

megabyte (m)	兆字节	zhào zìjié
dados (m pl)	数据	shù jù
base (f) de dados	数据库	shù jù kù
cabo (m)	电缆	diàn lǎn
desconectar (vt)	断开	duàn kāi
conetar (vt)	连接	lián jiē

166. Internet. E-mail

internet (f)	因特网	yīn tè wǎng
browser (m)	浏览器	liú lǎn qì
motor (m) de busca	搜索引擎	sōu suǒ yǐn qíng
provedor (m)	互联网服务供应商	hù lián wǎng fú wù gōng yìng shāng
webmaster (m)	网站管理员	wǎng zhàn guǎnlǐyuán
website, sítio web (m)	网站	wǎng zhàn
página (f) web	网页	wǎng yè
endereço (m)	地址	dì zhǐ
livro (m) de endereços	通讯录	tōng xùn lù
caixa (f) de correio	邮箱	yóu xiāng
correio (m)	邮件	yóu jiàn
mensagem (f)	邮件消息	yóujiàn xiāoxi
remetente (m)	发信人	fā xìn rén
enviar (vt)	发信	fā xìn
envio (m)	发信	fā xìn
destinatário (m)	收信人	shōu xìn rén
receber (vt)	收到	shōu dào
correspondência (f)	通信	tōng xìn
corresponder-se (vr)	通信	tōng xìn
ficheiro (m)	文件	wén jiàn
fazer download, baixar	下载	xià zǎi
criar (vt)	创造	chuàng zào
apagar, eliminar (vt)	删除	shān chú
eliminado	删除的	shān chú de
conexão (f)	连接	lián jiē
velocidade (f)	速度	sù dù
modem (m)	调制解调器	tiáo zhì jiě diào qì
acesso (m)	存取	cún qǔ
porta (f)	端口	duān kǒu
conexão (f)	连接	lián jiē
conetar (vi)	连接	lián jiē
escolher (vt)	选	xuǎn
buscar (vt)	搜寻	sōu xún

167. Eletricidade

eletricidade (f)	电	diàn
elétrico	电动的	diàn dòng de
central (f) elétrica	发电厂	fā diàn chǎng
energia (f)	电能	diàn néng
energia (f) elétrica	电力	diàn lì
lâmpada (f)	灯泡	dēng pào
lanterna (f)	手电筒	shǒu diàn tǒng
poste (m) de iluminação	路灯，街灯	lù dēng, jiē dēng
luz (f)	电灯	diàn dēng
ligar (vt)	打开	dǎ kāi
desligar (vt)	关	guān
apagar a luz	关灯	guān dēng
fundir (vi)	烧坏	shāo huài
curto-circuito (m)	短路	duǎn lù
rutura (f)	断线	duàn xiàn
contacto (m)	触点	chù diǎn
interruptor (m)	开关	kāi guān
tomada (f)	插座	chā zuò
ficha (f)	插头	chā tóu
extensão (f)	延长线	yán cháng xiàn
fusível (m)	保险丝	bǎo xiǎn sī
fio, cabo (m)	电线	diàn xiàn
instalação (f) elétrica	电气配线	diàn qì pèi xiàn
ampere (m)	安培	ān péi
amperagem (f)	电流强度	diàn liú qiáng dù
volt (m)	伏，伏特	fú, fú tè
voltagem (f)	伏特数	fú tè shù
aparelho (m) elétrico	电动仪器	diàn dòng yí qì
indicador (m)	指示灯	zhǐ shì dēng
eletricista (m)	电工	diàn gōng
soldar (vt)	焊接	hàn jiē
ferro (m) de soldar	烙铁	lào tiě
corrente (f) elétrica	电流	diàn liú

168. Ferramentas

ferramenta (f)	工具	gōng jù
ferramentas (f pl)	工具	gōng jù
equipamento (m)	设备	shè bèi
martelo (m)	锤子	chuí zi
chave (f) de fendas	螺丝刀	luó sī dāo
machado (m)	斧子	fǔzi

serra (f)	锯	jù
serrar (vt)	锯	jù
plaina (f)	刨子	bào zi
aplainar (vt)	刨，刨平	bào, páo píng
ferro (m) de soldar	烙铁	lào tiě
soldar (vt)	焊接	hàn jiē
lima (f)	锉刀	cuò dāo
tenaz (f)	胡桃钳	hú táo qián
alicate (m)	电工钳	diàn gōng qián
formão (m)	凿子	záo zi
broca (f)	钻头	zuàn tóu
berbequim (f)	电钻	diàn zuàn
furar (vt)	钻	zuàn
faca (f)	刀，刀子	dāo, dāo zi
lâmina (f)	刀刃	dāo rèn
afiado	锋利的	fēng lì de
cego	钝的	dùn de
embotar-se (vr)	变钝	biàn dùn
afiar, amolar (vt)	磨快	mó kuài
parafuso (m)	螺栓	luó shuān
porca (f)	螺帽	luó mào
rosca (f)	螺纹	luó wén
parafuso (m) para madeira	木螺钉	mù luó dīng
prego (m)	钉子	dīng zi
cabeça (f) do prego	钉头	dìng tóu
régua (f)	直尺	zhí chǐ
fita (f) métrica	卷尺	juǎn chǐ
nível (m)	水平尺	shuǐ píng chǐ
lupa (f)	放大镜	fàng dà jìng
medidor (m)	测量工具	cè liàng gōng jù
medir (vt)	测量	cè liáng
escala (f)	标尺	biāo chǐ
indicação (f), registo (m)	读数	dú shù
compressor (m)	压气机	yā qì jī
microscópio (m)	显微镜	xiǎn wēi jìng
bomba (f)	气筒	qì tǒng
robô (m)	机器人	jī qì rén
laser (m)	激光器	jī guāng qì
chave (f) de boca	扳手	bān shǒu
fita (f) adesiva	胶带	jiāo dài
cola (f)	胶水	jiāo shuǐ
lixa (f)	砂纸	shā zhǐ
mola (f)	弹簧	tán huáng
íman (m)	磁石	cí shí

luvas (f pl)	手套	shǒu tào
corda (f)	绳子	shéng zi
cordel (m)	线绳	xiàn shéng
fio (m)	电线	diàn xiàn
cabo (m)	电缆	diàn lǎn

marreta (f)	大锤	dà chuí
pé de cabra (m)	铁撬棍	tiě qiào gùn
escada (f) de mão	伸缩梯	shēn suō tī
escadote (m)	折梯	zhé tī

enroscar (vt)	拧紧	nǐng jǐn
desenroscar (vt)	拧开	nǐng kāi
apertar (vt)	拧紧	nǐng jǐn
colar (vt)	贴	tiē
cortar (vt)	切	qiē

falha (mau funcionamento)	毛病	máo bìng
conserto (m)	修理	xiū lǐ
consertar, reparar (vt)	修理	xiū lǐ
regular, ajustar (vt)	调整	tiáo zhěng

verificar (vt)	检查	jiǎn chá
verificação (f)	检查	jiǎn chá
indicação (f), registo (m)	读数	dú shù

| seguro | 可靠的 | kě kào de |
| complicado | 复杂的 | fù zá de |

enferrujar (vi)	生锈	shēng xiù
enferrujado	生锈的	shēng xiù de
ferrugem (f)	锈	xiù

Transportes

169. Avião

avião (m)	飞机	fēijī
bilhete (m) de avião	飞机票	fēijī piào
companhia (f) aérea	航空公司	hángkōng gōngsī
aeroporto (m)	机场	jī chǎng
supersónico	超音速的	chāo yīn sù de
comandante (m) do avião	机长	jī zhǎng
tripulação (f)	机组	jī zǔ
piloto (m)	飞行员	fēi xíng yuán
hospedeira (f) de bordo	空姐	kōng jiě
copiloto (m)	领航员	lǐng háng yuán
asas (f pl)	机翼	jī yì
cauda (f)	机尾	jī wěi
cabine (f) de pilotagem	座舱	zuò cāng
motor (m)	发动机	fā dòng jī
trem (m) de aterragem	起落架	qǐ luò jià
turbina (f)	涡轮	wō lún
hélice (f)	螺旋桨	luó xuán jiǎng
caixa-preta (f)	黑匣子	hēi xiá zi
coluna (f) de controlo	飞机驾驶盘	fēijī jiàshǐpán
combustível (m)	燃料	rán liào
instruções (f pl) de segurança	指南	zhǐ nán
máscara (f) de oxigénio	氧气面具	yǎngqì miànjù
uniforme (m)	制服	zhì fú
colete (m) salva-vidas	救生衣	jiù shēng yī
paraquedas (m)	降落伞	jiàng luò sǎn
descolagem (f)	起飞	qǐ fēi
descolar (vi)	起飞	qǐ fēi
pista (f) de descolagem	跑道	pǎo dào
visibilidade (f)	可见度	kě jiàn dù
voo (m)	飞行	fēi xíng
altura (f)	高度	gāo dù
poço (m) de ar	气潭	qì tán
assento (m)	座位	zuò wèi
auscultadores (m pl)	耳机	ěr jī
mesa (f) rebatível	折叠托盘	zhé dié tuō pán
vigia (f)	舷窗，机窗	xián chuāng, jī chuāng
passagem (f)	过道	guò dào

170. Comboio

comboio (m)	火车	huǒ chē
comboio (m) suburbano	电动火车	diàndòng huǒ chē
comboio (m) rápido	快车	kuài chē
locomotiva (f) diesel	内燃机车	nèiránjī chē
locomotiva (f) a vapor	蒸汽机车	zhēngqìjī chē
carruagem (f)	铁路客车	tiě lù kè chē
carruagem restaurante (f)	餐车	cān chē
carris (m pl)	铁轨	tiě guǐ
caminho de ferro (m)	铁路	tiě lù
travessa (f)	枕木	zhěn mù
plataforma (f)	月台	yuè tái
linha (f)	月台	yuè tái
semáforo (m)	臂板信号机	bìbǎn xìnhào jī
estação (f)	火车站	huǒ chē zhàn
maquinista (m)	火车司机	huǒ chē sī jī
bagageiro (m)	搬运工	bān yùn gōng
hospedeiro, -a (da carruagem)	列车员	liè chē yuán
passageiro (m)	乘客	chéng kè
revisor (m)	列车员	liè chē yuán
corredor (m)	走廊	zǒu láng
freio (m) de emergência	紧急制动器	jǐn jí zhì dòng qì
compartimento (m)	包房	bāo fáng
cama (f)	卧铺	wò pù
cama (f) de cima	上铺	shàng pù
cama (f) de baixo	下铺	xià pù
roupa (f) de cama	被单	bèi dān
bilhete (m)	票	piào
horário (m)	列车时刻表	lièchē shíkèbiǎo
painel (m) de informação	时刻表	shí kè biǎo
partir (vt)	离开	lí kāi
partida (f)	发车	fā chē
chegar (vi)	到达	dào dá
chegada (f)	到达	dào dá
chegar de comboio	乘坐火车抵达	chéngzuò huǒchē dǐdá
apanhar o comboio	上车	shàng chē
sair do comboio	下车	xià chē
locomotiva (f) a vapor	蒸汽机车	zhēngqìjī chē
fogueiro (m)	添煤工	tiān méi gōng
fornalha (f)	火箱	huǒ xiāng
carvão (m)	煤炭	méi tàn

171. Barco

navio (m)	大船	dà chuán
embarcação (f)	船	chuán
vapor (m)	汽船	qì chuán
navio (m)	江轮	jiāng lún
transatlântico (m)	远洋班轮	yuǎn yáng bān lún
cruzador (m)	巡洋舰	xún yáng jiàn
iate (m)	快艇	kuài tǐng
rebocador (m)	拖轮	tuō lún
barcaça (f)	驳船	bó chuán
ferry (m)	渡轮，渡船	dù lún, dù chuán
veleiro (m)	帆船	fān chuán
bergantim (m)	双桅帆船	shuāng wéi fān chuán
quebra-gelo (m)	破冰船	pò bīng chuán
submarino (m)	潜水艇	qián shuǐ tǐng
bote, barco (m)	小船	xiǎo chuán
bote, dingue (m)	小艇	xiǎo tǐng
bote (m) salva-vidas	救生艇	jiù shēng tǐng
lancha (f)	汽艇	qì tǐng
capitão (m)	船长，舰长	chuán zhǎng, jiàn zhǎng
marinheiro (m)	水手	shuǐ shǒu
marujo (m)	海员	hǎi yuán
tripulação (f)	船员	chuán yuán
contramestre (m)	水手长	shuǐ shǒu zhǎng
grumete (m)	小水手	xiǎo shuǐ shǒu
cozinheiro (m) de bordo	船上厨师	chuánshàng chúshī
médico (m) de bordo	随船医生	suí chuán yī shēng
convés (m)	甲板	jiǎ bǎn
mastro (m)	桅	wéi
vela (f)	帆	fān
porão (m)	货舱	huò cāng
proa (f)	船头	chuán tóu
popa (f)	船尾	chuán wěi
remo (m)	桨	jiǎng
hélice (f)	螺旋桨	luó xuán jiǎng
camarote (m)	小舱	xiǎo cāng
sala (f) dos oficiais	旅客休息室	lǚkè xiū xī shì
sala (f) das máquinas	轮机舱	lún jī cāng
ponte (m) de comando	舰桥	jiàn qiáo
sala (f) de comunicações	无线电室	wú xiàn diàn shì
onda (f) de rádio	波	bō
diário (m) de bordo	航海日志	háng hǎi rì zhì
luneta (f)	单筒望远镜	dān tǒng wàng yuǎn jìng
sino (m)	钟	zhōng

bandeira (f)	旗	qí
cabo (m)	缆绳	lǎn shéng
nó (m)	结	jié

| corrimão (m) | 栏杆 | lán gān |
| prancha (f) de embarque | 舷梯 | xián tī |

âncora (f)	锚	máo
recolher a âncora	起锚	qǐ máo
lançar a âncora	抛锚	pāo máo
amarra (f)	锚链	máo liàn

porto (m)	港市	gǎng shì
cais, amarradouro (m)	码头	mǎ tóu
atracar (vi)	系泊	jì bó
desatracar (vi)	启航	qǐ háng

viagem (f)	旅行	lǚ xíng
cruzeiro (m)	航游	háng yóu
rumo (m), rota (f)	航向	háng xiàng
itinerário (m)	航线	háng xiàn

canal (m) navegável	水路	shuǐ lù
banco (m) de areia	浅水	qiǎn shuǐ
encalhar (vt)	搁浅	gē qiǎn

tempestade (f)	风暴	fēng bào
sinal (m)	信号	xìn hào
afundar-se (vr)	沉没	chén mò
SOS	求救信号	qiú jiù xìn hào
boia (f) salva-vidas	救生圈	jiù shēng quān

172. Aeroporto

aeroporto (m)	机场	jī chǎng
avião (m)	飞机	fēijī
companhia (f) aérea	航空公司	hángkōng gōngsī
controlador (m) de tráfego aéreo	调度员	diào dù yuán

partida (f)	出发	chū fā
chegada (f)	到达	dào dá
chegar (~ de avião)	到达	dào dá

| hora (f) de partida | 起飞时间 | qǐ fēi shíjiān |
| hora (f) de chegada | 到达时间 | dào dá shíjiān |

| estar atrasado | 晚点 | wǎn diǎn |
| atraso (m) de voo | 班机晚点 | bān jī wǎn diǎn |

painel (m) de informação	航班信息板	háng bān xìn xī bǎn
informação (f)	信息	xìn xī
anunciar (vt)	通知	tōng zhī
voo (m)	航班，班机	háng bān, bān jī

alfândega (f)	海关	hǎi guān
funcionário (m) da alfândega	海关人员	hǎi guān rényuán
declaração (f) alfandegária	报关单	bào guān dān
preencher a declaração	填报关单	tián bào guān dān
controlo (m) de passaportes	护照检查	hùzhào jiǎnchá
bagagem (f)	行李	xíng li
bagagem (f) de mão	手提行李	shǒu tí xíng li
carrinho (m)	行李车	xíng li chē
aterragem (f)	着陆	zhuó lù
pista (f) de aterragem	跑道	pǎo dào
aterrar (vi)	着陆	zhuó lù
escada (f) de avião	舷梯	xián tī
check-in (m)	办理登机	bàn lǐ dēng jī
balcão (m) do check-in	办理登机手续处	bàn lǐ dēng jī shǒu xù chù
fazer o check-in	登记	dēng jì
cartão (m) de embarque	登机牌	dēng jī pái
porta (f) de embarque	登机口	dēng jī kǒu
trânsito (m)	中转	zhōng zhuǎn
esperar (vi, vt)	等候	dēng hòu
sala (f) de espera	出发大厅	chū fā dà tīng
despedir-se de ...	送别	sòng bié
despedir-se (vr)	说再见	shuō zài jiàn

173. Bicicleta. Motocicleta

bicicleta (f)	自行车	zìxíngchē
scotter, lambreta (f)	小轮摩托车	xiǎolún mótuōchē
mota (f)	摩托车	mó tuō chē
ir de bicicleta	骑自行车去	qí zìxíngchē qù
guiador (m)	车把	chē bǎ
pedal (m)	脚蹬	jiǎo dēng
travões (m pl)	刹车	shā chē
selim (m)	车座	chē zuò
bomba (f) de ar	气筒	qì tǒng
porta-bagagens (m)	后货架	hòu huò jià
lanterna (f)	前灯	qián dēng
capacete (m)	头盔	tóu kuī
roda (f)	轮子	lún zi
guarda-lamas (m)	挡泥板	dǎng ní bǎn
aro (m)	轮圈	lún quān
raio (m)	辐条	fú tiáo

Carros

174. Tipos de carros

carro, automóvel (m)	汽车	qì chē
carro (m) desportivo	跑车	pǎo chē
limusine (f)	高级轿车	gāo jí jiào chē
todo o terreno (m)	越野车	yuè yě chē
descapotável (m)	敞篷车	bì péng chē
minibus (m)	面包车	miàn bāo chē
ambulância (f)	救护车	jiù hù chē
limpa-neve (m)	扫雪车	sǎo xuě chē
camião (m)	卡车	kǎ chē
camião-cisterna (m)	运油车	yùn yóu chē
carrinha (f)	厢式货车	xiāng shì huò chē
camião-trator (m)	牵引车	qiān yǐn chē
atrelado (m)	拖车	tuō chē
confortável	舒适的	shū shì de
usado	二手的	èr shǒu de

175. Carros. Carroçaria

capô (m)	发动机罩	fā dòng jī zhào
guarda-lamas (m)	挡泥板	dǎng ní bǎn
tejadilho (m)	车顶	chē dǐng
para-brisa (m)	挡风玻璃	dǎng fēng bōli
espelho (m) retrovisor	后视镜	hòu shì jìng
lavador (m)	挡风玻璃清洗	dǎng fēng bōli qīng xǐ
limpa-para-brisas (m)	雨刷	yǔ shuā
vidro (m) lateral	侧窗	cè chuāng
elevador (m) do vidro	窗升降机	chuāng shēng jiàng jī
antena (f)	天线	tiān xiàn
teto solar (m)	顶窗	dǐng chuāng
para-choques (m pl)	保险杠	bǎo xiǎn gàng
bagageira (f)	背箱	bēi xiāng
porta (f)	门	mén
maçaneta (f)	门把手	mén bǎ shǒu
fechadura (f)	门锁	mén suǒ
matrícula (f)	牌照	pái zhào
silenciador (m)	消音器	xiāo yīn qì

| tanque (m) de gasolina | 汽油箱 | qì yóu xiāng |
| tubo (m) de escape | 排气尾管 | pái qì wěi guǎn |

acelerador (m)	油门	yóu mén
pedal (m)	踏板	tà bǎn
pedal (m) do acelerador	加油踏板	jiāyóu tàbǎn

travão (m)	刹车	shā chē
pedal (m) do travão	刹车踏板	shā chē tà bǎn
travar (vt)	刹车	shā chē
travão (m) de mão	手刹	shǒu chà

embraiagem (f)	离合器	líhéqì
pedal (m) da embraiagem	离合器踏板	líhéqì tàbǎn
disco (m) de embraiagem	离合器圆盘	líhéqì yuánpán
amortecedor (m)	减震器	jiǎn zhèn qì

roda (f)	轮	lún
pneu (m) sobresselente	备用轮胎	bèi yòng lún tāi
tampão (m) de roda	轮圈盖	lún quān gài

rodas (f pl) motrizes	传动轮	chuán dòng lún
de tração dianteira	前轮驱动	qián lún qū dòng
de tração traseira	后轮传动	hòu lún chuán dòng
de tração às 4 rodas	全轮驱动	quán lún qū dòng

caixa (f) de mudanças	变速箱	biàn sù xiāng
automático	自动	zì dòng
mecânico	机械式	jī xiè shì
alavanca (f) das mudanças	变速杆	biàn sù gǎn

| farol (m) | 前灯 | qián dēng |
| faróis, luzes | 前灯 | qián dēng |

médios (m pl)	近灯	jìn dēng
máximos (m pl)	远光灯	yuǎn guāng dēng
luzes (f pl) de stop	刹车灯	shā chē dēng

mínimos (m pl)	位置灯	wèi shi dēng
luzes (f pl) de emergência	危险信号灯	wēi xiǎn xìn hào dēng
faróis (m pl) antinevoeiro	雾灯	wù dēng
pisca-pisca (m)	转向灯	zhuǎi xiàng dēng
luz (f) de marcha atrás	倒车灯	dào chē dēng

176. Carros. Habitáculo

interior (m) do carro	乘客室	chéng kè shì
de couro, de pele	皮革 ··· , 皮的	pí gé ..., pí de
de veludo	丝绒的	sī róng de
estofos (m pl)	座椅套	zuò yǐ tào

indicador (m)	仪表	yí biǎo
painel (m) de instrumentos	仪表板	yí biǎo bǎn
velocímetro (m)	速度计	sù dù jì

ponteiro (m)	针	zhēn
conta-quilómetros (m)	里程表	lǐ chéng biǎo
sensor (m)	指示灯	zhǐ shì dēng
nível (m)	液位	yè wèi
luz (f) avisadora	指示灯	zhǐ shì dēng

volante (m)	方向盘	fāng xiàng pán
buzina (f)	喇叭	lǎ ba
botão (m)	按钮	àn niǔ
interruptor (m)	开关	kāi guān

assento (m)	座	zuò
costas (f pl) do assento	靠背	kào bèi
cabeceira (f)	头枕	tóu zhěn
cinto (m) de segurança	安全带	ān quán dài
apertar o cinto	系上安全带	jìshang ān quán dài
regulação (f)	调整	tiáo zhěng

| airbag (m) | 安全气袋 | ān quán qì dài |
| ar (m) condicionado | 空调 | kōng tiáo |

rádio (m)	汽车音响	qì chē yīn xiǎng
leitor (m) de CD	CD播放器	cidi bōfàngqì
ligar (vt)	打开	dǎ kāi
antena (f)	天线	tiān xiàn
porta-luvas (m)	手套箱	shǒu tào xiāng
cinzeiro (m)	烟灰缸	yān huī gāng

177. Carros. Motor

motor (m)	发动机	fā dòng jī
diesel	柴油 ···	chái yóu …
a gasolina	汽油 ···	qì yóu …

cilindrada (f)	发动机体积	fādòngjī tǐjī
potência (f)	功率	gōng lǜ
cavalo-vapor (m)	马力	mǎ lì
pistão (m)	活塞	huó sāi
cilindro (m)	汽缸	qì gāng
válvula (f)	气门	qì mén

injetor (m)	注射器	zhù shè qì
gerador (m)	发电机	fā diàn jī
carburador (m)	汽化器	qì huà qì
óleo (m) para motor	机油	jī yóu

radiador (m)	散热器	sàn rè qì
refrigerante (m)	冷却液	lěng què yè
ventilador (m)	冷却风扇	lěngquè fēng shàn

bateria (f)	蓄电池	xù diàn chí
dispositivo (m) de arranque	起动机	qǐ dòng jī
ignição (f)	点火装置	diǎn huǒ zhuāng zhì
vela (f) de ignição	火花塞	huǒ huā sāi

borne (m)	端子	duān zi
borne (m) positivo	加号	jiā hào
borne (m) negativo	减号	jiǎn hào
fusível (m)	保险丝	bǎo xiǎn sī

filtro (m) de ar	空气滤清器	kōngqì lǜqīngqì
filtro (m) de óleo	机油滤清器	jīyóu lǜqīngqì
filtro (m) de combustível	燃料滤清器	ránliào lǜqīngqì

178. Carros. Batidas. Reparação

acidente (m) de carro	车祸	chē huò
acidente (m) rodoviário	车祸	chē huò
ir contra ...	撞上 ...	zhuàng shàng ...
sofrer um acidente	出事故	chū shì gù
danos (m pl)	损坏	sǔn huài
intato	完好无损	wán hǎo wú sǔn

| avariar (vi) | 出毛病 | chū máo bìng |
| cabo (m) de reboque | 拖缆 | tuō lǎn |

furo (m)	扎破	zhā pò
estar furado	漏气	lòu qì
encher (vt)	充气，打气	chōng qì, dǎ qì
pressão (f)	压力	yā lì
verificar (vt)	检查	jiǎn chá

reparação (f)	修理	xiū lǐ
oficina (f)	汽车修理厂	qì chē xiū lǐ chǎng
de reparação de carros		

| peça (f) sobresselente | 零件 | líng jiàn |
| peça (f) | 部件 | bù jiàn |

parafuso (m)	螺栓	luó shuān
parafuso (m)	螺钉	luó dīng
porca (f)	螺帽	luó mào
anilha (f)	垫片	diàn piàn
rolamento (m)	轴承	zhóu chéng

tubo (m)	管	guǎn
junta (f)	垫圈	diàn quān
fio, cabo (m)	电线	diàn xiàn

macaco (m)	千斤顶	qiān jīn dǐng
chave (f) de boca	扳手	bān shǒu
martelo (m)	锤子	chuí zi
bomba (f)	气筒	qì tǒng
chave (f) de fendas	螺丝刀	luó sī dāo

| extintor (m) | 灭火器 | miè huǒ qì |
| triângulo (m) de emergência | 三角警告牌 | sān jiǎo jǐng gào pái |

| parar (vi) (motor) | 突然熄火 | tū rán xī huǒ |
| paragem (f) | 突然熄火 | tū rán xī huǒ |

estar quebrado	抛锚	pāo máo
superaquecer-se (vr)	变得过热	biànde guò rè
entupir-se (vr)	堵塞	dǔ sè
congelar-se (vr)	结冰	jié bīng
rebentar (vi)	胀破	zhàng pò
pressão (f)	压力	yā lì
nível (m)	液位	yè wèi
frouxo	松弛的	sōng chí de
mossa (f)	凹痕	āo hén
ruído (m)	敲缸	qiāo gāng
fissura (f)	裂纹	liè wén
arranhão (m)	划痕	huà hén

179. Carros. Estrada

estrada (f)	路	lù
rodovia (f)	公路	gōng lù
direção (f)	方向	fāng xiàng
distância (f)	距离	jùlí
ponte (f)	桥	qiáo
parque (m) de estacionamento	停车场	tíng chē cháng
praça (f)	广场	guǎng chǎng
nó (m) rodoviário	互通式立交桥	hù tōng shì lì jiāo qiáo
túnel (m)	隧道	suì dào
posto (m) de gasolina	加油站	jiā yóu zhàn
parque (m) de estacionamento	停车场	tíng chē cháng
bomba (f) de gasolina	气体泵	qì tǐ bèng
oficina (f) de reparação de carros	汽车修理厂	qì chē xiū lǐ chǎng
abastecer (vt)	加汽油	jiā qì yóu
combustível (m)	燃料	rán liào
bidão (m) de gasolina	汽油罐	qì yóu guàn
asfalto (m)	柏油	bǎi yóu
marcação (f) de estradas	道路标记	dào lù biāo jì
lancil (m)	路缘	lù yuán
proteção (f) guard-rail	高速路护栏	gāo sù lù hù lán
valeta (f)	边沟	biān gōu
berma (f) da estrada	路边	lù biān
poste (m) de luz	路灯，街灯	lù dēng, jiē dēng
conduzir, guiar (vt)	开车	kāi chē
virar (ex. ~ à direita)	转弯	zhuǎn wān
dar retorno	掉头	diào tóu
marcha-atrás (f)	倒车档	dào chē dàng
buzinar (vi)	鸣笛	míng dí
buzina (f)	汽车喇叭声	qìchē lǎ ba shēng
atolar-se (vr)	泥沼	ní zhǎo
patinar (na lama)	空转	kōng zhuàn

desligar (vt)	停止	tíng zhǐ
velocidade (f)	速度	sù dù
exceder a velocidade	超速	chāo sù
multar (vt)	罚款	fá kuǎn
semáforo (m)	红绿灯	hóng lǜ dēng
carta (f) de condução	驾驶证	jià shǐ zhèng

passagem (f) de nível	平交道	píng jiāo dào
cruzamento (m)	十字路口	shí zì lù kǒu
passadeira (f)	人行横道	rén xíng héng dào
curva (f)	转弯	zhuǎn wān
zona (f) pedonal	步行区	bù xíng qū

180. Sinais de trânsito

código (m) da estrada	交通规则	jiāotōng guīzé
sinal (m) de trânsito	标志	biāo zhì
ultrapassagem (f)	超车	chāo chē
curva (f)	转弯	zhuǎn wān
inversão (f) de marcha	掉头	diào tóu
rotunda (f)	环形交叉口	huánxíng jiāochā kǒu

sentido proibido	禁止驶入	jìnzhǐ shǐ rù
trânsito proibido	禁止通行	jìnzhǐ tōng xíng
proibição de ultrapassar	禁止超车	jìnzhǐ chāochē
estacionamento proibido	禁止停车	jìnzhǐ tíngchē
paragem proibida	禁止停放	jìnzhǐ tíng fàng

curva (f) perigosa	向右急弯路	xiàng yòu jí wān lù
descida (f) perigosa	陡坡	dǒu pō
trânsito de sentido único	单向行驶	dān xiàng xíng shǐ
passadeira (f)	人行横道	rén xíng héng dào
pavimento (m) escorregadio	小心路滑	xiǎo xīn lù huá
cedência de passagem	让路	ràng lù

PESSOAS. EVENTOS

Eventos

181. Férias. Evento

festa (f)	庆典	qìng diǎn
festa (f) nacional	国家假日	guó jiā jià rì
feriado (m)	公休假日	gōng xiū jià rì
festejar (vt)	庆祝	qìng zhù
evento (festa, etc.)	事件	shì jiàn
evento (banquete, etc.)	活动	huó dòng
banquete (m)	宴会	yàn huì
receção (f)	招待会	zhāo dài huì
festim (m)	酒宴	jiǔ yàn
aniversário (m)	周年	zhōu nián
jubileu (m)	周年纪念	zhōu nián jì niàn
celebrar (vt)	庆祝	qìng zhù
Ano (m) Novo	新年	xīn nián
Feliz Ano Novo!	新年快乐！	xīn nián kuài lè!
Natal (m)	圣诞节	shèng dàn jié
Feliz Natal!	圣诞 快乐！	shèng dàn kuài lè!
árvore (f) de Natal	圣诞树	shèng dàn shù
fogo (m) de artifício	焰火	yàn huǒ
boda (f)	婚礼	hūn lǐ
noivo (m)	新郎	xīn láng
noiva (f)	新娘	xīn niáng
convidar (vt)	邀请	yāo qǐng
convite (m)	邀请	yāo qǐng
convidado (m)	客人	kè rén
visitar (vt)	做客	zuò kè
receber os hóspedes	迎接客人	yíng jiē kè rén
presente (m)	礼物	lǐ wù
oferecer (vt)	赠送	zèng sòng
receber presentes	收到礼物	shōu dào lǐ wù
ramo (m) de flores	花束	huā shù
felicitações (f pl)	祝贺	zhù hè
felicitar (dar os parabéns)	祝贺	zhù hè
cartão (m) de parabéns	贺年片	hènián piàn
enviar um postal	寄明信片	jì míngxìn piàn

receber um postal	收明信片	shōu míngxìn piàn
brinde (m)	祝酒	zhù jiǔ
oferecer (vt)	给	gěi
champanhe (m)	香槟	xiāng bīn
divertir-se (vr)	乐趣	lè qù
diversão (f)	娱乐	yú lè
alegria (f)	欢欣	huān xīn
dança (f)	舞蹈	wǔ dǎo
dançar (vi)	跳舞	tiào wǔ
valsa (f)	华尔兹	huá ěr zī
tango (m)	探戈舞	tàn gē wǔ

182. Funerais. Enterro

cemitério (m)	墓地	mùdì
sepultura (f), túmulo (m)	墓穴	mù xué
lápide (f)	墓碑	mù bēi
cerca (f)	围栏	wéi lán
capela (f)	小教堂	xiǎo jiào táng
morte (f)	死亡	sǐ wáng
morrer (vi)	死，死亡	sǐ, sǐ wáng
defunto (m)	死人	sǐ rén
luto (m)	哀悼日	āi dào rì
enterrar, sepultar (vt)	埋葬	mái zàng
agência (f) funerária	殡仪馆	bìn yí guǎn
funeral (m)	葬礼	zàng lǐ
coroa (f) de flores	花圈	huā quān
caixão (m)	棺材	guān cái
carro (m) funerário	灵车	líng chē
mortalha (f)	裹尸布	guǒ shī bù
urna (f) funerária	骨灰罐	gǔ huī guàn
crematório (m)	火葬场	huǒ zàng chǎng
obituário (m), necrologia (f)	讣告，讣闻	fù gào, fù wén
chorar (vi)	哭	kū
soluçar (vi)	啜泣	chuò qì

183. Guerra. Soldados

pelotão (m)	排	pái
companhia (f)	连	lián
regimento (m)	团	tuán
exército (m)	军	jūn
divisão (f)	师	shī
destacamento (m)	小分队	xiǎo fēn duì

hoste (f)	军队	jūn duì
soldado (m)	士兵	shì bīng
oficial (m)	军官	jūn guān
soldado (m) raso	士兵，列兵	shìbīng, lièbīng
sargento (m)	中士	zhōng shì
tenente (m)	中尉	zhōng wèi
capitão (m)	上尉	shàng wèi
major (m)	少校	shào xiào
coronel (m)	上校	shàng xiào
general (m)	将军	jiāng jūn
marujo (m)	水兵	shuǐ bīng
capitão (m)	上尉	shàng wèi
contramestre (m)	水手长	shuǐ shǒu zhǎng
artilheiro (m)	炮兵	pào bīng
soldado (m) paraquedista	伞兵	sǎn bīng
piloto (m)	飞行员	fēi xíng yuán
navegador (m)	领航员	lǐng háng yuán
mecânico (m)	机修工	jī xiū gōng
sapador (m)	工兵	gōng bīng
paraquedista (m)	伞兵	sǎn bīng
explorador (m)	侦察兵	zhēn chá bīng
franco-atirador (m)	狙击手	jū jī shǒu
patrulha (f)	巡逻队	xún luó duì
patrulhar (vt)	巡逻	xún luó
sentinela (f)	哨兵	shào bīng
guerreiro (m)	勇士	yǒng shì
patriota (m)	爱国者	ài guó zhě
herói (m)	英雄	yīng xióng
heroína (f)	女英雄	nǚ yīng xióng
traidor (m)	叛徒	pàn tú
desertor (m)	逃兵	táo bīng
desertar (vt)	擅离	shàn lí
mercenário (m)	雇佣兵	gù yōng bīng
recruta (m)	新兵	xīn bīng
voluntário (m)	志愿兵	zhì yuàn bīng
morto (m)	死者	sǐ zhě
ferido (m)	伤员	shāng yuán
prisioneiro (m) de guerra	战俘	zhàn fú

184. Guerra. Ações militares. Parte 1

guerra (f)	战争	zhàn zhēng
guerrear (vt)	开战	kāi zhàn
guerra (f) civil	内战	nèi zhàn
perfidamente	背信弃义地	bèi xìn qì yì de

declaração (f) de guerra	宣战	xuān zhàn
declarar (vt) guerra	宣战	xuān zhàn
agressão (f)	侵略	qīn lüè
atacar (vt)	侵略	qīn lüè
invadir (vt)	侵略	qīn lüè
invasor (m)	侵略者	qīn lüè zhě
conquistador (m)	征服者	zhēng fú zhě
defesa (f)	国防	guó fáng
defender (vt)	保卫	bǎo wèi
defender-se (vr)	保卫	bǎo wèi
inimigo, adversário (m)	敌人	dí rén
inimigo	敌人的	dí rén de
estratégia (f)	战略	zhàn lüè
tática (f)	战术	zhàn shù
ordem (f)	命令	mìng lìng
comando (m)	命令	mìng lìng
ordenar (vt)	命令	mìng lìng
missão (f)	任务	rèn wu
secreto	秘密的	mì mì de
batalha (f)	会战	huì zhàn
combate (m)	战斗	zhàn dòu
ataque (m)	袭击	xí jī
assalto (m)	攻陷，猛攻	gōng xiàn, měng gōng
assaltar (vt)	猛攻	měng gōng
assédio, sítio (m)	包围	bāo wéi
ofensiva (f)	进攻	jìn gōng
passar à ofensiva	进攻	jìn gōng
retirada (f)	退却	tuì què
retirar-se (vr)	退却	tuì què
cerco (m)	包围	bāo wéi
cercar (vt)	包围	bāo wéi
bombardeio (m)	轰炸	hōng zhà
lançar uma bomba	投弹	tóu dàn
bombardear (vt)	轰炸	hōng zhà
explosão (f)	爆炸	bào zhà
tiro (m)	射击	shè jī
disparar um tiro	射击	shè jī
tiroteio (m)	枪击事件	qiāng jī shì jiàn
apontar para ...	瞄准	miáo zhǔn
apontar (vt)	瞄准	miáo zhǔn
acertar (vt)	击中	jī zhòng
afundar (um navio)	击沉	jī chén
brecha (f)	洞	dòng

afundar-se (vr)	沉没	chén mò
frente (m)	前线	qián xiàn
evacuação (f)	疏散	shū sàn
evacuar (vt)	疏散	shū sàn
arame (m) farpado	倒钩铁丝	dǎo gōu tiě sī
obstáculo (m) anticarro	障碍物	zhàng ài wù
torre (f) de vigia	岗楼	gǎng lóu
hospital (m)	医院	yī yuàn
ferir (vt)	打伤	dǎ shāng
ferida (f)	伤口	shāng kǒu
ferido (m)	伤员	shāng yuán
ficar ferido	受伤	shòu shāng
grave (ferida ~)	严重的	yán zhòng de

185. Guerra. Ações militares. Parte 2

cativeiro (m)	囚禁	qiú jìn
capturar (vt)	俘房	fúlǔ
estar em cativeiro	当 … 俘房	dāng … fúlǔ
ser aprisionado	被 … 俘房	bèi … fúlǔ
campo (m) de concentração	集中营	jí zhōng yíng
prisioneiro (m) de guerra	战俘	zhàn fú
escapar (vi)	逃脱	táo tuō
trair (vt)	背叛	bèi pàn
traidor (m)	叛徒	pàn tú
traição (f)	背叛	bèi pàn
fuzilar, executar (vt)	枪决	qiāng jué
fuzilamento (m)	枪毙	qiāng bì
equipamento (m)	制服	zhì fú
platina (f)	肩章	jiān zhāng
máscara (f) antigás	防毒面具	fáng dú miàn jù
rádio (m)	无线电台	wú xiàn diàn tái
cifra (f), código (m)	密码	mì mǎ
conspiração (f)	秘密活动	mì mì huó dòng
senha (f)	口令	kǒu lìng
mina (f)	地雷	dì léi
minar (vt)	布雷	bù léi
campo (m) minado	地雷区	dì léi qū
alarme (m) aéreo	防空警报	fáng kōng jǐng bào
alarme (m)	警报	jǐng bào
sinal (m)	信号	xìn hào
sinalizador (m)	信号弹	xìn hào dàn
estado-maior (m)	司令部	sī lìng bù
reconhecimento (m)	侦察	zhēn chá

situação (f)	情况	qíng kuàng
relatório (m)	报告	bào gào
emboscada (f)	埋伏	mái fu
reforço (m)	增援部队	zēng yuán bù duì
alvo (m)	靶子	bǎ zi
campo (m) de tiro	靶场	bǎ chǎng
manobras (f pl)	演习	yǎn xí
pânico (m)	惊慌	jīng huāng
devastação (f)	破坏	pò huài
ruínas (f pl)	废墟	fèi xū
destruir (vt)	破坏	pò huài
sobreviver (vi)	活下来	huó xiàlai
desarmar (vt)	解除武装	jiěchú wǔzhuāng
manusear (vt)	操纵	cāo zòng
Firmes!	立正!	lì zhèng!
Descansar!	稍息!	shào xī!
façanha (f)	英雄业绩	yīng xióng yèjì
juramento (m)	誓言	shì yán
jurar (vi)	发誓	fā shì
condecoração (f)	勋章	xūn zhāng
condecorar (vt)	奖赏	jiǎng shǎng
medalha (f)	奖章	jiǎng zhāng
ordem (f)	勋章	xūn zhāng
vitória (f)	胜利	shèng lì
derrota (f)	失败	shī bài
armistício (m)	休战	xiū zhàn
bandeira (f)	旗	qí
glória (f)	光荣	guāng róng
desfile (m) militar	阅兵	yuè bīng
marchar (vi)	列队行进	liè duì xíng jìn

186. Armas

arma (f)	武器	wǔ qì
arma (f) de fogo	火器	huǒ qì
arma (f) branca	冷兵器	lěng bīng qì
arma (f) química	化学武器	huà xué wǔ qì
nuclear	核 ···	hé ...
arma (f) nuclear	核武器	hé wǔ qì
bomba (f)	炸弹	zhà dàn
bomba (f) atómica	原子弹	yuán zǐ dàn
pistola (f)	手枪	shǒu qiāng
caçadeira (f)	火枪	huǒ qiāng

pistola-metralhadora (f)	冲锋枪	chōng fēng qiāng
metralhadora (f)	机枪	jī qiāng
boca (f)	枪口	qiāng kǒu
cano (m)	枪管	qiāng guǎn
calibre (m)	口径	kǒu jìng
gatilho (m)	扳机	bān jī
mira (f)	瞄准器	miáo zhǔn qì
carregador (m)	弹匣	dàn xiá
coronha (f)	枪托	qiāng tuō
granada (f) de mão	手榴弹	shǒu liú dàn
explosivo (m)	炸药	zhà yào
bala (f)	子弹	zǐdàn
cartucho (m)	枪弹	qiāng dàn
carga (f)	弹药，火药	dàn yào, huǒ yào
munições (f pl)	弹药	dàn yào
bombardeiro (m)	轰炸机	hōng zhà jī
avião (m) de caça	歼击机	jiān jī jī
helicóptero (m)	直升飞机	zhí shēng fēi jī
canhão (m) antiaéreo	高射炮	gāo shè pào
tanque (m)	坦克	tǎn kè
canhão (de um tanque)	坦克炮	tǎn kè pào
artilharia (f)	炮	pào
fazer a pontaria	瞄准	miáo zhǔn
obus (m)	炮弹	pào dàn
granada (f) de morteiro	迫击炮榴弹	pǎi jī pào liú dàn
morteiro (m)	迫击炮	pǎi jī pào
estilhaço (m)	碎片	suì piàn
submarino (m)	潜水艇	qián shuǐ tǐng
torpedo (m)	鱼雷	yú léi
míssil (m)	导弹	dǎo dàn
carregar (uma arma)	装弹	zhuāng dàn
atirar, disparar (vi)	射击	shè jī
apontar para …	瞄准	miáo zhǔn
baioneta (f)	刺刀	cìdāo
espada (f)	重剑	zhòng jiàn
sabre (m)	马刀	mǎ dāo
lança (f)	矛	máo
arco (m)	弓	gōng
flecha (f)	箭	jiàn
mosquete (m)	火枪	huǒ qiāng
besta (f)	弩，石弓	nǔ, shí gōng

187. Povos da antiguidade

primitivo	原始的	yuán shǐ de
pré-histórico	史前的	shǐ qián de
antigo	古代的	gǔ dài de
Idade (f) da Pedra	石器时代	shí qì shí dài
Idade (f) do Bronze	青铜时代	qīng tóng shí dài
período (m) glacial	冰河时代	bīng hé shí dài
tribo (f)	部落	bù luò
canibal (m)	食人族	shí rén zú
caçador (m)	猎人	liè rén
caçar (vi)	打猎	dǎ liè
mamute (m)	猛犸	měng mǎ
caverna (f)	洞穴	dòng xué
fogo (m)	火	huǒ
fogueira (f)	火堆	huǒ duī
pintura (f) rupestre	岩画	yán huà
ferramenta (f)	工具	gōng jù
lança (f)	矛	máo
machado (m) de pedra	石斧子	shí fǔ zi
guerrear (vt)	开战	kāi zhàn
domesticar (vt)	驯养	xùn yǎng
ídolo (m)	偶像	ǒu xiàng
adorar, venerar (vt)	崇拜	chóng bài
superstição (f)	迷信	mí xìn
evolução (f)	进化	jìn huà
desenvolvimento (m)	发展	fā zhǎn
desaparecimento (m)	消失	xiāo shī
adaptar-se (vr)	适应	shì yìng
arqueologia (f)	考古学	kǎo gǔ xué
arqueólogo (m)	考古学家	kǎo gǔ xué jiā
arqueológico	考古学的	kǎo gǔ xué de
local (m) das escavações	考古发掘现场	kǎo gǔ fā jué xiàn chǎng
escavações (f pl)	考古发掘工作	kǎo gǔ fā jué gōng zuò
achado (m)	发现	fā xiàn
fragmento (m)	碎片，碎块	suì piàn, suì kuài

188. Idade média

povo (m)	民族	mín zú
povos (m pl)	民族	mín zú
tribo (f)	部落	bù luò
tribos (f pl)	部落	bù luò
bárbaros (m pl)	野蛮人	yě mán rén
gauleses (m pl)	高卢人	gāo lú rén

godos (m pl)	哥特人	gē tè rén
eslavos (m pl)	斯拉夫人	sī lā fū rén
víquingues (m pl)	北欧海盗	běi ōu hǎi dào

| romanos (m pl) | 古罗马人 | gǔ luó mǎ rén |
| romano | 罗马的 | luó mǎ de |

bizantinos (m pl)	拜占庭人	bàizhàntíng rén
Bizâncio	拜占庭	bàizhàntíng
bizantino	拜占庭的	bàizhàntíng de

imperador (m)	皇帝	huáng dì
líder (m)	领袖	lǐng xiù
poderoso	强大的	qiáng dà de
rei (m)	国王	guó wáng
governante (m)	统治者	tǒng zhì zhě

cavaleiro (m)	骑士	qí shì
senhor feudal (m)	封建主	fēng jiàn zhǔ
feudal	封建的	fēng jiàn de
vassalo (m)	封臣	fēng chén

duque (m)	公爵	gōng jué
conde (m)	伯爵	bó jué
barão (m)	男爵	nán jué
bispo (m)	主教	zhǔ jiào

armadura (f)	盔甲	kuī jiǎ
escudo (m)	盾牌	dùn pái
espada (f)	剑	jiàn
viseira (f)	面甲	miàn jiǎ
cota (f) de malha	锁子甲	suǒ zǐ jiǎ

| cruzada (f) | 十字军远征 | shízìjūn yuǎnzhēng |
| cruzado (m) | 十字军战士 | shízìjūn zhànshì |

território (m)	领土	lǐng tǔ
atacar (vt)	侵略	qīn lüè
conquistar (vt)	征服	zhēng fú
ocupar, invadir (vt)	侵占	qīn zhàn

assédio, sítio (m)	包围	bāo wéi
sitiado	包围的	bāo wéi de
assediar, sitiar (vt)	包围	bāo wéi

inquisição (f)	宗教裁判所	zōngjiào cáipàn suǒ
inquisidor (m)	宗教裁判者	zōngjiào cáipàn zhě
tortura (f)	拷打	kǎo dǎ
cruel	残酷的	cán kù de
herege (m)	异教徒	yì jiào tú
heresia (f)	异教	yì jiào

navegação (f) marítima	航海	háng hǎi
pirata (m)	海盗	hǎi dào
pirataria (f)	海盗行为	hǎi dào xíng wéi
abordagem (f)	接舷战	jiē xián zhàn

| presa (f), butim (m) | 赃物 | zāng wù |
| tesouros (m pl) | 宝物 | bǎo wù |

descobrimento (m)	发现	fā xiàn
descobrir (novas terras)	发现	fā xiàn
expedição (f)	探险	tàn xiǎn

mosqueteiro (m)	火枪兵	huǒ qiāng bīng
cardeal (m)	红衣主教	hóng yǐ zhǔ jiào
heráldica (f)	徽章学	huī zhāng xué
heráldico	徽章学的	huī zhāng xué de

189. Líder. Chefe. Autoridades

rei (m)	国王	guó wáng
rainha (f)	王后，女王	wáng hòu, nǚ wáng
real	皇家的	huáng jiā de
reino (m)	王国	wáng guó

| príncipe (m) | 王子 | wáng zǐ |
| princesa (f) | 公主 | gōng zhǔ |

presidente (m)	总统	zǒng tǒng
vice-presidente (m)	副总统	fù zǒng tǒng
senador (m)	参议院	cān yì yuàn

monarca (m)	君主	jūn zhǔ
governante (m)	统治者	tǒng zhì zhě
ditador (m)	独裁者	dú cái zhě
tirano (m)	暴君	bào jūn
magnata (m)	大亨	dà hēng

diretor (m)	经理	jīng lǐ
chefe (m)	老板	lǎo bǎn
dirigente (m)	主管人	zhǔ guǎn rén

| patrão (m) | 老板 | lǎo bǎn |
| dono (m) | 业主 | yè zhǔ |

chefe (~ de delegação)	团长	tuán zhǎng
autoridades (f pl)	当局	dāng jú
superiores (m pl)	管理层	guǎn lǐ céng

governador (m)	省长	shěng zhǎng
cônsul (m)	领事	lǐng shì
diplomata (m)	外交官	wài jiāo guān

| Presidente (m) da Câmara | 市长 | shì zhǎng |
| xerife (m) | 县治安官 | xiàn zhì ān guān |

imperador (m)	皇帝	huáng dì
czar (m)	沙皇	shā huáng
faraó (m)	法老	fǎ lǎo
cã (m)	可汗	kè hán

190. Estrada. Caminho. Direções

estrada (f)	路	lù
caminho (m)	道路	dào lù
rodovia (f)	公路	gōng lù
estrada (f) nacional	国家	guó jiā
estrada (f) principal	主干道	zhǔ gàn dào
caminho (m) de terra batida	土路	tǔ lù
trilha (f)	小路	xiǎo lù
vereda (f)	小道	xiǎo dào
Onde?	在哪儿?	zài nǎr?
Para onde?	到哪儿?	dào nǎr?
De onde?	从哪儿来?	cóng nǎr lái?
direção (f)	方向	fāng xiàng
indicar (orientar)	指出	zhǐ chū
para esquerda	往左	wàng zuǒ
para direita	往右	wàng yòu
em frente	一直向前	yī zhí xiàng qián
para trás	往后	wàng hòu
curva (f)	转弯	zhuǎn wān
virar (ex. ~ à direita)	转弯	zhuǎn wān
dar retorno	掉头	diào tóu
estar visível	可见	kě jiàn
aparecer (vi)	出现	chū xiàn
paragem (pausa)	停止	tíng zhǐ
descansar (vi)	休息	xiū xi
descanso (m)	休息	xiū xi
perder-se (vr)	迷路	mí lù
conduzir (caminho)	通	tōng
chegar a ...	到达	dào dá
trecho (m)	一段路	yī duàn lù
asfalto (m)	柏油	bǎi yóu
lancil (m)	路缘	lù yuán
valeta (f)	边沟	biān gōu
tampa (f) de esgoto	人孔	rén kǒng
berma (f) da estrada	路边	lù biān
buraco (m)	路面坑洞	lù miàn kēng dòng
ir (a pé)	走	zǒu
ultrapassar (vt)	超过	chāo guò
passo (m)	步伐	bù fá
a pé	步行	bù xíng
bloquear (vt)	封锁	fēng suǒ

cancela (f)	道闸机	dào zhá jī
beco (m) sem saída	死胡同	sǐ hú tòng

191. Viloação da lei. Criminosos. Parte 1

bandido (m)	匪徒	fěi tú
crime (m)	罪行	zuì xíng
criminoso (m)	罪犯	zuì fàn
ladrão (m)	小偷	xiǎo tōu
roubar (vt)	偷窃	tōu qiè
furto (m)	偷盗	tōu dào
furto (m)	偷窃	tōu qiè
raptar (ex. ~ uma criança)	绑票	bǎng piào
rapto (m)	绑架罪	bǎng jià zuì
raptor (m)	绑票者	bǎng piào zhě
resgate (m)	赎金	shú jīn
pedir resgate	要赎金	yào shú jīn
roubar (vt)	抢劫	qiǎng jié
assaltante (m)	抢劫犯	qiǎng jié fàn
extorquir (vt)	敲诈	qiāo zhà
extorsionário (m)	敲诈者	qiāo zhà zhě
extorsão (f)	敲诈罪	qiāo zhà zuì
matar, assassinar (vt)	杀死	shā sǐ
homicídio (m)	杀人	shā rén
homicida, assassino (m)	杀人犯	shā rén fàn
tiro (m)	射击	shè jī
dar um tiro	射击	shè jī
matar a tiro	枪杀	qiāng shā
atirar, disparar (vi)	射击	shè jī
tiroteio (m)	枪击事件	qiāng jī shì jiàn
incidente (m)	事故	shì gù
briga (~ de rua)	打架，打斗	dǎ jià, dǎ dòu
Socorro!	救命！	jiù mìng!
vítima (f)	受害者	shòu hài zhě
danificar (vt)	毁坏	huǐ huài
dano (m)	损失	sǔn shī
cadáver (m)	尸体	shī tǐ
grave	严重的	yán zhòng de
atacar (vt)	攻击	gōng jī
bater (espancar)	打	dǎ
espancar (vt)	痛打	tòng dǎ
tirar, roubar (dinheiro)	夺走	duó zǒu
esfaquear (vt)	捅死	tǒng sǐ
mutilar (vt)	把 … 打成残废	bǎ … dǎchéng cánfèi

ferir (vt)	打伤	dǎ shāng
chantagem (f)	勒索	lè suǒ
chantagear (vt)	勒索	lè suǒ
chantagista (m)	勒索者	lè suǒ zhě

extorsão (em troca de proteção)	敲诈罪	qiāo zhà zuì
extorsionário (m)	敲诈者	qiāo zhà zhě
gângster (m)	歹徒	dǎi tú
máfia (f)	黑手党	hēi shǒu dǎng

carteirista (m)	小偷	xiǎo tōu
assaltante, ladrão (m)	破门盗窃者	pò mén dào qiè zhě
contrabando (m)	走私	zǒu sī
contrabandista (m)	走私者	zǒu sī zhě

falsificação (f)	伪造品	wěi zào pǐn
falsificar (vt)	伪造	wěi zào
falsificado	伪造的	wěi zào de

192. Viloação da lei. Criminosos. Parte 2

violação (f)	强奸	qiáng jiān
violar (vt)	强奸	qiáng jiān
violador (m)	强奸犯	qiáng jiān fàn
maníaco (m)	疯子	fēng zi

prostituta (f)	卖淫者，妓女	mài yín zhě, jì nǚ
prostituição (f)	卖淫	mài yín
chulo (m)	皮条客	pí tiáo kè

| toxicodependente (m) | 吸毒者 | xī dú zhě |
| traficante (m) | 毒贩子 | dú fàn zi |

explodir (vt)	炸毁	zhà huǐ
explosão (f)	爆炸	bào zhà
incendiar (vt)	放火	fàng huǒ
incendiário (m)	纵火犯	zòng huǒ fàn

terrorismo (m)	恐怖主义	kǒng bù zhǔ yì
terrorista (m)	恐怖分子	kǒng bù fèn zǐ
refém (m)	人质	rén zhì

enganar (vt)	欺骗	qī piàn
engano (m)	欺骗行为	qī piàn xíng wéi
vigarista (m)	骗子	piàn zi

subornar (vt)	贿赂	huì lù
suborno (atividade)	贿赂	huì lù
suborno (dinheiro)	贿赂	huì lù

veneno (m)	毒物，毒药	dú wù, dú yào
envenenar (vt)	毒死	dú sǐ
envenenar-se (vr)	服毒自杀	fú dú zì shā

| suicídio (m) | 自杀 | zì shā |
| suicida (m) | 自杀者 | zì shā zhě |

ameaçar (vt)	威胁	wēi xié
ameaça (f)	威胁	wēi xié
atentar contra a vida de …	犯罪未遂	fànzuì wèisuì
atentado (m)	杀人企图	shā rén qǐ tú

| roubar (o carro) | 偷 | tōu |
| desviar (o avião) | 劫持 | jié chí |

| vingança (f) | 报仇 | bào chóu |
| vingar (vt) | 报 … 之仇 | bào … zhī chóu |

torturar (vt)	拷打	kǎo dǎ
tortura (f)	拷打	kǎo dǎ
atormentar (vt)	虐待	nüè dài

pirata (m)	海盗	hǎi dào
desordeiro (m)	流氓	liú máng
armado	携带武器的	xié dài wǔ qì de
violência (f)	暴力	bào lì

| espionagem (f) | 间谍活动 | jiàn dié huó dòng |
| espionar (vi) | 充当间谍 | chōng dāng jiàn dié |

193. Polícia. Lei. Parte 1

| justiça (f) | 司法 | sī fǎ |
| tribunal (m) | 法院 | fǎ yuàn |

juiz (m)	法官	fǎ guān
jurados (m pl)	陪审团成员	péi shěn tuán chéng yuán
tribunal (m) do júri	陪审团审判	péi shěn tuán shěn pàn
julgar (vt)	审判	shěn pàn

advogado (m)	辩护人	biàn hù rén
réu (m)	被告	bèi gào
banco (m) dos réus	被告席	bèi gào xí

| acusação (f) | 指控 | zhǐ kòng |
| acusado (m) | 被告 | bèi gào |

| sentença (f) | 判决 | pàn jué |
| sentenciar (vt) | 判处 | pàn chǔ |

culpado (m)	有罪的人	yǒu zuì de rén
punir (vt)	惩罚	chéng fá
punição (f)	惩罚	chéng fá

multa (f)	罚款	fá kuǎn
prisão (f) perpétua	无期徒刑	wú qī tú xíng
pena (f) de morte	死刑	sǐ xíng
cadeira (f) elétrica	电椅	diàn yǐ

forca (f)	绞刑架	jiǎo xíng jià
executar (vt)	处决	chǔ jué
execução (f)	死刑	sǐ xíng

| prisão (f) | 监狱 | jiā nyù |
| cela (f) de prisão | 单人牢房 | dān rén láo fáng |

escolta (f)	护送队	hù sòng duì
guarda (m) prisional	狱警	yù jǐng
preso (m)	犯人，囚犯	fàn rén, qiú fàn

| algemas (f pl) | 手铐 | shǒu kào |
| algemar (vt) | 戴上手铐 | dài shang shǒu kào |

fuga, evasão (f)	逃跑	táo pǎo
fugir (vi)	逃跑	táo pǎo
desaparecer (vi)	消失	xiāo shī
soltar, libertar (vt)	获释	huò shì
amnistia (f)	赦免	shè miǎn

polícia (instituição)	警察	jǐng chá
polícia (m)	警察	jǐng chá
esquadra (f) de polícia	警察局	jǐng chá jú
cassetete (m)	警棍	jǐng gùn
megafone (m)	扩音器	kuò yīn qì

carro (m) de patrulha	巡逻车	xún luó chē
sirene (f)	警报器	jǐng bào qì
ligar a sirene	开警报器	kāi jǐng bào qì
toque (m) da sirene	警报器声	jǐng bào qì shēng

cena (f) do crime	犯罪现场	fànzuì xiànchǎng
testemunha (f)	目击者	mù jī zhě
liberdade (f)	自由	zì yóu
cúmplice (m)	同犯，共犯	tóng fàn, gòng fàn
escapar (vi)	逃脱	táo tuō
traço (não deixar ~s)	脚印	jiǎo yìn

194. Polícia. Lei. Parte 2

procura (f)	寻找	xún zhǎo
procurar (vt)	寻找	xún zhǎo
suspeita (f)	怀疑	huái yí
suspeito	令人怀疑的	lìng rén huái yí de
parar (vt)	拦住	lán zhù
deter (vt)	扣押，拘留	kòu yā, jū liú

caso (criminal)	案件，案子	àn jiàn, àn zi
investigação (f)	侦查	zhēn chá
detetive (m)	侦探	zhēn tàn
investigador (m)	侦查员	zhēn chá yuán
versão (f)	说法	shuō fa
motivo (m)	动机	dòng jī
interrogatório (m)	讯问，审问	xùn wèn, shěn wèn

interrogar (vt)	审问	shěn wèn
questionar (vt)	询问	xún wèn
verificação (f)	检查	jiǎn chá
batida (f) policial	围捕	wéi bǔ
busca (f)	搜查	sōu chá
perseguição (f)	追捕	zhuī bǔ
perseguir (vt)	追踪	zhuī zōng
seguir (vt)	监视	jiān shì
prisão (f)	逮捕	dài bǔ
prender (vt)	拘捕	jū bǔ
pegar, capturar (vt)	逮住	dǎi zhù
captura (f)	捕获	bǔ huò
documento (m)	文件	wén jiàn
prova (f)	证据	zhèng jù
provar (vt)	证明	zhèng míng
pegada (f)	脚印	jiǎo yìn
impressões (f pl) digitais	指纹	zhǐ wén
prova (f)	证据	zhèng jù
álibi (m)	托辞	tuō cí
inocente	无罪的	wú zuì de
injustiça (f)	非正义	fēi zhèng yì
injusto	不公正的	bù gōng zhèng de
criminal	刑事的	xíng shì de
confiscar (vt)	没收	mò shōu
droga (f)	毒品	dú pǐn
arma (f)	武器	wǔ qì
desarmar (vt)	缴械	jiǎo xiè
ordenar (vt)	命令	mìng lìng
desaparecer (vi)	消失	xiāo shī
lei (f)	法律	fǎ lǜ
legal	合法的	hé fǎ de
ilegal	非法的	fēi fǎ de
responsabilidade (f)	责任	zé rèn
responsável	负责的	fù zé de

NATUREZA

A Terra. Parte 1

195. Espaço sideral

cosmos (m)	宇宙	yǔ zhòu
cósmico	宇宙的，太空	yǔ zhòu de, tài kōng
espaço (m) cósmico	外层空间	wài céng kōng jiān
mundo, universo (m)	宇宙	yǔ zhòu
galáxia (f)	银河系	yín hé xì
estrela (f)	星，恒星	xīng, héng xīng
constelação (f)	星座	xīng zuò
planeta (m)	行星	xíng xīng
satélite (m)	卫星	wèi xīng
meteorito (m)	陨石	yǔn shí
cometa (m)	彗星	huì xīng
asteroide (m)	小行星	xiǎo xíng xīng
órbita (f)	轨道	guǐ dào
girar (vi)	公转	gōng zhuàn
atmosfera (f)	大气层	dà qì céng
Sol (m)	太阳	tài yáng
Sistema (m) Solar	太阳系	tài yáng xì
eclipse (m) solar	日食	rì shí
Terra (f)	地球	dì qiú
Lua (f)	月球	yuè qiú
Marte (m)	火星	huǒ xīng
Vénus (f)	金星	jīn xīng
Júpiter (m)	木星	mù xīng
Saturno (m)	土星	tǔ xīng
Mercúrio (m)	水星	shuǐ xīng
Urano (m)	天王星	tiān wáng xīng
Neptuno (m)	海王星	hǎi wáng xīng
Plutão (m)	冥王星	míng wáng xīng
Via Láctea (f)	银河	yín hé
Ursa Maior (f)	大熊座	dà xióng zuò
Estrela Polar (f)	北极星	běi jí xīng
marciano (m)	火星人	huǒ xīng rén
extraterrestre (m)	外星人	wài xīng rén

alienígena (m)	外星人	wài xīng rén
disco (m) voador	飞碟	fēi dié
nave (f) espacial	宇宙飞船	yǔ zhòu fēi chuán
estação (f) orbital	宇宙空间站	yǔ zhòu kōng jiān zhàn
lançamento (m)	发射	fā shè
motor (m)	发动机	fā dòng jī
bocal (m)	喷嘴	pēn zuǐ
combustível (m)	燃料	rán liào
cabine (f)	座舱	zuò cāng
antena (f)	天线	tiān xiàn
vigia (f)	舷窗	xián chuāng
bateria (f) solar	太阳能电池	tàiyáng néng diànchí
traje (m) espacial	太空服	tài kōng fú
imponderabilidade (f)	失重	shī zhòng
oxigénio (m)	氧气	yǎng qì
acoplagem (f)	对接	duì jiē
fazer uma acoplagem	对接	duì jiē
observatório (m)	天文台	tiānwén tái
telescópio (m)	天文望远镜	tiānwén wàngyuǎnjìng
observar (vt)	观察到	guān chá dào
explorar (vt)	探索	tàn suǒ

196. A Terra

Terra (f)	地球	dì qiú
globo terrestre (Terra)	地球	dì qiú
planeta (m)	行星	xíng xīng
atmosfera (f)	大气层	dà qì céng
geografia (f)	地理学	dì lǐ xué
natureza (f)	自然界	zì rán jiè
globo (mapa esférico)	地球仪	dì qiú yí
mapa (m)	地图	dì tú
atlas (m)	地图册	dì tú cè
Europa (f)	欧洲	oūzhōu
Ásia (f)	亚洲	yàzhōu
África (f)	非洲	fēizhōu
Austrália (f)	澳洲	àozhōu
América (f)	美洲	měizhōu
América (f) do Norte	北美洲	běiměizhōu
América (f) do Sul	南美洲	nánměizhōu
Antártida (f)	南极洲	nánjízhōu
Ártico (m)	北极地区	běijídìqū

197. Pontos cardeais

norte (m)	北方	běi fāng
para norte	朝北	cháo běi
no norte	在北方	zài běi fāng
do norte	北方的	běi fāng de

sul (m)	南方	nán fāng
para sul	朝南	cháo nán
no sul	在南方	zài nán fāng
do sul	南方的	nán fāng de

oeste, ocidente (m)	西方	xī fāng
para oeste	朝西	cháo xī
no oeste	在西方	zài xī fāng
ocidental	西方的	xī fāng de

leste, oriente (m)	东方	dōng fāng
para leste	朝东	cháo dōng
no leste	在东方	zài dōng fāng
oriental	东方的	dōng fāng de

198. Mar. Oceano

mar (m)	海，大海	hǎi, dà hǎi
oceano (m)	海洋，大海	hǎi yáng, dà hǎi
golfo (m)	海湾	hǎi wān
estreito (m)	海峡	hǎi xiá

terra (f) firme	陆地	lù dì
continente (m)	大陆，洲	dà lù, zhōu
ilha (f)	岛，海岛	dǎo, hǎi dǎo
península (f)	半岛	bàn dǎo
arquipélago (m)	群岛	qún dǎo

baía (f)	海湾	hǎi wān
porto (m)	港口	gǎng kǒu
lagoa (f)	泻湖	xiè hú
cabo (m)	海角	hǎi jiǎo

atol (m)	环状珊瑚岛	huánzhuàng shānhúdǎo
recife (m)	礁	jiāo
coral (m)	珊瑚	shān hú
recife (m) de coral	珊瑚礁	shān hú jiāo

profundo	深的	shēn de
profundidade (f)	深度	shēn dù
abismo (m)	深渊	shēn yuān
fossa (f) oceânica	海沟	hǎi gōu

corrente (f)	水流	shuǐ liú
banhar (vt)	环绕	huán rào
litoral (m)	岸	àn

costa (f)	海岸，海滨	hǎi àn, hǎi bīn
maré (f) alta	高潮	gāo cháo
refluxo (m), maré (f) baixa	落潮	luò cháo
restinga (f)	沙洲	shā zhōu
fundo (m)	海底	hǎi dǐ
onda (f)	波浪	bō làng
crista (f) da onda	浪峰	làng fēng
espuma (f)	泡沫	pào mò
tempestade (f)	风暴	fēng bào
furacão (m)	飓风	jù fēng
tsunami (m)	海啸	hǎi xiào
calmaria (f)	风平浪静	fēng píng làng jìng
calmo	平静的	píng jìng de
polo (m)	北极	běi jí
polar	北极的	běi jí de
latitude (f)	纬度	wěi dù
longitude (f)	经度	jīng dù
paralela (f)	纬线	wěi xiàn
equador (m)	赤道	chì dào
céu (m)	天	tiān
horizonte (m)	地平线	dì píng xiàn
ar (m)	空气	kōng qì
farol (m)	灯塔	dēng tǎ
mergulhar (vi)	跳水	tiào shuǐ
afundar-se (vr)	沉没	chén mò
tesouros (m pl)	宝物	bǎo wù

199. Nomes de Mares e Oceanos

Oceano (m) Atlântico	大西洋	dà xī yáng
Oceano (m) Índico	印度洋	yìn dù yáng
Oceano (m) Pacífico	太平洋	tài píng yáng
Oceano (m) Ártico	北冰洋	běi bīng yáng
Mar (m) Negro	黑海	hēi hǎi
Mar (m) Vermelho	红海	hóng hǎi
Mar (m) Amarelo	黄海	huáng hǎi
Mar (m) Branco	白海	bái hǎi
Mar (m) Cáspio	里海	lǐ hǎi
Mar (m) Morto	死海	sǐ hǎi
Mar (m) Mediterrâneo	地中海	dìzhōng hǎi
Mar (m) Egeu	爱琴海	àiqín hǎi
Mar (m) Adriático	亚得里亚海	yàdélǐyà hǎi
Mar (m) Arábico	阿拉伯海	ālābó hǎi
Mar (m) do Japão	日本海	rìběn hǎi

| Mar (m) de Bering | 白令海 | báilìng hǎi |
| Mar (m) da China Meridional | 南海 | nán hǎi |

Mar (m) de Coral	珊瑚海	shānhú hǎi
Mar (m) de Tasman	塔斯曼海	tǎsīmàn hǎi
Mar (m) do Caribe	加勒比海	jiālèbǐ hǎi

| Mar (m) de Barents | 巴伦支海 | bālúnzhī hǎi |
| Mar (m) de Kara | 喀拉海 | kālā hǎi |

Mar (m) do Norte	北海	běi hǎi
Mar (m) Báltico	波罗的海	bōluódì hǎi
Mar (m) da Noruega	挪威海	nuówēi hǎi

200. Montanhas

montanha (f)	山	shān
cordilheira (f)	山脉	shān mài
serra (f)	山脊	shān jǐ

cume (m)	山顶	shān dǐng
pico (m)	山峰	shān fēng
sopé (m)	山脚	shān jiǎo
declive (m)	山坡	shān pō

vulcão (m)	火山	huǒ shān
vulcão (m) ativo	活火山	huó huǒ shān
vulcão (m) extinto	死火山	sǐ huǒ shān

erupção (f)	喷发	pèn fā
cratera (f)	火山口	huǒ shān kǒu
magma (m)	岩浆	yán jiāng
lava (f)	熔岩	róng yán
fundido (lava ~a)	炽热的	chì rè de

desfiladeiro (m)	峡谷	xiá gǔ
garganta (f)	峡谷	xiá gǔ
fenda (f)	裂罅	liè xià

passo, colo (m)	山口	shān kǒu
planalto (m)	高原	gāo yuán
falésia (f)	悬崖	xuán yá
colina (f)	小山	xiǎo shān

glaciar (m)	冰川，冰河	bīng chuān, bīng hé
queda (f) d'água	瀑布	pù bù
géiser (m)	间歇泉	jiàn xiē quán
lago (m)	湖	hú

planície (f)	平原	píng yuán
paisagem (f)	风景	fēng jǐng
eco (m)	回声	huí shēng
alpinista (m)	登山家	dēng shān jiā
escalador (m)	攀岩者	pān yán zhě

conquistar (vt)	征服	zhēng fú
subida, escalada (f)	登山	dēng shān

201. Nomes de montanhas

Alpes (m pl)	阿尔卑斯	āěrbēisī
monte Branco (m)	勃朗峰	bólǎngfēng
Pirineus (m pl)	比利牛斯	bǐlìniúsī

Cárpatos (m pl)	喀尔巴阡	kāerbāqiān
montes (m pl) Urais	乌拉尔山脉	wūlāěr shānmài
Cáucaso (m)	高加索	gāojiāsuǒ
Elbrus (m)	厄尔布鲁士山	èěrbùlǔshìshān

Altai (m)	阿尔泰	āěrtài
Tian Shan (m)	天山	tiānshān
Pamir (m)	帕米尔高原	pàmǐěr gāoyuán
Himalaias (m pl)	喜马拉雅山	xǐmǎlāyǎ shān
monte (m) Everest	珠穆朗玛峰	zhūmùlǎngmǎfēng

Cordilheira (f) dos Andes	安第斯	āndìsī
Kilimanjaro (m)	乞力马扎罗	qǐlìmǎzháluó

202. Rios

rio (m)	河，江	hé, jiāng
fonte, nascente (f)	泉，泉水	quán, quán shuǐ
leito (m) do rio	河床	hé chuáng
bacia (f)	流域	liú yù
desaguar no ...	流入	liú rù

afluente (m)	支流	zhī liú
margem (do rio)	岸	àn

corrente (f)	水流	shuǐ liú
rio abaixo	顺流而下	shùn liú ér xià
rio acima	溯流而上	sù liú ér shàng

inundação (f)	洪水	hóng shuǐ
cheia (f)	水灾	shuǐ zāi
transbordar (vi)	溢出	yì chū
inundar (vt)	淹没	yān mò

banco (m) de areia	浅水	qiǎn shuǐ
rápidos (m pl)	急流	jí liú

barragem (f)	坝，堤坝	bà, dī bà
canal (m)	运河	yùn hé
reservatório (m) de água	水库	shuǐ kù
eclusa (f)	水闸	shuǐ zhá
corpo (m) de água	水体	shuǐ tǐ
pântano (m)	沼泽	zhǎo zé

tremedal (m)	烂泥塘	làn ní táng
remoinho (m)	漩涡	xuàn wō
arroio, regato (m)	小溪	xiǎo xī
potável	饮用的	yǐn yòng de
doce (água)	淡水的	dàn shuǐ de
gelo (m)	冰	bīng
congelar-se (vr)	封冻	fēng dòng

203. Nomes de rios

rio Sena (m)	塞纳河	sènà hé
rio Loire (m)	卢瓦尔河	lúwǎěr hé
rio Tamisa (m)	泰晤士河	tàiwùshì hé
rio Reno (m)	莱茵河	láiyīn hé
rio Danúbio (m)	多瑙河	duōnǎo hé
rio Volga (m)	伏尔加河	fúěrjiā hé
rio Don (m)	顿河	dùn hé
rio Lena (m)	勒拿河	lèná hé
rio Amarelo (m)	黄河	huáng hé
rio Yangtzé (m)	长江	chángjiāng
rio Mekong (m)	湄公河	méigōng hé
rio Ganges (m)	恒河	héng hé
rio Nilo (m)	尼罗河	níluó hé
rio Congo (m)	刚果河	gāngguǒ hé
rio Cubango (m)	奥卡万戈河	àokǎwàngē hé
rio Zambeze (m)	赞比亚河	zànbǐyà hé
rio Limpopo (m)	林波波河	línbōbō hé
rio Mississípi (m)	密西西比河	mìxīxībǐ hé

204. Floresta

floresta (f), bosque (m)	森林，树林	sēn lín, shù lín
florestal	树林的	shù lín de
mata (f) cerrada	密林	mì lín
arvoredo (m)	小树林	xiǎo shù lín
clareira (f)	林中草地	lín zhōng cǎo dì
matagal (m)	灌木丛	guàn mù cóng
mato (m)	灌木林	guàn mù lín
vereda (f)	小道	xiǎo dào
ravina (f)	冲沟	chōng gōu
árvore (f)	树，乔木	shù, qiáo mù
folha (f)	叶子	yè zi

folhagem (f)	树叶	shù yè
queda (f) das folhas	落叶	luò yè
cair (vi)	凋落	diāo luò
topo (m)	树梢	shù shāo
ramo (m)	树枝	shù zhī
galho (m)	粗树枝	cū shù zhī
botão, rebento (m)	芽	yá
agulha (f)	针叶	zhēn yè
pinha (f)	球果	qiú guǒ
buraco (m) de árvore	树洞	shù dòng
ninho (m)	鸟窝	niǎo wō
toca (f)	洞穴，兽穴	dòng xué, shòu xué
tronco (m)	树干	shù gàn
raiz (f)	树根	shù gēn
casca (f) de árvore	树皮	shùpí
musgo (m)	苔藓	tái xiǎn
arrancar pela raiz	根除	gēn chú
cortar (vt)	砍倒	kǎn dǎo
desflorestar (vt)	砍伐森林	kǎn fá sēn lín
toco, cepo (m)	树桩	shù zhuāng
fogueira (f)	篝火	gōu huǒ
incêndio (m) florestal	森林火灾	sēn lín huǒ zāi
apagar (vt)	扑灭	pū miè
guarda-florestal (m)	护林员	hù lín yuán
proteção (f)	保护	bǎo hù
proteger (a natureza)	保护	bǎo hù
caçador (m) furtivo	偷猎者	tōu liè zhě
armadilha (f)	陷阱	xiàn jǐng
colher (cogumelos, bagas)	采集	cǎi jí
perder-se (vr)	迷路	mí lù

205. Recursos naturais

recursos (m pl) naturais	自然资源	zìrán zī yuán
minerais (m pl)	矿物	kuàng wù
depósitos (m pl)	矿层	kuàng céng
jazida (f)	矿田	kuàng tián
extrair (vt)	开采	kāi cǎi
extração (f)	采矿业	cǎi kuàng yè
minério (m)	矿石	kuàng shí
mina (f)	矿，矿山	kuàng, kuàng shān
poço (m) de mina	矿井	kuàng jǐng
mineiro (m)	矿工	kuàng gōng
gás (m)	煤气	méi qì
gasoduto (m)	煤气管道	méi qì guǎn dào

petróleo (m)	石油	shí yóu
oleoduto (m)	油管	yóu guǎn
poço (m) de petróleo	石油钻塔	shí yóu zuān tǎ
torre (f) petrolífera	钻油塔	zuān yóu tǎ
petroleiro (m)	油船，油轮	yóu chuán, yóu lún
areia (f)	沙，沙子	shā, shā zi
calcário (m)	石灰石	shí huī shí
cascalho (m)	砾石	lì shí
turfa (f)	泥煤	ní méi
argila (f)	粘土	nián tǔ
carvão (m)	煤	méi
ferro (m)	铁	tiě
ouro (m)	黄金	huáng jīn
prata (f)	银	yín
níquel (m)	镍	niè
cobre (m)	铜	tóng
zinco (m)	锌	xīn
manganês (m)	锰	měng
mercúrio (m)	水银	shuǐ yín
chumbo (m)	铅	qiān
mineral (m)	矿物	kuàng wù
cristal (m)	结晶	jié jīng
mármore (m)	大理石	dà lǐ shí
urânio (m)	铀	yóu

A Terra. Parte 2

206. Tempo

tempo (m)	天气	tiān qì
previsão (f) do tempo	气象预报	qìxiàng yùbào
temperatura (f)	温度	wēn dù
termómetro (m)	温度表	wēn dù biǎo
barómetro (m)	气压表	qì yā biǎo
humidade (f)	空气湿度	kōng qì shī dù
calor (m)	炎热	yán rè
cálido	热的	rè de
está muito calor	天气热	tiān qì rè
está calor	天气暖	tiān qì nuǎn
quente	暖和的	nuǎn huo de
está frio	天气冷	tiān qì lěng
frio	冷的	lěng de
sol (m)	太阳	tài yáng
brilhar (vi)	发光	fā guāng
de sol, ensolarado	阳光充足的	yáng guāng chōng zú de
nascer (vi)	升起	shēng qǐ
pôr-se (vr)	落山	luò shān
nuvem (f)	云	yún
nublado	多云的	duō yún de
nuvem (f) preta	乌云	wū yún
escuro, cinzento	阴沉的	yīn chén de
chuva (f)	雨	yǔ
está a chover	下雨	xià yǔ
chuvoso	雨 ··· , 多雨的	yǔ ..., duō yǔ de
chuviscar (vi)	下毛毛雨	xià máo máo yǔ
chuva (f) torrencial	倾盆大雨	qīng pén dà yǔ
chuvada (f)	暴雨	bào yǔ
forte (chuva)	大 ···	dà ...
poça (f)	水洼	shuǐ wā
molhar-se (vr)	淋湿	lín shī
nevoeiro (m)	雾气	wù qì
de nevoeiro	多雾的	duō wù de
neve (f)	雪	xuě
está a nevar	下雪	xià xuě

207. Tempo extremo. Catástrofes naturais

trovoada (f)	大雷雨	dà léi yǔ
relâmpago (m)	闪电	shǎn diàn
relampejar (vi)	闪光	shǎn guāng
trovão (m)	雷，雷声	léi, léi shēng
trovejar (vi)	打雷	dǎ léi
está a trovejar	打雷	dǎ léi
granizo (m)	雹子	báo zi
está a cair granizo	下冰雹	xià bīng báo
inundar (vt)	淹没	yān mò
inundação (f)	洪水	hóng shuǐ
terremoto (m)	地震	dì zhèn
abalo, tremor (m)	震动	zhèn dòng
epicentro (m)	震中	zhèn zhōng
erupção (f)	喷发	pèn fā
lava (f)	熔岩	róng yán
turbilhão (m)	旋风	xuànfēng
tornado (m)	龙卷风	lóng juàn fēng
tufão (m)	台风	tái fēng
furacão (m)	飓风	jù fēng
tempestade (f)	风暴	fēng bào
tsunami (m)	海啸	hǎi xiào
ciclone (m)	气旋	qì xuán
mau tempo (m)	恶劣天气	è liè tiān qì
incêndio (m)	火灾	huǒ zāi
catástrofe (f)	灾难	zāi nàn
meteorito (m)	陨石	yǔn shí
avalanche (f)	雪崩	xuě bēng
deslizamento (m) de neve	雪崩	xuě bēng
nevasca (f)	暴风雪	bào fēng xuě
tempestade (f) de neve	暴风雪	bào fēng xuě

208. Ruídos. Sons

silêncio (m)	寂静	jì jìng
som (m)	响声	xiǎng shēng
ruído, barulho (m)	嘈杂声	cáo zá shēng
fazer barulho	弄出声响	nòng chū shēng xiǎng
ruidoso, barulhento	嘈杂的	cáo zá de
alto (adv)	大声地	dà shēng de
alto (adj)	大声的	dà shēng de
constante (ruido, etc.)	不断的	bù duàn de

grito (m)	喊声	hǎn shēng
gritar (vi)	叫喊	jiào hǎn
sussurro (m)	低语	dī yǔ
sussurrar (vt)	耳语	ěr yǔ
latido (m)	狗吠声	gǒu fèi shēng
latir (vi)	吠	fèi
gemido (m)	呻吟，叹息	shēn yín, tàn xī
gemer (vi)	呻吟	shēn yín
tosse (f)	咳嗽	ké sou
tossir (vi)	咳，咳嗽	ké, ké sou
assobio (m)	口哨	kǒu shào
assobiar (vi)	吹哨	chuī shào
batida (f)	敲门声	qiāo mén shēng
bater (vi)	敲门	qiāo mén
estalar (vi)	发出噼啪声	fāchū pī pā shēng
estalido (m)	噼啪声	pī pā shēng
sirene (f)	警报器	jǐng bào qì
apito (m)	哨声	shào shēng
apitar (vi)	鸣笛	míng dí
buzina (f)	汽车喇叭声	qìchē lǎ ba shēng
buzinar (vi)	汽车喇叭鸣响	qìchē lǎba míng xiǎng

209. Inverno

inverno (m)	冬天	dōng tiān
de inverno	冬天的	dōng tiān de
no inverno	在冬天	zài dōng tiān
neve (f)	雪	xuě
está a nevar	下雪	xià xuě
queda (f) de neve	落雪	luò xuě
amontoado (m) de neve	雪堆	xuě duī
floco (m) de neve	雪花	xuě huā
bola (f) de neve	雪球	xuě qiú
boneco (m) de neve	雪人	xuě rén
sincelo (m)	冰柱	bīng zhù
dezembro (m)	十二月	shí èr yuè
janeiro (m)	一月	yī yuè
fevereiro (m)	二月	èr yuè
gelo (m)	严寒	yán hán
gelado, glacial	寒冷的	hán lěng de
abaixo de zero	零下	líng xià
geada (f)	霜冻	shuāng dòng
geada (f) branca	霜，白霜	shuāng, bái shuāng
frio (m)	寒冷	hán lěng

está frio	天气冷	tiān qì lěng
casaco (m) de peles	皮大衣	pí dà yī
mitenes (f pl)	连指手套	lián zhǐ shǒu tào
adoecer (vi)	生病	shēng bìng
constipação (f)	感冒	gǎn mào
constipar-se (vr)	感冒	gǎn mào
gelo (m)	冰	bīng
gelo (m) na estrada	地面薄冰	dì miàn báo bīng
congelar-se (vr)	封冻	fēng dòng
bloco (m) de gelo	浮冰	fú bīng
esqui (m)	滑雪板	huá xuě bǎn
esquiador (m)	滑雪者	huá xuě zhě
esquiar (vi)	滑雪	huá xuě
patinar (vi)	滑冰	huá bīng

Fauna

210. Mamíferos. Predadores

predador (m)	捕食者	bǔ shí zhě
tigre (m)	老虎	lǎo hǔ
leão (m)	狮子	shī zi
lobo (m)	狼	láng
raposa (f)	狐狸	húli
jaguar (m)	美洲豹	měi zhōu bào
leopardo (m)	豹	bào
chita (f)	猎豹	liè bào
pantera (f)	豹	bào
puma (m)	美洲狮	měi zhōu shī
leopardo-das-neves (m)	雪豹	xuě bào
lince (m)	猞猁	shē lì
coiote (m)	丛林狼	cóng lín láng
chacal (m)	豺	chái
hiena (f)	鬣狗	liè gǒu

211. Animais selvagens

animal (m)	动物	dòng wù
besta (f)	兽	shòu
esquilo (m)	松鼠	sōng shǔ
ouriço (m)	刺猬	cì wei
lebre (f)	野兔	yě tù
coelho (m)	家兔	jiā tù
texugo (m)	獾	huān
guaxinim (m)	浣熊	huàn xióng
hamster (m)	仓鼠	cāng shǔ
marmota (f)	土拨鼠	tǔ bō shǔ
toupeira (f)	鼹鼠	yǎn shǔ
rato (m)	老鼠	lǎo shǔ
ratazana (f)	大家鼠	dà jiā shǔ
morcego (m)	蝙蝠	biān fú
arminho (m)	白鼬	bái yòu
zibelina (f)	黑貂	hēi diāo
marta (f)	貂	diāo
doninha (f)	银鼠	yín shǔ
vison (m)	水貂	shuǐ diāo

castor (m)	海狸	hǎi lí
lontra (f)	水獭	shuǐ tǎ
cavalo (m)	马	mǎ
alce (m)	驼鹿	tuó lù
veado (m)	鹿	lù
camelo (m)	骆驼	luò tuo
bisão (m)	美洲野牛	měizhōu yěniú
auroque (m)	欧洲野牛	oūzhōu yěniú
búfalo (m)	水牛	shuǐ niú
zebra (f)	斑马	bān mǎ
antílope (m)	羚羊	líng yáng
corça (f)	狍子	páo zi
gamo (m)	扁角鹿	biǎn jiǎo lù
camurça (f)	岩羚羊	yán líng yáng
javali (m)	野猪	yě zhū
baleia (f)	鲸	jīng
foca (f)	海豹	hǎi bào
morsa (f)	海象	hǎi xiàng
urso-marinho (m)	海狗	hǎi gǒu
golfinho (m)	海豚	hǎi tún
urso (m)	熊	xióng
urso (m) branco	北极熊	běi jí xióng
panda (m)	熊猫	xióng māo
macaco (em geral)	猴子	hóu zi
chimpanzé (m)	黑猩猩	hēi xīng xing
orangotango (m)	猩猩	xīng xing
gorila (m)	大猩猩	dà xīng xing
macaco (m)	猕猴	mí hóu
gibão (m)	长臂猿	cháng bì yuán
elefante (m)	象	xiàng
rinoceronte (m)	犀牛	xī niú
girafa (f)	长颈鹿	cháng jǐng lù
hipopótamo (m)	河马	hé mǎ
canguru (m)	袋鼠	dài shǔ
coala (m)	树袋熊	shù dài xióng
mangusto (m)	猫鼬	māo yòu
chinchila (m)	毛丝鼠	máo sī shǔ
doninha-fedorenta (f)	臭鼬	chòu yòu
porco-espinho (m)	箭猪	jiàn zhū

212. Animais domésticos

gata (f)	母猫	mǔ māo
gato (m) macho	雄猫	xióng māo
cavalo (m)	马	mǎ

garanhão (m)	公马	gōng mǎ
égua (f)	母马	mǔ mǎ
vaca (f)	母牛	mǔ niú
touro (m)	公牛	gōng niú
boi (m)	阉牛	yān niú
ovelha (f)	羊，绵羊	yáng, mián yáng
carneiro (m)	公绵羊	gōng mián yáng
cabra (f)	山羊	shān yáng
bode (m)	公山羊	gōng shān yáng
burro (m)	驴	lú
mula (f)	骡子	luó zi
porco (m)	猪	zhū
leitão (m)	小猪	xiǎo zhū
coelho (m)	家兔	jiā tù
galinha (f)	母鸡	mǔ jī
galo (m)	公鸡	gōng jī
pata (f)	鸭子	yā zi
pato (macho)	公鸭子	gōng yā zi
ganso (m)	鹅	é
peru (m)	雄火鸡	xióng huǒ jī
perua (f)	火鸡	huǒ jī
animais (m pl) domésticos	家畜	jiā chù
domesticado	驯化的	xùn huà de
domesticar (vt)	驯化	xùn huà
criar (vt)	饲养	sì yǎng
quinta (f)	农场	nóng chǎng
aves (f pl) domésticas	家禽	jiā qín
gado (m)	牲畜	shēng chù
rebanho (m), manada (f)	群	qún
estábulo (m)	马厩	mǎ jiù
pocilga (f)	猪圈	zhū jiàn
estábulo (m)	牛棚	niú péng
coelheira (f)	兔舍	tù shè
galinheiro (m)	鸡窝	jī wō

213. Cães. Raças de cães

cão (m)	狗，犬	gǒu, quǎn
cão pastor (m)	牧羊犬	mù yáng quǎn
caniche (m)	贵宾犬	guì bīn quǎn
teckel (m)	达克斯狗	dá kè sī gǒu
buldogue (m)	斗牛狗	dǒu niú gǒu
boxer (m)	拳师狗	quán shī gǒu

mastim (m)	英国獒犬	yīngguó áo quǎn
rottweiler (m)	罗特韦尔犬	luótèwéiěr quǎn
dobermann (m)	杜宾犬	dù bīn quǎn

basset (m)	矮腿猎犬	ǎi tuǐ liè quǎn
pastor inglês (m)	英国古代牧羊犬	yīngguó gǔdàimùyáng quǎn
dálmata (m)	斑点狗	bān diǎn gǒu
cocker spaniel (m)	可卡犬	kě kǎ quǎn

| terra-nova (m) | 纽芬兰犬 | niǔfēnlán quǎn |
| são-bernardo (m) | 圣伯纳犬 | shèng bǎi nà quǎn |

husky (m)	哈士奇	hā shì jī
Chow-chow (m)	松狮犬	sōng shī quǎn
spitz alemão (m)	斯皮茨	sī pí cí
carlindogue (m)	巴哥犬	bā gē quǎn

214. Sons produzidos pelos animais

latido (m)	狗吠声	gǒu fèi shēng
latir (vi)	吠	fèi
miar (vi)	喵喵叫	miāo miāo jiào
ronronar (vi)	发出呼噜声	fā chū hū lū shēng

mugir (vaca)	哞哞叫	mōu mōu jiào
bramir (touro)	咆哮	páo xiāo
rosnar (vi)	低声吼叫	dī shēng hǒu jiào

uivo (m)	嚎叫声	háo jiào shēng
uivar (vi)	嚎叫	háo jiào
ganir (vi)	呜呜声	wū wū shēng

balir (vi)	咩咩叫	miē miē jiào
grunhir (porco)	发哼哼声	fā hēng hēng shēng
guinchar (vi)	发吱吱声	fā zī zī shēng

coaxar (sapo)	呱呱地叫	guā guā de jiào
zumbir (inseto)	嗡嗡叫	wēng wēng jiào
estridular, ziziar (vi)	鸣叫	míng jiào

215. Animais jovens

cria (f), filhote (m)	幼兽	yòu shòu
gatinho (m)	小猫	xiǎo māo
ratinho (m)	小老鼠	xiǎo lǎo shǔ
cãozinho (m)	小狗	xiǎo gǒu

filhote (m) de lebre	小野兔	xiǎo yě tù
coelhinho (m)	小家兔	xiǎo jiā tù
lobinho (m)	狼崽子	láng zǎi zi
raposinho (m)	小狐狸	xiǎo húli
ursinho (m)	小熊	xiǎo xióng

leãozinho (m)	幼狮	yòu shī
filhote (m) de tigre	幼虎	yòu hǔ
filhote (m) de elefante	小象	xiǎo xiàng
leitão (m)	小猪	xiǎo zhū
bezerro (m)	小牛，牛犊	xiǎo niú, niú dú
cabrito (m)	小山羊	xiǎo shān yáng
cordeiro (m)	小羊	xiǎo yáng
cria (f) de veado	幼鹿	yòu lù
cria (f) de camelo	小骆驼	xiǎo luò tuo
filhote (m) de serpente	幼蛇	yòu shé
cria (f) de rã	幼蛙	yòu wā
cria (f) de ave	雏鸟	chū niǎo
pinto (m)	小鸡	xiǎo jī
patinho (m)	小鸭	xiǎo yā

216. Pássaros

pássaro (m), ave (f)	鸟	niǎo
pombo (m)	鸽子	gē zi
pardal (m)	麻雀	má què
chapim-real (m)	山雀	shān què
pega-rabuda (f)	喜鹊	xǐ què
corvo (m)	渡鸦	dù yā
gralha (f) cinzenta	乌鸦	wū yā
gralha-de-nuca-cinzenta (f)	穴鸟	xué niǎo
gralha-calva (f)	秃鼻乌鸦	tū bí wū yā
pato (m)	鸭子	yā zi
ganso (m)	鹅	é
faisão (m)	野鸡	yě jī
águia (f)	鹰	yīng
açor (m)	鹰，隼	yīng, sǔn
falcão (m)	隼，猎鹰	sǔn, liè yīng
abutre (m)	秃鹫	tū jiù
condor (m)	神鹰	shén yīng
cisne (m)	天鹅	tiān é
grou (m)	鹤	hè
cegonha (f)	鹳	guàn
papagaio (m)	鹦鹉	yīng wǔ
beija-flor (m)	蜂鸟	fēng niǎo
pavão (m)	孔雀	kǒng què
avestruz (m)	鸵鸟	tuó niǎo
garça (f)	鹭	lù
flamingo (m)	火烈鸟	huǒ liè niǎo
pelicano (m)	鹈鹕	tí hú
rouxinol (m)	夜莺	yè yīng

andorinha (f)	燕子	yàn zi
tordo-zornal (m)	田鸫	tián dōng
tordo-músico (m)	歌鸫	gē jiū
melro-preto (m)	乌鸫	wū dōng
andorinhão (m)	雨燕	yǔ yàn
cotovia (f)	云雀	yún què
codorna (f)	鹌鹑	ān chún
pica-pau (m)	啄木鸟	zhuó mù niǎo
cuco (m)	布谷鸟	bù gǔ niǎo
coruja (f)	猫头鹰	māo tóu yīng
corujão, bufo (m)	雕号鸟	diāo hào niǎo
tetraz-grande (m)	松鸡	sōng jī
tetraz-lira (m)	黑琴鸡	hēi qín jī
perdiz-cinzenta (f)	山鹑	shān chún
estorninho (m)	椋鸟	liáng niǎo
canário (m)	金丝雀	jīn sī què
galinha-do-mato (f)	花尾秦鸡	huā yǐ qín jī
tentilhão (m)	苍头燕雀	cāng tóu yàn què
dom-fafe (m)	红腹灰雀	hóng fù huī què
gaivota (f)	海鸥	hǎi ōu
albatroz (m)	信天翁	xìn tiān wēng
pinguim (m)	企鹅	qǐ é

217. Pássaros. Canto e sons

cantar (vi)	唱歌	chàng gē
gritar (vi)	叫喊	jiào hǎn
cantar (o galo)	喔喔啼	wō wō tí
cocorocó (m)	喔喔声	wō wō shēng
cacarejar (vi)	咯咯叫	luò luò jiào
crocitar (vi)	鸦叫	yā jiào
grasnar (vi)	嘎嘎叫	gā gā jiào
piar (vi)	咬咬叫	zī zī jiào
chilrear, gorjear (vi)	鸟叫，啾啾叫	niǎo jiào, jiū jiū jiào

218. Peixes. Animais marinhos

brema (f)	鳊鱼	biān yú
carpa (f)	鲤鱼	lǐ yú
perca (f)	鲈鱼	lú yú
siluro (m)	鲶鱼	nián yú
lúcio (m)	狗鱼	gǒu yú
salmão (m)	鲑鱼	guī yú
esturjão (m)	鲟鱼	xú nyú
arenque (m)	鲱鱼	fēi yú
salmão (m)	大西洋鲑	dà xī yáng guī

| cavala, sarda (f) | 鲭鱼 | qīng yú |
| solha (f) | 比目鱼 | bǐ mù yú |

lúcio perca (m)	白梭吻鲈	bái suō wěn lú
bacalhau (m)	鳕鱼	xuě yú
atum (m)	金枪鱼	jīn qiāng yú
truta (f)	鳟鱼	zūn yú

enguia (f)	鳗鱼，鳝鱼	mán yú, shàn yú
raia elétrica (f)	电鳐目	diàn yáo mù
moreia (f)	海鳝	hǎi shàn
piranha (f)	食人鱼	shí rén yú

tubarão (m)	鲨鱼	shā yú
golfinho (m)	海豚	hǎi tún
baleia (f)	鲸	jīng

caranguejo (m)	螃蟹	páng xiè
medusa, alforreca (f)	海蜇	hǎi zhē
polvo (m)	章鱼	zhāng yú

estrela-do-mar (f)	海星	hǎi xīng
ouriço-do-mar (m)	海胆	hǎi dǎn
cavalo-marinho (m)	海马	hǎi mǎ

ostra (f)	牡蛎	mǔ lì
camarão (m)	虾，小虾	xiā, xiǎo xiā
lavagante (m)	螯龙虾	áo lóng xiā
lagosta (f)	龙虾科	lóng xiā kē

219. Amfíbios. Répteis

| serpente, cobra (f) | 蛇 | shé |
| venenoso | 有毒的 | yǒu dú de |

víbora (f)	蝮蛇	fù shé
cobra-capelo, naja (f)	眼镜蛇	yǎn jìng shé
pitão (m)	蟒蛇	mǎng shé
jiboia (f)	大蟒蛇	dà mǎng shé
cobra-de-água (f)	水游蛇	shuǐ yóu shé
cascavel (f)	响尾蛇	xiǎng wěi shé
anaconda (f)	森蚺	sēn rán

lagarto (m)	蜥蜴	xī yì
iguana (f)	鬣鳞蜥	liè lín xī
varano (m)	巨蜥	jù xī
salamandra (f)	蝾螈	róng yuán
camaleão (m)	变色龙	biàn sè lóng
escorpião (m)	蝎子	xiē zi

tartaruga (f)	龟	guī
rã (f)	青蛙	qīng wā
sapo (m)	蟾蜍	chán chú
crocodilo (m)	鳄鱼	è yú

220. Insetos

inseto (m)	昆虫	kūn chóng
borboleta (f)	蝴蝶	hú dié
formiga (f)	蚂蚁	mǎ yǐ
mosca (f)	苍蝇	cāng ying
mosquito (m)	蚊子	wén zi
escaravelho (m)	甲虫	jiǎ chóng
vespa (f)	黄蜂	huáng fēng
abelha (f)	蜜蜂	mì fēng
mamangava (f)	熊蜂	xióng fēng
moscardo (m)	牛虻	niú méng
aranha (f)	蜘蛛	zhī zhū
teia (f) de aranha	蜘蛛网	zhī zhū wǎng
libélula (f)	蜻蜓	qīng tíng
gafanhoto-do-campo (m)	蝗虫	huáng chóng
traça (f)	蛾	é
barata (f)	蟑螂	zhāng láng
carraça (f)	壁虱	bì shī
pulga (f)	跳蚤	tiào zao
borrachudo (m)	蠓	měng
gafanhoto (m)	蝗虫	huáng chóng
caracol (m)	蜗牛	wō niú
grilo (m)	蟋蟀	xī shuài
pirilampo (m)	萤火虫	yíng huǒ chóng
joaninha (f)	瓢虫	piáo chóng
besouro (m)	大傈鳃角金龟	dà lì sāi jiǎo jīn guī
sanguessuga (f)	水蛭	shuǐ zhì
lagarta (f)	毛虫	máo chóng
minhoca (f)	虫，蠕虫	chóng, rú chóng
larva (f)	幼虫	yòu chóng

221. Animais. Partes do corpo

bico (m)	鸟嘴	niǎo zuǐ
asas (f pl)	翼，翅膀	yì, chì bǎng
pata (f)	爪	zhuǎ
plumagem (f)	羽毛	yǔ máo
pena, pluma (f)	羽	yǔ
crista (f)	鸟冠	niǎo guān
brânquias, guelras (f pl)	鳃	sāi
ovas (f pl)	卵，卵块	luǎn, luǎn kuài
larva (f)	幼虫	yòu chóng
barbatana (f)	鳍，鱼翅	qí, yú chì
escama (f)	鳞片	lín piàn
canino (m)	犬牙	quǎn yá

pata (f)	爪，脚掌	zhuǎ, jiǎo zhǎng
focinho (m)	口鼻部	kǒu bí bù
boca (f)	嘴	zuǐ
cauda (f), rabo (m)	尾巴	wěi ba
bigodes (m pl)	胡须	hú xū
casco (m)	蹄	tí
corno (m)	角	jiǎo
carapaça (f)	背甲	bèi jiǎ
concha (f)	贝壳	bèi ké
casca (f) de ovo	壳	ké
pelo (m)	毛	máo
pele (f), couro (m)	兽皮	shòu pí

222. Ações dos animais

voar (vi)	飞	fēi
dar voltas	回翔	huí xiáng
voar (para longe)	飞走	fēi zǒu
bater as asas	振翅	zhèn chì
bicar (vi)	啄	zhuó
incubar (vt)	孵化	fū huà
sair do ovo	出壳	chū qiào
fazer o ninho	筑巢	zhù cháo
rastejar (vi)	爬行	pá xíng
picar (vt)	蜇	zhē
morder (vt)	咬人	yǎo rén
cheirar (vt)	闻	wén
latir (vi)	吠	fèi
silvar (vi)	嘶嘶声	sī sī shēng
assustar (vt)	吓唬	xià hu
atacar (vt)	袭击	xí jī
roer (vt)	啃	kěn
arranhar (vt)	抓破	zhuā pò
esconder-se (vr)	躲藏	duǒ cáng
brincar (vi)	玩	wán
caçar (vi)	打猎	dǎ liè
hibernar (vi)	蛰伏	zhé fú
extinguir-se (vr)	灭亡	miè wáng

223. Animais. Habitats

hábitat	生境	shēng jìng
migração (f)	迁徙	qiān xǐ
montanha (f)	山	shān

recife (m)	礁	jiāo
falésia (f)	悬崖	xuán yá
floresta (f)	森林，树林	sēn lín, shù lín
selva (f)	热带丛林	rèdài cóng lín
savana (f)	热带草原	rèdài cǎo yuán
tundra (f)	苔原	tái yuán
estepe (f)	草原	cǎo yuán
deserto (m)	沙漠	shā mò
oásis (m)	绿洲	lǜ zhōu
mar (m)	海，大海	hǎi, dà hǎi
lago (m)	湖	hú
oceano (m)	海洋，大海	hǎi yáng, dà hǎi
pântano (m)	沼泽	zhǎo zé
de água doce	淡水的	dàn shuǐ de
lagoa (f)	池塘	chí táng
rio (m)	河，江	hé, jiāng
toca (f) do urso	熊窝	xióng wō
ninho (m)	鸟窝	niǎo wō
buraco (m) de árvore	树洞	shù dòng
toca (f)	洞穴，兽穴	dòng xué, shòu xué
formigueiro (m)	蚁丘	yǐ qiū

224. Cuidados com os animais

jardim (m) zoológico	动物园	dòng wù yuán
reserva (f) natural	自然保护区	zì rán bǎo hù qū
viveiro (m)	繁殖场	fán zhí chǎng
jaula (f) de ar livre	露天笼	lù tiān lóng
jaula, gaiola (f)	笼子	lóng zi
casinha (f) de cão	狗窝	gǒu wō
pombal (m)	鸽棚	gē péng
aquário (m)	水族箱	shuǐ zú xiāng
delfinário (m)	海豚馆	hǎi tún guǎn
criar (vt)	饲养	sì yǎng
ninhada (f)	一窝	yī wō
domesticar (vt)	驯化	xùn huà
adestrar (vt)	训练	xùn liàn
ração (f)	饲料	sì liào
alimentar (vt)	喂养	wèi yǎng
loja (f) de animais	宠物店	chǒng wù diàn
açaime (m)	嘴套	zuǐ tào
coleira (f)	颈圈	jǐng quān
nome (m)	绰号	chuò hào
pedigree (m)	血统	xuè tǒng

225. Animais. Diversos

alcateia (f)	一群	yī qún
bando (pássaros)	鸟群	niǎo qún
cardume (peixes)	鱼群	yú qún
manada (cavalos)	群	qún
macho (m)	雄性	xióng xìng
fêmea (f)	雌性生物	cí xìng shēng wù
faminto	饿的	è de
selvagem	野生的	yě shēng de
perigoso	危险的	wēi xiǎn de

226. Cavalos

cavalo (m)	马	mǎ
raça (f)	种	zhǒng
potro (m)	马驹	mǎ jū
égua (f)	母马	mǔ mǎ
mustangue (m)	野马	yě mǎ
pónei (m)	小型马	xiǎo xíng mǎ
cavalo (m) de tiro	曳马，驮马	yè mǎ, duò mǎ
crina (f)	鬃毛	zōng máo
cauda (f)	尾巴	wěi ba
casco (m)	马蹄	mǎ tí
ferradura (f)	马蹄铁，马掌	mǎ tí tiě, mǎ zhǎng
ferrar (vt)	钉上马掌	dīng shàng mǎ zhǎng
ferreiro (m)	铁匠	tiě jiang
sela (f)	鞍，马鞍	ān, mǎ ān
estribo (m)	马镫	mǎ dèng
brida (f)	马笼头	mǎ lóng tóu
rédeas (f pl)	缰绳	jiāng shéng
chicote (m)	鞭子	biān zi
cavaleiro (m)	骑手	qí shǒu
colocar sela	备鞍	bèi ān
montar no cavalo	上马	shàng mǎ
galope (m)	奔驰	bēn chí
galopar (vi)	奔驰	bēn chí
trote (m)	小跑	xiǎo pǎo
a trote	在小跑	zài xiǎo pǎo
cavalo (m) de corrida	赛马	sài mǎ
corridas (f pl)	赛马会	sài mǎ huì
estábulo (m)	马厩	mǎ jiù
alimentar (vt)	喂养	wèi yǎng

feno (m)	干草	gān cǎo
dar água	给 … 喂水	gěi … wèi shuǐ
limpar (vt)	刷马	shuā mǎ
pastar (vi)	放牧	fàng mù
relinchar (vi)	马嘶叫	mǎ sī jiào
dar um coice	乱踢	luàn tī

Flora

227. Árvores

árvore (f)	树，乔木	shù, qiáo mù
decídua	每年落叶的	měi nián luò yè de
conífera	针叶树	zhēn yè shù
perene	常绿树	cháng lǜ shù
macieira (f)	苹果树	píngguǒ shù
pereira (f)	梨树	lí shù
cerejeira (f)	欧洲甜樱桃树	oūzhōu tián yīngtáo shù
ginjeira (f)	樱桃树	yīngtáo shù
ameixeira (f)	李树	lǐ shù
bétula (f)	白桦，桦树	bái huà, huà shù
carvalho (m)	橡树	xiàng shù
tília (f)	椴树	duàn shù
choupo-tremedor (m)	山杨	shān yáng
bordo (m)	枫树	fēng shù
espruce-europeu (m)	枞树，杉树	cōng shù, shān shù
pinheiro (m)	松树	sōng shù
alerce, lariço (m)	落叶松	luò yè sōng
abeto (m)	冷杉	lěng shān
cedro (m)	雪松	xuě sōng
choupo, álamo (m)	杨	yáng
tramazeira (f)	花楸	huā qiū
salgueiro (m)	柳树	liǔ shù
amieiro (m)	赤杨	chì yáng
faia (f)	山毛榉	shān máo jǔ
ulmeiro (m)	榆树	yú shù
freixo (m)	白腊树	bái là shù
castanheiro (m)	栗树	lì shù
magnólia (f)	木兰	mù lán
palmeira (f)	棕榈树	zōng lǘ shù
cipreste (m)	柏树	bǎi shù
embondeiro, baobá (m)	猴面包树	hóu miàn bāo shù
eucalipto (m)	桉树	ān shù
sequoia (f)	红杉	hóng shān

228. Arbustos

arbusto (m)	灌木	guàn mù
arbusto (m), moita (f)	灌木	guàn mù

| videira (f) | 葡萄 | pú tao |
| vinhedo (m) | 葡萄园 | pú táo yuán |

framboeseira (f)	悬钩栗	xuán gōu lì
groselheira-vermelha (f)	红醋栗	hóng cù lì
groselheira (f) espinhosa	醋栗	cù lì

acácia (f)	金合欢	jīn hé huān
bérberis (f)	小檗	xiǎo bò
jasmim (m)	茉莉	mò li

junípero (m)	刺柏	cì bǎi
roseira (f)	玫瑰丛	méi guī cóng
roseira (f) brava	犬蔷薇	quǎn qiáng wēi

229. Cogumelos

cogumelo (m)	蘑菇	mógu
cogumelo (m) comestível	可食的蘑菇	kěshíde mógu
cogumelo (m) venenoso	毒蘑菇	dú mógu
chapéu (m)	蘑菇伞	mógu sǎn
pé, caule (m)	菇脚	gū jiǎo

boleto (m)	美味牛肝菌	měi wèi niú gān jūn
boleto (m) alaranjado	橙盖牛肝菌	chéng gài niú gān jūn
míscaro (m) das bétulas	褐疣柄牛肝菌	hè yóu bǐng niú gān jūn
cantarela (f)	鸡油菌	jī yóu jūn
rússula (f)	红菇	hóng gū

morchella (f)	羊肚菌	yáng dǔ jùn
agário-das-moscas (m)	蛤蟆菌	há má jùn
cicuta (f) verde	毒蕈	dú xùn

230. Frutos. Bagas

maçã (f)	苹果	píng guǒ
pera (f)	梨	lí
ameixa (f)	李子	lǐ zi

morango (m)	草莓	cǎo méi
ginja (f)	樱桃	yīngtáo
cereja (f)	欧洲甜樱桃	oūzhōu tián yīngtáo
uva (f)	葡萄	pú tao

framboesa (f)	覆盆子	fù pén zi
groselha (f) preta	黑醋栗	hēi cù lì
groselha (f) vermelha	红醋栗	hóng cù lì
groselha (f) espinhosa	醋栗	cù lì
oxicoco (m)	小红莓	xiǎo hóng méi

| laranja (f) | 橙子 | chén zi |
| tangerina (f) | 橘子 | jú zi |

ananás (m)	菠萝	bō luó
banana (f)	香蕉	xiāng jiāo
tâmara (f)	海枣	hǎi zǎo
limão (m)	柠檬	níng méng
damasco (m)	杏子	xìng zi
pêssego (m)	桃子	táo zi
kiwi (m)	猕猴桃	mí hóu táo
toranja (f)	葡萄柚	pú tao yòu
baga (f)	浆果	jiāng guǒ
bagas (f pl)	浆果	jiāng guǒ
arando (m) vermelho	越橘	yuè jú
morango-silvestre (m)	草莓	cǎo méi
mirtilo (m)	越橘	yuè jú

231. Flores. Plantas

flor (f)	花	huā
ramo (m) de flores	花束	huā shù
rosa (f)	玫瑰	méi guī
tulipa (f)	郁金香	yù jīn xiāng
cravo (m)	康乃馨	kāng nǎi xīn
gladíolo (m)	唐菖蒲	táng chāng pú
centáurea (f)	矢车菊	shǐ chē jú
campânula (f)	风铃草	fēng líng cǎo
dente-de-leão (m)	蒲公英	pú gōng yīng
camomila (f)	甘菊	gān jú
aloé (m)	芦荟	lúhuì
cato (m)	仙人掌	xiān rén zhǎng
fícus (m)	橡胶树	xiàng jiāo shù
lírio (m)	百合花	bǎi hé huā
gerânio (m)	天竺葵	tiān zhú kuí
jacinto (m)	风信子	fēng xìn zǐ
mimosa (f)	含羞草	hán xiū cǎo
narciso (m)	水仙	shuǐ xiān
capuchinha (f)	旱金莲	hàn jīn lián
orquídea (f)	兰花	lán huā
peónia (f)	芍药	sháo yao
violeta (f)	紫罗兰	zǐ luó lán
amor-perfeito (m)	三色堇	sān sè jǐn
não-me-esqueças (m)	勿忘草	wù wàng cǎo
margarida (f)	雏菊	chú jú
papoula (f)	罂粟	yīng sù
cânhamo (m)	大麻	dà má
hortelã (f)	薄河	bó hé

| lírio-do-vale (m) | 铃兰 | líng lán |
| campânula-branca (f) | 雪花莲 | xuě huā lián |

urtiga (f)	荨麻	qián má
azeda (f)	酸模	suān mó
nenúfar (m)	睡莲	shuì lián
feto (m), samambaia (f)	蕨	jué
líquen (m)	地衣	dì yī

estufa (f)	温室	wēn shì
relvado (m)	草坪	cǎo píng
canteiro (m) de flores	花坛，花圃	huā tán, huā pǔ

planta (f)	植物	zhí wù
erva (f)	草	cǎo
folha (f) de erva	叶片	yè piàn

folha (f)	叶子	yè zi
pétala (f)	花瓣	huā bàn
talo (m)	茎	jīng
tubérculo (m)	块茎	kuài jīng

| broto, rebento (m) | 芽 | yá |
| espinho (m) | 刺 | cì |

florescer (vi)	开花	kāi huā
murchar (vi)	枯萎	kū wěi
cheiro (m)	香味	xiāng wèi
cortar (flores)	切	qiē
colher (uma flor)	采，摘	cǎi, zhāi

232. Cereais, grãos

grão (m)	谷物	gǔ wù
cereais (plantas)	谷类作物	gǔ lèi zuò wù
espiga (f)	穗	suì

trigo (m)	小麦	xiǎo mài
centeio (m)	黑麦	hēi mài
aveia (f)	燕麦	yàn mài

| milho-miúdo (m) | 粟，小米 | sù, xiǎo mǐ |
| cevada (f) | 大麦 | dàmài |

milho (m)	玉米	yù mǐ
arroz (m)	稻米	dào mǐ
trigo-sarraceno (m)	荞麦	qiáo mài

| ervilha (f) | 豌豆 | wān dòu |
| feijão (m) | 四季豆 | sì jì dòu |

soja (f)	黄豆	huáng dòu
lentilha (f)	兵豆	bīng dòu
fava (f)	豆子	dòu zi

233. Vegetais. Verduras

| legumes (m pl) | 蔬菜 | shū cài |
| verduras (f pl) | 青菜 | qīng cài |

tomate (m)	西红柿	xī hóng shì
pepino (m)	黄瓜	huáng guā
cenoura (f)	胡萝卜	hú luó bo
batata (f)	土豆	tǔ dòu
cebola (f)	洋葱	yáng cōng
alho (m)	大蒜	dà suàn

couve (f)	元白菜	yuán bái cài
couve-flor (f)	菜花	cài huā
couve-de-bruxelas (f)	抱子甘蓝	bào zi gān lán

beterraba (f)	甜菜根	tián cài gēn
beringela (f)	茄子	qié zi
curgete (f)	西葫芦	xī hú lu
abóbora (f)	南瓜	nán guā
nabo (m)	蔓菁	mán jing

salsa (f)	欧芹	ōu qín
funcho, endro (m)	莳萝	shì luó
alface (f)	生菜，莴苣	shēng cài, wō jù
aipo (m)	芹菜	qín cài
espargo (m)	芦笋	lú sǔn
espinafre (m)	菠菜	bō cài

ervilha (f)	豌豆	wān dòu
fava (f)	豆子	dòu zi
milho (m)	玉米	yù mǐ
feijão (m)	四季豆	sì jì dòu

pimentão (m)	胡椒，辣椒	hú jiāo, là jiāo
rabanete (m)	水萝卜	shuǐ luó bo
alcachofra (f)	朝鲜蓟	cháo xiǎn jì

GEOGRAFIA REGIONAL

Países. Nacionalidades

234. Europa Ocidental

Europa (f)	欧洲	oūzhōu
União (f) Europeia	欧盟	oūméng
europeu (m)	欧洲人	oūzhōu rén
europeu	欧洲人	oūzhōu rén
Áustria (f)	奥地利	aòdìlì
austríaco (m)	奥地利人	aòdìlì rén
austríaca (f)	奥地利人	aòdìlì rén
austríaco	奥地利的	aòdìlì de
Grã-Bretanha (f)	大不列颠	dàbùlièdiān
Inglaterra (f)	英国	yīngguó
inglês (m)	英国人	yīngguó rén
inglesa (f)	英国人	yīngguó rén
inglês	英国的	yīngguó de
Bélgica (f)	比利时	bǐlìshí
belga (m)	比利时人	bǐlìshí rén
belga (f)	比利时人	bǐlìshí rén
belga	比利时的	bǐlìshí de
Alemanha (f)	德国	dé guó
alemão (m)	德国人	dé guó rén
alemã (f)	德国人	dé guó rén
alemão	德国的	dé guó de
Países (m pl) Baixos	荷兰	hélán
Holanda (f)	荷兰	hélán
holandês (m)	荷兰人	hélán rén
holandesa (f)	荷兰人	hélán rén
holandês	荷兰的	hélán de
Grécia (f)	希腊	xīlà
grego (m)	希腊人	xīlà rén
grega (f)	希腊人	xīlà rén
grego	希腊的	xīlà de
Dinamarca (f)	丹麦	dānmài
dinamarquês (m)	丹麦人	dānmài rén
dinamarquesa (f)	丹麦人	dānmài rén
dinamarquês	丹麦的	dānmài de
Irlanda (f)	爱尔兰	aìěrlán
irlandês (m)	爱尔兰人	aìěrlán rén

irlandesa (f)	爱尔兰人	aìěrlán rén
irlandês	爱尔兰的	aìěrlán de
Islândia (f)	冰岛	bīngdǎo
islandês (m)	冰岛人	bīngdǎo rén
islandesa (f)	冰岛人	bīngdǎo rén
islandês	冰岛的	bīngdǎo de
Espanha (f)	西班牙	xībānyá
espanhol (m)	西班牙人	xībānyá rén
espanhola (f)	西班牙人	xībānyá rén
espanhol	西班牙的	xībānyá de
Itália (f)	意大利	yìdàlì
italiano (m)	意大利人	yìdàlì rén
italiana (f)	意大利人	yìdàlì rén
italiano	意大利的	yìdàlì de
Chipre (m)	塞浦路斯	sàipǔlùsī
cipriota (m)	塞浦路斯人	sàipǔlùsī rén
cipriota (f)	塞浦路斯人	sàipǔlùsī rén
cipriota	塞浦路斯的	sàipǔlùsī de
Malta (f)	马耳他	mǎěrtā
maltês (m)	马耳他人	mǎěrtā rén
maltesa (f)	马耳他人	mǎěrtā rén
maltês	马耳他的	mǎěrtā de
Noruega (f)	挪威	nuówēi
norueguês (m)	挪威人	nuówēi rén
norueguesa (f)	挪威人	nuówēi rén
norueguês	挪威的	nuówēi de
Portugal (m)	葡萄牙	pútáoyá
português (m)	葡萄牙人	pútáoyá rén
portuguesa (f)	葡萄牙人	pútáoyá rén
português	葡萄牙的	pútáoyá de
Finlândia (f)	芬兰	fēnlán
finlandês (m)	芬兰人	fēnlán rén
finlandesa (f)	芬兰人	fēnlán rén
finlandês	芬兰的	fēnlán de
França (f)	法国	fǎguó
francês (m)	法国人	fǎguó rén
francesa (f)	法国人	fǎguó rén
francês	法国的	fǎguó de
Suécia (f)	瑞典	ruìdiǎn
sueco (m)	瑞典人	ruìdiǎn rén
sueca (f)	瑞典人	ruìdiǎn rén
sueco	瑞典的	ruìdiǎn de
Suíça (f)	瑞士	ruìshì
suíço (m)	瑞士人	ruìshì rén
suíça (f)	瑞士人	ruìshì rén

suíço	瑞士的	ruìshì de
Escócia (f)	苏格兰	sūgélán
escocês (m)	苏格兰人	sūgélán rén
escocesa (f)	苏格兰人	sūgélán rén
escocês	苏格兰的	sūgélán de
Vaticano (m)	梵蒂冈	fàndìgāng
Liechtenstein (m)	列支敦士登	lièzhīdūnshìdēng
Luxemburgo (m)	卢森堡	lúsēnbǎo
Mónaco (m)	摩纳哥	mónàgē

235. Europa Central e de Leste

Albânia (f)	阿尔巴尼亚	āěrbāníyà
albanês (m)	阿尔巴尼亚人	āěrbāníyà rén
albanesa (f)	阿尔巴尼亚人	āěrbāníyà rén
albanês	阿尔巴尼亚的	āěrbāníyà de
Bulgária (f)	保加利亚	bǎojiālìyà
búlgaro (m)	保加利亚人	bǎojiālìyà rén
búlgara (f)	保加利亚人	bǎojiālìyà rén
búlgaro	保加利亚的	bǎojiālìyà de
Hungria (f)	匈牙利	xiōngyálì
húngaro (m)	匈牙利人	xiōngyálì rén
húngara (f)	匈牙利人	xiōngyálì rén
húngaro	匈牙利的	xiōngyálì de
Letónia (f)	拉脱维亚	lātuōwéiyà
letão (m)	拉脱维亚人	lātuōwéiyà rén
letã (f)	拉脱维亚人	lātuōwéiyà rén
letão	拉脱维亚的	lātuōwéiyà de
Lituânia (f)	立陶宛	lìtáowǎn
lituano (m)	立陶宛人	lìtáowǎn rén
lituana (f)	立陶宛人	lìtáowǎn rén
lituano	立陶宛的	lìtáowǎn de
Polónia (f)	波兰	bōlán
polaco (m)	波兰人	bōlán rén
polaca (f)	波兰人	bōlán rén
polaco	波兰的	bōlán de
Roménia (f)	罗马尼亚	luómǎníyà
romeno (m)	罗马尼亚人	luómǎníyà rén
romena (f)	罗马尼亚人	luómǎníyà rén
romeno	罗马尼亚的	luómǎníyà de
Sérvia (f)	塞尔维亚	sāiěrwéiyà
sérvio (m)	塞尔维亚人	sāiěrwéiyà rén
sérvia (f)	塞尔维亚人	sāiěrwéiyà rén
sérvio	塞尔维亚的	sāiěrwéiyà de
Eslováquia (f)	斯洛伐克	sīluòfákè
eslovaco (m)	斯洛伐克人	sīluòfákè rén

| eslovaca (f) | 斯洛伐克人 | sīluòfákè rén |
| eslovaco | 斯洛伐克的 | sīluòfákè de |

Croácia (f)	克罗地亚	kèluódìyà
croata (m)	克罗地亚人	kèluódìyà rén
croata (f)	克罗地亚人	kèluódìyà rén
croata	克罗地亚的	kèluódìyà de

República (f) Checa	捷克共和国	jiékè gònghéguó
checo (m)	捷克人	jiékè rén
checa (f)	捷克人	jiékè rén
checo	捷克的	jiékè de

Estónia (f)	爱沙尼亚	àishāníyà
estónio (m)	爱沙尼亚人	àishāníyà rén
estónia (f)	爱沙尼亚人	àishāníyà rén
estónio	爱沙尼亚的	àishāníyà de

Bósnia e Herzegovina (f)	波斯尼亚和黑塞哥维那	bōsīníyà hé hēisègēwéinà
Macedónia (f)	马其顿	mǎqídùn
Eslovénia (f)	斯洛文尼亚	sīluòwénníyà
Montenegro (m)	黑山	hēishān

236. Países da ex-URSS

Azerbaijão (m)	阿塞拜疆	āsàibàijiāng
azeri (m)	阿塞拜疆人	āsàibàijiāng rén
azeri (f)	阿塞拜疆人	āsàibàijiāng rén
azeri, azerbaijano	阿塞拜疆的	āsàibàijiāng de

Arménia (f)	亚美尼亚	yàměiníyà
arménio (m)	亚美尼亚人	yàměiníyà rén
arménia (f)	亚美尼亚人	yàměiníyà rén
arménio	亚美尼亚的	yàměiníyà de

Bielorrússia (f)	白俄罗斯	báiéluósī
bielorrusso (m)	白俄罗斯人	báiéluósī rén
bielorrussa (f)	白俄罗斯人	báiéluósī rén
bielorrusso	白俄罗斯的	báiéluósī de

Geórgia (f)	格鲁吉亚	gélŭjíyà
georgiano (m)	格鲁吉亚人	gélŭjíyà rén
georgiana (f)	格鲁吉亚人	gélŭjíyà rén
georgiano	格鲁吉亚的	gélŭjíyà de

Cazaquistão (m)	哈萨克斯坦	hāsàkèsītǎn
cazaque (m)	哈萨克人	hāsàkè rén
cazaque (f)	哈萨克人	hāsàkè rén
cazaque	哈萨克的	hāsàkè de

Quirguistão (m)	吉尔吉斯	jíěrjísī
quirguiz (m)	吉尔吉斯人	jíěrjísī rén
quirguiz (f)	吉尔吉斯人	jíěrjísī rén
quirguiz	吉尔吉斯的	jíěrjísī de

Moldávia (f)	摩尔多瓦	móěrduōwǎ
moldavo (m)	摩尔多瓦人	móěrduōwǎ rén
moldava (f)	摩尔多瓦人	móěrduōwǎ rén
moldavo	摩尔多瓦的	móěrduōwǎ de
Rússia (f)	俄罗斯	éluósī
russo (m)	俄罗斯的	éluósī de
russa (f)	俄罗斯人	éluósī rén
russo	俄罗斯的	éluósī de
Tajiquistão (m)	塔吉克斯坦	tǎjíkèsītǎn
tajique (m)	塔吉克人	tǎjíkè rén
tajique (f)	塔吉克人	tǎjíkè rén
tajique	塔吉克的	tǎjíkè de
Turquemenistão (m)	土库曼斯坦	tǔkùmànsītǎn
turcomeno (m)	土库曼人	tǔkùmàn rén
turcomena (f)	土库曼人	tǔkùmàn rén
turcomeno	土库曼的	tǔkùmàn de
Uzbequistão (f)	乌兹别克斯坦	wūzībiékèsītǎn
uzbeque (m)	乌兹别克人	wūzībiékè rén
uzbeque (f)	乌兹别克人	wūzībiékè rén
uzbeque	乌兹别克的	wūzībiékè de
Ucrânia (f)	乌克兰	wūkèlán
ucraniano (m)	乌克兰人	wūkèlán rén
ucraniana (f)	乌克兰人	wūkèlán rén
ucraniano	乌克兰的	wūkèlán de

237. Asia

Ásia (f)	亚洲	yàzhōu
asiático	亚洲的	yàzhōu de
Vietname (m)	越南	yuènán
vietnamita (m)	越南人	yuènán rén
vietnamita (f)	越南人	yuènán rén
vietnamita	越南的	yuènán de
Índia (f)	印度	yìndù
indiano (m)	印度人	yìndù rén
indiana (f)	印度人	yìndù rén
indiano	印度的	yìndù de
Israel (m)	以色列	yǐsèliè
israelita (m)	以色列人	yǐsèliè rén
israelita (f)	以色列人	yǐsèliè rén
israelita	以色列的	yǐsèliè de
judeu (m)	犹太人	yóutài rén
judia (f)	犹太人	yóutài rén
judeu	犹太的	yóutài de
China (f)	中国	zhōngguó

chinês (m)	中国人	zhōngguó rén
chinesa (f)	中国人	zhōngguó rén
chinês	中国的	zhōngguó de
coreano (m)	韩国人	hánguó rén
coreana (f)	韩国人	hánguó rén
coreano	韩国的	hánguó de
Líbano (m)	黎巴嫩	líbānèn
libanês (m)	黎巴嫩人	líbānèn rén
libanesa (f)	黎巴嫩人	líbānèn rén
libanês	黎巴嫩的	líbānèn de
Mongólia (f)	蒙古	ménggǔ
mongol (m)	蒙古人	ménggǔ rén
mongol (f)	蒙古人	ménggǔ rén
mongol	蒙古的	ménggǔ de
Malásia (f)	马来西亚	mǎláixīyà
malaio (m)	马来西亚人	mǎláixīyà rén
malaia (f)	马来西亚人	mǎláixīyà rén
malaio	马来西亚的	mǎláixīyà de
Paquistão (m)	巴基斯坦	bājīsītǎn
paquistanês (m)	巴基斯坦人	bājīsītǎn rén
paquistanesa (f)	巴基斯坦人	bājīsītǎn rén
paquistanês	巴基斯坦的	bājīsītǎn de
Arábia (f) Saudita	沙特阿拉伯	shātè ālābó
árabe (m)	阿拉伯人	ālābó rén
árabe (f)	阿拉伯人	ālābó rén
árabe	阿拉伯的	ālābó de
Tailândia (f)	泰国	tàiguó
tailandês (m)	泰国人	tàiguó rén
tailandesa (f)	泰国人	tàiguó rén
tailandês	泰国的	tàiguó de
Taiwan (m)	台湾	táiwān
taiwanês (m)	台湾人	táiwān rén
taiwanesa (f)	台湾人	táiwān rén
taiwanês	台湾的	táiwān de
Turquia (f)	土耳其	tǔěrqí
turco (m)	土耳其人	tǔěrqí rén
turca (f)	土耳其人	tǔěrqí rén
turco	土耳其的	tǔěrqí de
Japão (m)	日本	rìběn
japonês (m)	日本人	rìběn rén
japonesa (f)	日本人	rìběn rén
japonês	日本的	rìběn de
Afeganistão (m)	阿富汗	āfùhàn
Bangladesh (m)	孟加拉国	mèngjiālāguó
Indonésia (f)	印度尼西亚	yìndùníxīyà

Jordânia (f)	约旦	yuēdàn
Iraque (m)	伊拉克	yīlākè
Irão (m)	伊朗	yīlǎng
Camboja (f)	柬埔寨	jiǎnpǔzhài
Kuwait (m)	科威特	kēwēitè

Laos (m)	老挝	lǎowō
Myanmar (m), Birmânia (f)	缅甸	miǎndiàn
Nepal (m)	尼泊尔	níbóěr
Emirados Árabes Unidos	阿联酋	ēliánqiú

Síria (f)	叙利亚	xùlìyà
Palestina (f)	巴勒斯坦	bālèsītǎn
Coreia do Sul (f)	韩国	hánguó
Coreia do Norte (f)	北朝鲜	běicháoxiǎn

238. América do Norte

Estados Unidos da América	美国	měiguó
americano (m)	美国人	měiguó rén
americana (f)	美国人	měiguó rén
americano	美国的	měiguó de

Canadá (m)	加拿大	jiānádà
canadiano (m)	加拿大人	jiānádà rén
canadiana (f)	加拿大人	jiānádà rén
canadiano	加拿大的	jiānádà de

México (m)	墨西哥	mòxīgē
mexicano (m)	墨西哥人	mòxīgē rén
mexicana (f)	墨西哥人	mòxīgē rén
mexicano	墨西哥的	mòxīgē de

239. América Central do Sul

Argentina (f)	阿根廷	āgēntíng
argentino (m)	阿根廷人	āgēntíng rén
argentina (f)	阿根廷人	āgēntíng rén
argentino	阿根廷的	āgēntíng de

Brasil (m)	巴西	bāxī
brasileiro (m)	巴西人	bāxī rén
brasileira (f)	巴西人	bāxī rén
brasileiro	巴西的	bāxī de

Colômbia (f)	哥伦比亚	gēlúnbǐyà
colombiano (m)	哥伦比亚人	gēlúnbǐyà rén
colombiana (f)	哥伦比亚人	gēlúnbǐyà rén
colombiano	哥伦比亚的	gēlúnbǐyà de

| Cuba (f) | 古巴 | gǔbā |
| cubano (m) | 古巴人 | gǔbā rén |

cubana (f)	古巴人	gǔbā rén
cubano	古巴的	gǔbā de
Chile (m)	智利	zhìlì
chileno (m)	智利人	zhìlì rén
chilena (f)	智利人	zhìlì rén
chileno	智利的	zhìlì de
Bolívia (f)	玻利维亚	bōlìwéiyà
Venezuela (f)	委内瑞拉	wěinèiruìlā
Paraguai (m)	巴拉圭	bālāguī
Peru (m)	秘鲁	bìlǔ
Suriname (m)	苏里南	sūlǐnán
Uruguai (m)	乌拉圭	wūlāguī
Equador (m)	厄瓜多尔	èguāduōěr
Bahamas (f pl)	巴哈马群岛	bāhāmǎ qúndǎo
Haiti (m)	海地	hǎidì
República (f) Dominicana	多米尼加共和国	duōmǐníjiāgònghéguó
Panamá (m)	巴拿马	bānámǎ
Jamaica (f)	牙买加	yámǎijiā

240. Africa

Egito (m)	埃及	āijí
egípcio (m)	埃及人	āijí rén
egípcia (f)	埃及人	āijí rén
egípcio	埃及的	āijí de
Marrocos	摩洛哥	móluògē
marroquino (m)	摩洛哥人	móluògē rén
marroquina (f)	摩洛哥人	móluògē rén
marroquino	摩洛哥的	móluògē de
Tunísia (f)	突尼斯	tūnísī
tunisino (m)	突尼斯人	tūnísī rén
tunisina (f)	突尼斯人	tūnísī rén
tunisino	突尼斯的	tūnísī de
Gana (f)	加纳	jiā nà
Zanzibar (m)	桑给巴尔	sāngjǐbāěr
Quénia (f)	肯尼亚	kěn ní yà
Líbia (f)	利比亚	lìbǐyà
Madagáscar (m)	马达加斯加	mǎdájiāsījiā
Namíbia (f)	纳米比亚	nàmǐbǐyà
Senegal (m)	塞内加尔	sàinèijiāěr
Tanzânia (f)	坦桑尼亚	tǎnsāngníyà
África do Sul (f)	南非	nánfēi
africano (m)	非洲人	fēizhōu rén
africana (f)	非洲人	fēizhōu rén
africano	非洲的	fēizhōu de

241. Austrália. Oceania

Austrália (f)	澳大利亚	àodàlìyà
australiano (m)	澳大利亚人	àodàlìyà rén
australiana (f)	澳大利亚人	àodàlìyà rén
australiano	澳大利亚的	àodàlìyà de
Nova Zelândia (f)	新西兰	xīnxīlán
neozelandês (m)	新西兰人	xīnxīlán rén
neozelandesa (f)	新西兰人	xīnxīlán rén
neozelandês	新西兰的	xīnxīlán de
Tasmânia (f)	塔斯马尼亚	tǎsīmǎníyà
Polinésia Francesa (f)	法属波利尼西亚	fǎshǔ bōlìníxīyà

242. Cidades

Amesterdão	阿姆斯特丹	āmǔsītèdān
Ancara	安卡拉	ānkǎlā
Atenas	雅典	yǎdiǎn
Bagdade	巴格达	bāgédá
Banguecoque	曼谷	màngǔ
Barcelona	巴塞罗那	bāsàiluónà
Beirute	贝鲁特	bèilǔtè
Berlim	柏林	bólín
Bombaim	孟买	mèngmǎi
Bona	波恩	bōēn
Bordéus	波尔多	bōěrduō
Bratislava	布拉蒂斯拉发	bùlādìsīlāfā
Bruxelas	布鲁塞尔	bùlǔsàiěr
Bucareste	布加勒斯特	bùjiālèsītè
Budapeste	布达佩斯	bùdápèisī
Cairo	开罗	kāiluó
Calcutá	加尔各答	jiāěrgèdá
Chicago	芝加哥	zhījiāgē
Cidade do México	墨西哥城	mòxīgēchéng
Copenhaga	哥本哈根	gēběnhāgēn
Dar es Salaam	达累斯萨拉姆	dálèisàlāmǔ
Deli	德里	délǐ
Dubai	迪拜	díbài
Dublin, Dublim	都柏林	dūbólín
Düsseldorf	杜塞尔多夫	dùsàierduōfū
Estocolmo	斯德哥尔摩	sīdégēěrmó
Florença	佛洛伦萨	fóluòlúnsà
Frankfurt	法兰克福	fǎlánkèfú
Genebra	日内瓦	rìnèiwǎ
Haia	海牙	hǎiyá
Hamburgo	汉堡	hàn bǎo

Hanói	河内	hénèi
Havana	哈瓦那	hāwǎnà
Helsínquia	赫尔辛基	hèěrxīnjī
Hiroshima	广岛	guǎngdǎo
Hong Kong	香港	xiānggǎng
Istambul	伊斯坦布尔	yīsītǎnbùěr
Jerusalém	耶路撒冷	yēlùsālěng
Kiev	基辅	jīfǔ
Kuala Lumpur	吉隆坡	jílóngpō
Lisboa	里斯本	lǐsīběn
Londres	伦敦	lúndūn
Los Angeles	洛杉矶	luòshānjī
Lion	里昂	lǐáng
Madrid	马德里	mǎdélǐ
Marselha	马赛	mǎsài
Miami	迈阿密	màiāmì
Montreal	蒙特利尔	méngtèlìěr
Moscovo	莫斯科	mòsīkē
Munique	慕尼黑	mùníhēi
Nairóbi	内罗毕	nèiluóbì
Nápoles	那布勒斯	nàbùlēisī
Nice	尼斯	nísī
Nova York	纽约	niǔyuē
Oslo	奥斯陆	àosīlù
Ottawa	渥太华	wòtàihuá
Paris	巴黎	bālí
Pequim	北京	běijīng
Praga	布拉格	bùlāgé
Rio de Janeiro	里约热内卢	lǐyuērènèilú
Roma	罗马	luómǎ
São Petersburgo	圣彼得堡	shèngbǐdébǎo
Seul	首尔	shǒuěr
Singapura	新加坡	xīnjiāpō
Sydney	悉尼	xīní
Taipé	台北	táiběi
Tóquio	东京	dōngjīng
Toronto	多伦多	duōlúnduō
Varsóvia	华沙	huáshā
Veneza	威尼斯	wēinísī
Viena	维也纳	wéiyěnà
Washington	华盛顿哥伦比亚特区	huáshèngdùn gēlúnbǐyà tèqū
Xangai	上海	shànghǎi

243. Política. Governo. Parte 1

política (f)	政治	zhèng zhì
político	政治的	zhèng zhì de

político (m)	政治家	zhèng zhì jiā
estado (m)	国家	guó jiā
cidadão (m)	公民	gōng mín
cidadania (f)	国籍	guó jí

| brasão (m) de armas | 国徽 | guó huī |
| hino (m) nacional | 国歌 | guó gē |

governo (m)	政府	zhèng fǔ
Chefe (m) de Estado	国家元首	guó jiā yuán shǒu
parlamento (m)	国会	guó huì
partido (m)	党	dǎng

| capitalismo (m) | 资本主义 | zīběn zhǔyì |
| capitalista | 资本主义的 | zīběn zhǔyìde |

| socialismo (m) | 社会主义 | shèhuì zhǔyì |
| socialista | 社会主义的 | shèhuì zhǔyìde |

comunismo (m)	共产主义	gòngchǎn zhǔyì
comunista	共产主义的	gòngchǎn zhǔyì de
comunista (m)	共产主义者	gòngchǎn zhǔyì zhě

democracia (f)	民主	mínzhǔ
democrata (m)	民主党人	mínzhǔ dǎng rén
democrático	民主的	mínzhǔ de
Partido (m) Democrático	民主党	mínzhǔ dǎng

| liberal (m) | 自由主义者 | zìyóu zhǔyì zhě |
| liberal | 自由主义的 | zìyóu zhǔyì de |

| conservador (m) | 保守的人 | bǎoshǒu de rén |
| conservador | 保守的 | bǎoshǒu de |

república (f)	共和国	gònghé guó
republicano (m)	共和党人	gònghé dǎng rén
Partido (m) Republicano	共和党	gònghé dǎng

eleições (f pl)	选举	xuǎnjǔ
eleger (vt)	选举	xuǎnjǔ
eleitor (m)	选举人	xuǎnjǔ rén
campanha (f) eleitoral	选举运动	xuǎnjǔ yùndòng

votação (f)	投票	tóu piào
votar (vi)	投票	tóu piào
direito (m) de voto	投票权	tóupiào quán

candidato (m)	候选人	hòuxuǎnrén
candidatar-se (vi)	作候选人	zuò hòuxuǎnrén
campanha (f)	运动	yùn dòng

| da oposição | 反对党的 | fǎn duì dǎng de |
| oposição (f) | 反对党 | fǎn duì dǎng |

| visita (f) | 访问 | fǎng wèn |
| visita (f) oficial | 正式访问 | zhèng shì fǎng wèn |

internacional	国际的	guó jì de
negociações (f pl)	谈判	tánpàn
negociar (vi)	进行谈判	jìnxíng tánpàn

244. Política. Governo. Parte 2

sociedade (f)	社会	shè huì
constituição (f)	宪法	xiàn fǎ
poder (ir para o ~)	政权	zhèng quán
corrupção (f)	贪污	tān wū

| lei (f) | 法律 | fǎ lǜ |
| legal | 合法的 | hé fǎ de |

| justiça (f) | 公正 | gōng zhèng |
| justo | 公正的 | gōng zhèng de |

comité (m)	委员会	wěi yuán huì
projeto-lei (m)	法案	fǎ àn
orçamento (m)	预算	yù suàn
política (f)	政策	zhèng cè
reforma (f)	改革	gǎi gé
radical	激进的	jī jìn de

força (f)	力，力量	lì, lì liang
poderoso	有权势的	yǒu quán shì de
partidário (m)	支持者	zhī chí zhě
influência (f)	影响	yǐng xiǎng

regime (m)	政权	zhèng quán
conflito (m)	冲突	chōng tū
conspiração (f)	阴谋	yīn móu
provocação (f)	挑衅，挑拨	tiǎo xìn, tiǎo bō

derrubar (vt)	推翻	tuī fān
derrube (m), queda (f)	推翻	tuī fān
revolução (f)	革命	gé mìng

| golpe (m) de Estado | 政变 | zhèng biàn |
| golpe (m) militar | 军事政变 | jūn shì zhèng biàn |

crise (f)	危机	wēi jī
recessão (f) económica	经济衰退	jīng jì shuāi tuì
manifestante (m)	示威者	shì wēi zhě
manifestação (f)	示威	shì wēi
lei (f) marcial	军方管制	jūn fāng guǎn zhì
base (f) militar	军事基地	jūn shì jī dì

| estabilidade (f) | 稳定 | wěn dìng |
| estável | 稳定的 | wěn dìng de |

exploração (f)	剥削	bō xuē
explorar (vt)	剥削	bō xuē
racismo (m)	种族主义	zhǒngzú zhǔ yì

racista (m)	种族主义者	zhǒngzú zhǔ yì zhě
fascismo (m)	法西斯主义	fǎxīsī zhǔ yì
fascista (m)	法西斯分子	fǎ xī sī fèn zǐ

245. Países. Diversos

estrangeiro (m)	外国人	wài guó rén
estrangeiro	外国的	wài guó de
no estrangeiro	国外	guó wài

emigrante (m)	移民	yí mín
emigração (f)	迁移出境	qiān yí chū jìng
emigrar (vi)	移居国外	yí jū guó wài

Ocidente (m)	西方	xī fāng
Oriente (m)	东方	dōng fāng
Extremo Oriente (m)	远东	yuǎn dōng
civilização (f)	文明	wén míng
humanidade (f)	人类	rén lèi
mundo (m)	世界	shì jiè
paz (f)	和平	hé píng
mundial	全世界的	quán shì jiè de

pátria (f)	祖国	zǔ guó
povo (m)	民族	mín zú
população (f)	人口	rén kǒu
gente (f)	人们	rén men
nação (f)	民族	mín zú
geração (f)	一代人	yī dài rén
território (m)	领土	lǐng tǔ
região (f)	区域	qū yù
estado (m)	州	zhōu

tradição (f)	传统	chuán tǒng
costume (m)	风俗	fēng sú
ecologia (f)	生态学	shēng tài xué

índio (m)	印第安人	yìndiān rén
cigano (m)	吉普赛人	jípǔsài rén
cigana (f)	吉普赛人	jípǔsài rén
cigano	吉普赛人的	jípǔsài rén de

império (m)	帝国	dì guó
colónia (f)	殖民地	zhí mín dì
escravidão (f)	奴隶制	nú lì zhì
invasão (f)	侵略	qīn lüè
fome (f)	饥荒	jī huāng

246. Grupos religiosos mais importantes. Confissões

| religião (f) | 宗教 | zōng jiào |
| religioso | 宗教的 | zōng jiào de |

crença (f)	信仰	xìn yǎng
crer (vt)	信教	xìn jiào
crente (m)	信徒	xìntú
ateísmo (m)	无神论	wú shén lùn
ateu (m)	无神论者	wú shén lùn zhě
cristianismo (m)	基督教	jīdū jiào
cristão (m)	基督徒	jīdū tú
cristão	基督教的	jīdū jiào de
catolicismo (m)	天主教	tiān zhǔ jiào
católico (m)	天主教徒	tiān zhǔ jiào tú
católico	天主教的	tiān zhǔ jiào de
protestantismo (m)	新教	xīn jiào
Igreja (f) Protestante	新教会	xīn jiào huì
protestante (m)	新教徒	xīn jiào tú
ortodoxia (f)	东正教	dōng zhèng jiào
Igreja (f) Ortodoxa	东正教教堂	dōng zhèng jiào jiàotáng
ortodoxo (m)	东正教的	dōng zhèng jiào de
presbiterianismo (m)	长老会	zhǎng lǎo huì
Igreja (f) Presbiteriana	长老会	zhǎng lǎo huì
presbiteriano (m)	长老会教徒	zhǎng lǎo huì jiàotú
Igreja (f) Luterana	路德会	lù dé huì
luterano (m)	路德会教友	lù dé huì jiào yǒu
Igreja (f) Batista	浸礼会	jìn lǐ huì
batista (m)	浸礼会教友	jìn lǐ huì jiào yǒu
Igreja (f) Anglicana	圣公会	shèng gōng huì
anglicano (m)	圣公会信徒	shèng gōng huì xìn tú
mormonismo (m)	摩门教	mómén jiào
mórmon (m)	摩门教徒	mómén jiào tú
Judaísmo (m)	犹太教	yóu tài jiào
judeu (m)	犹太教徒	yóu tài jiào tú
budismo (m)	佛教	fójiào
budista (m)	佛教徒	fójiào tú
hinduísmo (m)	印度教	yìndù jiào
hindu (m)	印度教徒	yìndù jiào tú
Islão (m)	伊斯兰教	yīsīlán jiào
muçulmano (m)	穆斯林	mùsīlín
muçulmano	穆斯林的	mùsīlín de
Xiismo (m)	什叶派	shíyèpài
xiita (m)	什叶派	shíyèpài
sunismo (m)	逊尼派	xùnnípài
sunita (m)	逊尼派	xùnnípài

247. Religiões. Padres

padre (m)	神父	shén fù
Papa (m)	教皇	jiào huáng
monge (m)	僧侣，修道士	sēng lǚ, xiū dào shì
freira (f)	修女	xiū nǚ
pastor (m)	牧师	mù shī
abade (m)	男修道院院长	nán xiūdàoyuàn yuànzhǎng
vigário (m)	教区牧师	jiào qū mù shī
bispo (m)	主教	zhǔ jiào
cardeal (m)	红衣主教	hóng yī zhǔ jiào
pregador (m)	传教士	chuán jiào shì
sermão (m)	布道	bù dào
paroquianos (pl)	教区居民	jiào qū jū mín
crente (m)	信徒	xìntú
ateu (m)	无神论者	wú shén lùn zhě

248. Fé. Cristianismo. Islão

Adão	亚当	yà dāng
Eva	夏娃	xià wá
Deus (m)	上帝	shàng dì
Senhor (m)	上帝	shàng dì
Todo Poderoso (m)	上帝	shàng dì
pecado (m)	罪	zuì
pecar (vi)	犯罪	fàn zuì
pecador (m)	罪人	zuì rén
pecadora (f)	罪人	zuì rén
inferno (m)	地狱	dì yù
paraíso (m)	天堂	tiān táng
Jesus	耶稣	yēsū
Jesus Cristo	耶稣基督	yēsū jīdū
Espírito (m) Santo	圣灵	shèng líng
Salvador (m)	救世主	jiù shì zhǔ
Virgem Maria (f)	圣母	shèng mǔ
Diabo (m)	魔鬼	mó guǐ
diabólico	魔鬼的	mó guǐ de
Satanás (m)	撒旦	sā dàn
satânico	撒旦的	sā dàn de
anjo (m)	天使	tiān shǐ
anjo (m) da guarda	守护天使	shǒu hù tiān shǐ
angélico	天使的	tiān shǐ de

apóstolo (m)	使徒	shǐ tú
arcanjo (m)	天使长	tiān shǐzhǎng
anticristo (m)	敌基督	dí jī dū

Igreja (f)	教会	jiào huì
Bíblia (f)	圣经	shèng jīng
bíblico	圣经的	shèng jīng de

Velho Testamento (m)	旧约全书	jiù yuē quán shū
Novo Testamento (m)	新约全书	xīn yuē quán shū
Evangelho (m)	福音书	fú yīn shū
Sagradas Escrituras (f pl)	圣经	shèng jīng
Céu (m)	天堂	tiān táng

mandamento (m)	诫	jiè
profeta (m)	先知	xiān zhī
profecia (f)	预言	yù yán

Alá	真主	zhēnzhǔ
Maomé	穆罕默德	mùhǎnmòdé
Corão, Alcorão (m)	古兰经	gǔlánjīng

mesquita (f)	清真寺	qīng zhēn sì
mulá (m)	毛拉	máo lā
oração (f)	祈祷文	qí dǎo wén
rezar, orar (vi)	祈祷	qí dǎo

peregrinação (f)	朝圣	cháo shèng
peregrino (m)	朝圣者	cháo shèng zhě
Meca (f)	麦加	màijiā

igreja (f)	教会	jiào huì
templo (m)	庙宇，教堂	miào yǔ, jiào táng
catedral (f)	大教堂	dà jiào táng
gótico	哥特式的	gē tè shì de
sinagoga (f)	犹太教堂	yóu tài jiào táng
mesquita (f)	清真寺	qīng zhēn sì

capela (f)	小教堂	xiǎo jiào táng
abadia (f)	修道院	xiū dào yuàn
convento (m)	女修道院	nǚ xiū dào yuàn
mosteiro (m)	男修道院	nán xiū dào yuàn

sino (m)	钟	zhōng
campanário (m)	钟楼	zhōng lóu
repicar (vi)	响	xiǎng

cruz (f)	十字架	shí zì jià
cúpula (f)	圆顶	yuán dǐng
ícone (m)	圣像	shèng xiàng

alma (f)	灵魂	líng hún
destino (m)	命运	mìng yùn
mal (m)	恶	è
bem (m)	美德	měi dé
vampiro (m)	吸血鬼	xī xuè guǐ

bruxa (f)	巫婆	wū pó
demónio (m)	魔鬼	mó guǐ
espírito (m)	鬼魂，幽灵	guǐ hún, yōu líng

| redenção (f) | 赎罪 | shú zuì |
| redimir (vt) | 拯救 | zhěng jiù |

missa (f)	礼拜	lǐ bài
celebrar a missa	作礼拜	zuò lǐ bài
confissão (f)	忏悔	chàn huǐ
confessar-se (vr)	忏悔	chàn huǐ

santo (m)	圣徒	shèng tú
sagrado	神圣的	shén shèng de
água (f) benta	圣水	shèng shuǐ

ritual (m)	仪式	yí shì
ritual	仪式的	yí shì de
sacrifício (m)	祭品	jì pǐn

superstição (f)	迷信	mí xìn
supersticioso	迷信的	mí xìn de
vida (f) depois da morte	来世，来生	lái shì, lái shēng
vida (f) eterna	永生	yǒng shēng

TEMAS DIVERSOS

249. Várias palavras úteis

ajuda (f)	帮助	bāng zhù
barreira (f)	障碍	zhàng ài
base (f)	基础	jī chǔ
categoria (f)	类别	lèi bié
causa (f)	原因	yuán yīn
coincidência (f)	巧合	qiǎo hé
coisa (f)	东西	dōng xi
começo (m)	起点	qǐ diǎn
cómodo (ex. poltrona ~a)	舒适的	shū shì de
comparação (f)	比较	bǐ jiào
compensação (f)	补偿	bǔ cháng
crescimento (m)	生长	shēng zhǎng
desenvolvimento (m)	发展	fā zhǎn
diferença (f)	差别	chā bié
efeito (m)	结果	jié guǒ
elemento (m)	要素	yào sù
equilíbrio (m)	平衡	píng héng
erro (m)	错误	cuò wù
esforço (m)	努力	nǔ lì
estilo (m)	风格	fēng gé
exemplo (m)	例子	lì zi
facto (m)	事实	shì shí
fim (m)	终点	zhōng diǎn
forma (f)	形状	xíng zhuàng
frequente	频繁的	pín fán de
fundo (ex. ~ verde)	背景	bèi jǐng
género (tipo)	种类	zhǒng lèi
grau (m)	程度	chéng dù
ideal (m)	理想	lǐ xiǎng
labirinto (m)	迷宫	mí gōng
modo (m)	方法	fāng fǎ
momento (m)	时刻	shí kè
objeto (m)	物体	wù tǐ
obstáculo (m)	障碍物	zhàng ài wù
original (m)	原作	yuán zuò
padrão	标准的	biāo zhǔn de
padrão (m)	标准	biāo zhǔn
paragem (pausa)	停顿	tíng dùn
parte (f)	部分	bù fèn

partícula (f)	微粒	wēi lì
pausa (f)	停顿	tíng dùn
posição (f)	位置	wèi shi
princípio (m)	原则	yuán zé
problema (m)	问题	wèn tí
processo (m)	过程	guò chéng
progresso (m)	进步	jìn bù
propriedade (f)	性质	xìng zhì
reação (f)	反映	fǎn yìng
risco (m)	冒险	mào xiǎn
ritmo (m)	速度	sù dù
segredo (m)	秘密	mì mì
série (f)	系列	xì liè
sistema (m)	系统	xì tǒng
situação (f)	情况	qíng kuàng
solução (f)	解决办法	jiě jué bàn fǎ
tabela (f)	表格	biǎo gé
termo (ex. ~ técnico)	术语	shù yǔ
tipo (m)	类型	lèi xíng
urgente	紧急的	jǐn jí de
urgentemente	紧急地	jǐn jí de
utilidade (f)	益处	yì chù
variante (f)	变体	biàn tǐ
variedade (f)	选择	xuǎn zé
verdade (f)	真理	zhēn lǐ
vez (f)	轮到	lún dào
zona (f)	地区	dì qū

250. Modificadores. Adjetivos. Parte 1

aberto	开的	kāi de
afiado	锋利的	fēng lì de
agradável	好听的	hǎo tīng de
agradecido	感激的	gǎn jī de
alegre	欢乐的	huān lè de
alto (ex. voz ~a)	大声的	dà shēng de
amargo	苦的	kǔ de
amplo	宽敞的	kuān chang de
antigo	古代的	gǔ dài de
apertado (sapatos ~s)	紧身的	jǐn shēn de
apropriado	合适的	hé shì de
arriscado	冒险的	mào xiǎn de
artificial	人造的	rén zào de
azedo	酸的	suān de
baixo (voz ~a)	低声的	dī shēng de
barato	便宜的	pián yi de

belo	美丽的	měi lì de
bom	好的	hǎo de

bondoso	善良的	shàn liáng de
bonito	漂亮的	piào liang de
bronzeado	晒黑的	shài hēi de
burro, estúpido	笨的	bèn de
calmo	平静的	píng jìng de

cansado	疲劳的	pí láo de
cansativo	引起疲劳的	yǐn qǐ pí láo de
carinhoso	关心的	guān xīn de
caro	贵的	guì de
cego	瞎的	xiā de

central	中间的	zhōng jiān de
cerrado (ex. nevoeiro ~)	浓的	nóng de
cheio (ex. copo ~)	满的	mǎn de
civil	公民的	gōng mín de

clandestino	隐秘	yǐn mì
claro	淡色	dàn sè
claro (explicação ~a)	清晰的	qīng xī de
compatível	兼容的	jiān róng de

comum, normal	平常的	píng cháng de
congelado	冷冻的	lěng dòng de
conjunto	共同的	gòng tóng de
considerável	重要的	zhòng yào de
contente	满意的	mǎnyì de

contínuo	持久的	chí jiǔ de
contrário (ex. o efeito ~)	对面的	duì miàn de
correto (resposta ~a)	正确的	zhèng què de
cru (não cozinhado)	生的	shēng de
curto	短的	duǎn de

de curta duração	短期的	duǎn qī de
de sol, ensolarado	阳光充足的	yáng guāng chōng zú de
de trás	后面的	hòu mian de
denso (fumo, etc.)	浓的	nóng de
desanuviado	无云的	wú yún de

descuidado	草率的	cǎo shuài de
difícil	难的	nán de
difícil, complexo	困难的	kùn nan de
direito	右边的	yòu bian de

distante	远的	yuǎn de
doce (açucarado)	甜的	tián de
doce (água)	淡水的	dàn shuǐ de
doente	生病的	shēng bìng de

duro (material ~)	硬的	yìng de
educado	礼貌的	lǐ mào de
encantador	好心的	hǎo xīn de

enigmático	神秘的	shén mì de
enorme	巨大的	jù dà de
escuro (quarto ~)	暗的	àn de
especial	特殊的	tè shū de
esquerdo	左边的	zuǒ bian de
estrangeiro	外国的	wài guó de
estreito	窄的	zhǎi de
exato	精确的	jīng què de
excelente	卓越的	zhuó yuè de
excessivo	过分的	guò fèn de
externo	外面的	wài mian de
fácil	容易的	róng yì de
faminto	饿的	è de
fechado	关闭的	guān bì de
feliz	幸福的	xìng fú de
fértil (terreno ~)	肥沃的	féi wò de
forte (pessoa ~)	强壮的	qiáng zhuàng de
fraco (luz ~a)	昏暗的	hūn àn de
frágil	易碎的	yì suì de
fresco	凉快的	liáng kuai de
fresco (pão ~)	新鲜的	xīn xiān de
frio	冷的	lěng de
gordo	肥的	féi de
gostoso	美味的	měi wèi de
grande	大的	dà de
gratuito, grátis	免费的	miǎn fèi de
grosso (camada ~a)	厚的	hòu de
hostil	不友善的	bù yǒu shàn de
húmido	潮湿的	cháo shī de

251. Modificadores. Adjetivos. Parte 2

igual	一样的	yī yàng de
imóvel	不动的	bù dòng de
importante	重要的	zhòng yào de
impossível	不可能的	bù kě néng de
incompreensível	不清楚的	bù qīng chu de
indigente	极为贫穷的	jí wéi pínqióng de
indispensável	不可缺少的	bù kě quēshǎo de
inexperiente	没有经验的	méiyǒu jīngyàn de
infantil	儿童的	ér tóng de
ininterrupto	不断的	bù duàn de
insignificante	不重要的	bù zhòng yào de
inteiro (completo)	整体	zhěng tǐ
inteligente	聪明的	cōng ming de
interno	里面的	lǐ miàn de
jovem	年轻的	nián qīng de

largo (caminho ~)	宽的	kuān de
legal	合法的	hé fǎ de
leve	轻的	qīng de
limitado	有限的	yǒu xiàn de
limpo	干净的	gān jìng de
líquido	液态的	yè tài de
liso	平滑的	píng huá de
liso (superfície ~a)	平坦的	píng tǎn de
livre	自由的	zì yóu de
longo (ex. cabelos ~s)	长的	cháng de
maduro (ex. fruto ~)	成熟的	chéng shú de
magro	瘦的	shòu de
magro (pessoa)	瘦的	shòu de
mais próximo	最近的	zuì jìn de
mais recente	过去的	guò qu de
mate, baço	无光泽的	wú guāng zé de
mau	坏的	huài de
meticuloso	一丝不苟的	yī sī bù gǒu de
míope	近视的	jìn shì de
mole	软的	ruǎn de
molhado	湿的	shī de
moreno	黝黑的	yǒu hēi de
morto	死的	sǐ de
não difícil	不难的	bù nánde
não é clara	不明确	bù míng què
não muito grande	不大的	bù dà de
natal (país ~)	祖国的	zǔ guó de
necessário	必要的	bì yào de
negativo	否定的	fǒu dìng de
nervoso	紧张的	jǐn zhāng de
normal	正常的	zhèng cháng de
novo	新的	xīn de
o mais importante	最重要的	zuì zhòng yào de
obrigatório	必需的	bì xū de
original	特别的	tè bié de
passado	上 … ，过去的	shàng …, guòqu de
pequeno	小的	xiǎo de
perigoso	危险的	wēi xiǎn de
permanente	长期的	cháng qī de
perto	近的	jìn de
pesado	重的	zhòng de
pessoal	个人的	gè rén de
plano (ex. ecrã ~ a)	平板	píng bǎn
pobre	贫穷的	pín qióng de
pontual	准时的	zhǔn shí de
possível	可能的	kě néng de
pouco fundo	浅的	qiǎn de

presente (ex. momento ~)	目前的	mù qián de
primeiro (principal)	基本的	jī běn de
principal	主要的	zhǔ yào de
privado	私立的	sī lì de
provável	可能的	kě néng de
próximo	近的	jìn de
público	公共的	gōng gòng de
quente (cálido)	烫的	tàng de
quente (morno)	暖和的	nuǎn huo de
rápido	快的	kuài de
raro	罕见的	hǎn jiàn de
remoto, longínquo	遥远的	yáo yuǎn de
reto	直的	zhí de
salgado	咸的	xián de
satisfeito	满足的	mǎn zú de
seco	干的	gān de
seguinte	下一	xià yī
seguro	安全的	ān quán de
similar	相像的	xiāng xiàng de
simples	简单的	jiǎn dān de
soberbo	非常好的	fēicháng hǎo de
sólido	坚固的	jiāng ù de
sombrio	黑暗的	hēi àn de
sujo	脏的	zāng de
superior	最高的	zuì gāo de
suplementar	附加的	fù jiā de
terno, afetuoso	温柔的	wēn róu de
tranquilo	安静的	ān jìng de
transparente	透明的	tòu míng de
triste (pessoa)	悲哀的	bēi āi de
triste (um ar ~)	不幸福的	bù xìng fú de
último	最后的	zuì hòu de
único	罕见的	hǎn jiàn de
usado	二手的	èr shǒu de
vazio (meio ~)	空的	kōng de
velho	旧的	jiù de
vizinho	邻近的	lín jìn de

500 VERBOS PRINCIPAIS

252. Verbos A-B

aborrecer-se (vr)	感到厌烦	gǎn dào yàn fán
abraçar (vt)	拥抱	yōng bào
abrir (~ a janela)	开	kāi
acalmar (vt)	平静下来	píngjìng xiàlai
acariciar (vt)	轻抚	qīng fǔ
acenar (vt)	挥动	huī dòng
acender (~ uma fogueira)	点燃	diǎn rán
achar (vt)	想，认为	xiǎng, rèn wéi
acompanhar (vt)	伴随	bàn suí
aconselhar (vt)	建议	jià nyì
acordar (despertar)	叫醒	jiào xǐng
acrescentar (vt)	增加	zēng jiā
acusar (vt)	责备	zé bèi
adestrar (vt)	训练	xùn liàn
adivinhar (vt)	猜中	cāi zhòng
admirar (vt)	钦佩	qīn pèi
advertir (vt)	警告	jǐng gào
afirmar (vt)	断言	duàn yán
afogar-se (pessoa)	溺死	nì sǐ
afugentar (vt)	把 … 赶走	bǎ … gǎn zǒu
agir (vi)	行动	xíng dòng
agitar, sacudir (objeto)	摇动	yáo dòng
agradecer (vt)	感谢	gǎn xiè
ajudar (vt)	帮助	bāng zhù
alcançar (objetivos)	得到	dé dào
alimentar (dar comida)	喂养	wèi yǎng
almoçar (vi)	吃午饭	chī wǔ fàn
alugar (~ o barco, etc.)	租	zū
alugar (~ um apartamento)	租房	zū fáng
amar (pessoa)	爱	ài
amarrar (vt)	把 … 绑起来	bǎ … bǎng qi lai
ameaçar (vt)	威胁	wēi xié
amputar (vt)	截肢	jié zhī
anotar (escrever)	记录	jì lù
anular, cancelar (vt)	取消	qǔ xiāo
apagar (com apagador, etc.)	擦掉	cā diào
apagar (um incêndio)	扑灭	pū miè
apaixonar-se de …	爱上	ài shàng

aparecer (vi)	出现	chū xiàn
aplaudir (vi)	鼓掌	gǔ zhǎng
apoiar (vt)	支持	zhī chí
apontar para ...	瞄准	miáo zhǔn
apresentar (alguém a alguém)	介绍	jiè shào
apresentar (Gostaria de ~)	介绍	jiè shào
apressar (vt)	催促	cuī cù
apressar-se (vr)	急忙	jí máng
aproximar-se (vr)	走近	zǒu jìn
aquecer (vt)	加热	jiā rè
arrancar (vt)	撕掉	sī diào
arranhar (gato, etc.)	抓破	zhuā pò
arrepender-se (vr)	后悔	hòu huǐ
arriscar (vt)	冒险	mào xiǎn
arrumar, limpar (vt)	打扫	dǎ sǎo
aspirar a ...	渴望	kě wàng
assinar (vt)	签名	qiān míng
assistir (vt)	帮助	bāng zhù
atacar (vt)	攻击	gōng jī
atar (vt)	拴	shuān
atirar (vi)	射击	shè jī
atracar (vi)	系泊	jì bó
aumentar (vi)	增加	zēng jiā
aumentar (vt)	增加	zēng jiā
avançar (sb. trabalhos, etc.)	前进	qián jìn
avistar (vt)	看到	kàn dào
baixar (guindaste)	放下	fàng xià
barbear-se (vr)	刮脸	guā liǎn
basear-se em ...	根据	gēn jù
bastar (vi)	足够	zú gòu
bater (espancar)	打	dǎ
bater (vi)	敲门	qiāo mén
bater-se (vr)	打架	dǎ jià
beber, tomar (vt)	喝	hē
brilhar (vi)	发光	fā guāng
brincar, jogar (crianças)	玩	wán
buscar (vt)	寻找	xún zhǎo

253. Verbos C-D

caçar (vi)	打猎	dǎ liè
calar-se (parar de falar)	停止说话	tíng zhǐ shuōhuà
calcular (vt)	计算	jì suàn
carregar (o caminhão)	装载	zhuāng zài
carregar (uma arma)	装弹	zhuāng dàn

casar-se (vr)	结婚	jié hūn
causar (vt)	引起	yǐn qǐ
cavar (vt)	挖	wā
ceder (não resistir)	让步	ràng bù
cegar, ofuscar (vt)	使 ··· 失明	shǐ ... shī míng
censurar (vt)	指责	zhǐ zé
cessar (vt)	停止	tíng zhǐ
chamar (~ por socorro)	呼	hū
chegar (a algum lugar)	到达	dào dá
chegar (sb. comboio, etc.)	到达	dào dá
cheirar (tem o cheiro)	有 ··· 气味	yǒu ... qì wèi
cheirar (uma flor)	闻到	wén dào
chorar (vi)	哭	kū
citar (vt)	援引	yuán yǐn
colher (flores)	采，摘	cǎi, zhāi
colocar (vt)	放	fàng
combater (vi, vt)	战斗	zhàn dòu
começar (vt)	开始	kāi shǐ
comer (vt)	吃	chī
comparar (vt)	比较	bǐ jiào
compensar (vt)	补偿	bǔ cháng
competir (vi)	竞争	jìng zhēng
complicar (vt)	使复杂化	shǐ fù zá huà
compor (vt)	创作	chuàng zuò
comportar-se (vr)	表现	biǎo xiàn
comprar (vt)	买，购买	mǎi, gòu mǎi
compreender (vt)	明白	míng bai
comprometer (vt)	损害 ··· 名誉	sǔnhài ... míngyù
concentrar-se (vr)	集中	jí zhōng
concordar (dizer "sim")	同意	tóng yì
condecorar (dar medalha)	奖赏	jiǎng shǎng
conduzir (~ o carro)	开车	kāi chē
confessar-se (criminoso)	坦白	tǎn bái
confiar (vt)	信任	xìn rèn
confundir (equivocar-se)	混淆	hùn xiáo
conhecer (vt)	认识	rèn shi
conhecer-se (vr)	相识	xiāng shí
consertar (vt)	整理	zhěng lǐ
consultar ...	咨询	zī xún
contagiar-se com ...	被传染	bèi chuán rǎn
contar (vt)	讲	jiǎng
contar com ...	指望	zhǐ wàng
continuar (vt)	继续	jì xù
contratar (vt)	雇用	gù yòng
controlar (vt)	控制	kòng zhì

convencer (vt)	说服	shuō fú
convidar (vt)	邀请	yāo qǐng
cooperar (vi)	合作	hé zuò
coordenar (vt)	配合	pèi hé
corar (vi)	脸红	liǎn hóng
correr (vi)	跑	pǎo
corrigir (vt)	改正	gǎi zhèng
cortar (com um machado)	砍掉	kǎn diào
cortar (vt)	切下	qiē xià
cozinhar (vt)	做饭	zuò fàn
crer (pensar)	相信	xiāng xìn
criar (vt)	创造	chuàng zào
cultivar (vt)	种植	zhòng zhí
cuspir (vi)	吐	tǔ
custar (vt)	价钱为	jià qian wèi
dar banho, lavar (vt)	给 ⋯ 洗澡	gěi ... xǐzǎo
datar (vi)	日期为	rìqī wèi
decidir (vt)	决定	jué dìng
decorar (enfeitar)	装饰	zhuāng shì
dedicar (vt)	献给	xiàn gěi
defender (vt)	保卫	bǎo wèi
defender-se (vr)	保卫，自卫	bǎo wèi, zì wèi
deixar (~ a mulher)	抛弃	pāo qì
deixar (esquecer)	忘在	wàng zài
deixar (permitir)	允许	yǔn xǔ
deixar cair (vt)	掉	diào
denominar (vt)	把 ⋯ 命名为	bǎ ... mìng míng wéi
denunciar (vt)	告发	gào fā
depender de ... (vi)	依赖	yī lài
derramar (vt)	洒出	sǎ chū
desaparecer (vi)	消失	xiāo shī
desatar (vt)	解开	jiě kāi
desatracar (vi)	启航	qǐ háng
descansar (um pouco)	休息	xiū xi
descer (para baixo)	下来	xià lai
descobrir (novas terras)	发现	fā xiàn
descolar (avião)	起飞	qǐ fēi
desculpar (vt)	原谅	yuán liàng
desculpar-se (vr)	道歉	dào qiàn
desejar (vt)	想要	xiǎng yào
desempenhar (vt)	扮演	bà nyǎn
desligar (vt)	关	guān
desprezar (vt)	看不起	kàn bu qǐ
destruir (documentos, etc.)	销毁	xiāo huǐ
dever (vi)	必须	bì xū
devolver (vt)	归还	guī huán

direcionar (vt)	指引	zhǐ yǐn
dirigir (~ uma empresa)	领导	lǐng dǎo
dirigir-se (a um auditório, etc.)	对 ⋯ 说话	duì ... shuō huà
discutir (notícias, etc.)	讨论	tǎo lùn

distribuir (folhetos, etc.)	分发	fēn fā
distribuir (vt)	分发	fēn fā
divertir (vt)	使快乐	shǐ kuài lè
divertir-se (vr)	乐趣	lè qù

dividir (mat.)	除	chú
dizer (vt)	说	shuō
dobrar (vt)	加倍	jiā bèi
duvidar (vt)	怀疑	huái yí

254. Verbos E-J

elaborar (uma lista)	编制	biān zhì
elevar-se acima de ...	高耸	gāo sǒng
eliminar (um obstáculo)	消除	xiāo chú
embrulhar (com papel)	包装	bāo zhuāng

emergir (submarino)	浮出	fú chū
emitir (vt)	散发	sàn fā
empreender (vt)	从事	cóng shì
empurrar (vt)	推	tuī

encabeçar (vt)	组长	zǔ zhǎng
encher (~ a garrafa, etc.)	装满	zhuāng mǎn
encontrar (achar)	找到	zhǎo dào
enganar (vt)	骗	piàn

ensinar (vt)	教	jiào
entrar (na sala, etc.)	进来	jìn lái
enviar (uma carta)	寄	jì
equipar (vt)	装备	zhuāng bèi

errar (vi)	犯错	fàn cuò
escolher (vt)	选	xuǎn
esconder (vt)	藏	cáng
escrever (vt)	写	xiě

escutar (vt)	听	tīng
escutar atrás da porta	偷听	tōu tīng
esmagar (um inseto, etc.)	压扁	yā biǎn
esperar (contar com)	预期	yù qī

esperar (o autocarro, etc.)	等	děng
esperar (ter esperança)	希望	xī wàng
espreitar (vi)	偷看	tōu kàn
esquecer (vt)	忘	wàng
estar	在	zài
estar convencido	确信	què xìn

estar deitado	躺	tǎng
estar perplexo	困惑	kùn huò
estar sentado	坐	zuò
estremecer (vi)	战栗	zhàn lì
estudar (vt)	学习	xué xí
evitar (vt)	避免	bì miǎn
examinar (vt)	严密检查	yán mì jiǎn chá
exigir (vt)	要求	yāo qiú
existir (vi)	存在	cún zài
explicar (vt)	说明	shuō míng
expressar (vt)	表示	biǎo shì
expulsar (vt)	开除	kāi chú
facilitar (vt)	减轻	jiǎn qīng
falar com ...	谈话	tán huà
faltar a ...	错过	cuò guò
fascinar (vt)	迷住	mí zhu
fatigar (vt)	使 ··· 疲劳	shǐ ... píláo
fazer (vt)	做	zuò
fazer lembrar	提醒	tí xǐng
fazer piadas	开玩笑	kāi wán xiào
fazer uma tentativa	试	shì
fechar (vt)	关上	guān shàng
felicitar (dar os parabéns)	祝贺	zhù hè
ficar cansado	疲倦	pí juàn
ficar em silêncio	沉默	chén mò
ficar pensativo	思考	sī kǎo
forçar (vt)	强迫	qiǎng pò
formar (vt)	形成	xíng chéng
fotografar (vt)	拍照	pāi zhào
gabar-se (vr)	自夸	zì kuā
garantir (vt)	保证	bǎo zhèng
gostar (apreciar)	喜欢	xǐ huan
gostar (vt)	喜欢	xǐ huan
gritar (vi)	叫喊	jiào hǎn
guardar (cartas, etc.)	保存	bǎo cún
guardar (no armário, etc.)	收好	shōu hǎo
guerrear (vt)	开战	kāi zhàn
herdar (vt)	继承	jì chéng
iluminar (vt)	照亮	zhào liàng
imaginar (vt)	想象	xiǎng xiàng
imitar (vt)	模仿	mó fǎng
implorar (vt)	恳求	kěn qiú
importar (vt)	进口	jìn kǒu
indicar (orientar)	指出	zhǐ chū
indignar-se (vr)	气愤	qì fèn
infetar, contagiar (vt)	传染	chuán rǎn

influenciar (vt)	影响	yǐng xiǎng
informar (fazer saber)	通知	tōng zhī
informar (vt)	通知	tōng zhī
informar-se (~ sobre)	打听	dǎ ting
inscrever (na lista)	写入	xiě rù
inserir (vt)	插入	chā rù
insinuar (vt)	暗示	àn shì
insistir (vi)	坚持	jiān chí
inspirar (vt)	激发	jī fā
instruir (vt)	指导	zhǐ dǎo
insultar (vt)	侮辱	wǔ rǔ
interessar (vt)	使感兴趣	shǐgǎn xìngqù
interessar-se (vr)	对 ··· 感兴趣	duì … gǎn xìng qù
intervir (vi)	干涉	gān shè
invejar (vt)	妒忌	dù jì
inventar (vt)	发明	fā míng
ir (a pé)	走	zǒu
ir (de carro, etc.)	··· 去	… qù
ir nadar	去游泳	qù yóu yǒng
ir para a cama	去睡觉	qù shuì jiào
irritar (vt)	激怒	jī nù
irritar-se (vr)	生气	shēng qì
isolar (vt)	使隔离	shǐ gélí
jantar (vi)	吃晚饭	chī wǎn fàn
jogar, atirar (vt)	扔	rēng
juntar, unir (vt)	联合	lián hé
juntar-se a …	加入	jiā rù

255. Verbos L-P

lançar (novo projeto)	开动	kāi dòng
lavar (vt)	洗	xǐ
lavar a roupa	洗衣服	xǐ yī fu
lavar-se (vr)	洗澡	xǐ zǎo
lembrar (vt)	记得	jì de
ler (vt)	读	dú
levantar-se (vr)	起床	qǐ chuáng
levar (ex. leva isso daqui)	拿走	ná zǒu
libertar (cidade, etc.)	解放	jiě fàng
ligar (o radio, etc.)	打开	dǎ kāi
limitar (vt)	限制	xiàn zhì
limpar (eliminar sujeira)	擦净	cā jìng
limpar (vt)	擦净	cā jìng
lisonjear (vt)	谄媚	chǎn mèi
livrar-se de …	摆脱	bǎi tuō

lutar (combater)	战斗	zhàn dòu
lutar (desp.)	摔跤	shuāi jiāo
marcar (com lápis, etc.)	标出	biāo chū
matar (vt)	杀死	shā sǐ
memorizar (vt)	记住	jì zhù
mencionar (vt)	提到	tí dào
mentir (vi)	说谎	shuō huǎng
merecer (vt)	应得	yīng dé
mergulhar (vi)	跳水	tiào shuǐ
misturar (combinar)	混合	hùn hé
morar (vt)	生活	shēng huó
mostrar (vt)	展示	zhǎn shì
mover (arredar)	挪动	nuó dòng
mudar (modificar)	改变	gǎi biàn
multiplicar (vt)	乘	chéng
nadar (vi)	游泳	yóuyǒng
negar (vt)	否认	fǒu rèn
negociar (vi)	进行谈判	jìnxíng tánpàn
nomear (função)	指派	zhǐ pài
obedecer (vt)	服从	fú cóng
objetar (vt)	反对	fǎn duì
observar (vt)	观察	guān chá
ofender (vt)	得罪	dé zui
olhar (vt)	看	kàn
omitir (vt)	省略	shěng lüè
ordenar (mil.)	命令	mìng lìng
organizar (evento, etc.)	组织	zǔ zhī
ousar (vt)	胆敢	dǎn gǎn
ouvir (vt)	听见	tīng jiàn
pagar (vt)	付，支付	fù, zhī fù
parar (para descansar)	停止	tíng zhǐ
parecer-se (vr)	看起来像	kàn qǐ lái xiàng
participar (vi)	参与	cān yù
partir (~ para o estrangeiro)	离开	lí kāi
passar (vt)	驶过	shǐ guò
passar a ferro	烫	tàng
pecar (vi)	犯罪	fàn zuì
pedir (comida)	订菜	dìng cài
pedir (um favor, etc.)	请求	qǐng qiú
pegar (tomar com a mão)	抓住	zhuā zhù
pegar (tomar)	拿	ná
pendurar (cortinas, etc.)	悬挂	xuán guà
penetrar (vt)	穿透	chuān tòu
pensar (vt)	想	xiǎng
pentear-se (vr)	梳头	shū tóu
perceber (ver)	注意到	zhù yì dào

perder (o guarda-chuva, etc.)	丢失	diū shī
perdoar (vt)	原谅	yuán liàng
permitir (vt)	允许	yǔn xǔ
pertencer a ...	属于	shǔ yú
perturbar (vt)	打扰	dǎ rǎo
pesar (ter o peso)	重量为	zhòng liàng wéi
pescar (vt)	钓鱼	diào yú
planear (vt)	计划	jì huà
poder (vi)	能	néng
pôr (posicionar)	放置	fàng zhì
possuir (vt)	拥有	yōng yǒu
predominar (vi, vt)	占优势	zhàn yōu shì
preferir (vt)	宁愿	nìng yuàn
preocupar (vt)	使 ⋯ 发愁	shǐ ... fā chóu
preocupar-se (vr)	担心	dān xīn
preocupar-se (vr)	焦急	jiā ojí
preparar (vt)	准备	zhǔn bèi
preservar (ex. ~ a paz)	保持	bǎo chí
prever (vt)	预见	yù jiàn
privar (vt)	使丧失	shǐ sàng shī
proibir (vt)	禁止	jìn zhǐ
projetar, criar (vt)	设计	shè jì
prometer (vt)	承诺	chéng nuò
pronunciar (vt)	发音	fā yīn
propor (vt)	提议	tí yì
proteger (a natureza)	保护	bǎo hù
protestar (vi)	抗议	kàng yì
provar (~ a teoria, etc.)	证明	zhèng míng
provocar (vt)	挑衅	tiǎo xìn
publicitar (vt)	广告	guǎng gào
punir, castigar (vt)	惩罚	chéng fá
puxar (vt)	拉	lā

256. Verbos Q-Z

quebrar (vt)	打破	dǎ pò
queimar (vt)	烧	shāo
queixar-se (vr)	抱怨	bào yuàn
querer (desejar)	想，想要	xiǎng, xiǎng yào
rachar-se (vr)	裂	liè
realizar (vt)	实现	shí xiàn
recomendar (vt)	推荐	tuī jiàn
reconhecer (identificar)	认出	rèn chū
reconhecer (o erro)	承认	chéng rèn
recordar, lembrar (vt)	记起	jì qǐ

recuperar-se (vr)	复原	fù yuán
recusar (vt)	拒绝	jù jué
reduzir (vt)	减少	jiǎn shǎo
refazer (vt)	重做	zhòng zuò
reforçar (vt)	加强	jiā qiáng
refrear (vt)	制止	zhì zhǐ
regar (plantas)	给 … 浇水	gěi … jiāo shuǐ
remover (~ uma mancha)	去除	qù chú
reparar (vt)	修理	xiū lǐ
repetir (dizer outra vez)	重复	chóng fù
reportar (vt)	报告	bào gào
repreender (vt)	责骂	zé mà
reservar (~ um quarto)	预订	yù dìng
resolver (o conflito)	解决	jiě jué
resolver (um problema)	解开	jiě kāi
respirar (vi)	呼吸	hū xī
responder (vt)	回答	huí dá
rezar, orar (vi)	祈祷	qí dǎo
rir (vi)	笑	xiào
romper-se (corda, etc.)	拉断	lā duàn
roubar (vt)	偷窃	tōu qiè
saber (vt)	知道	zhī dào
sair (~ de casa)	出来	chū lái
sair (livro)	出版	chū bǎn
salvar (vt)	救出	jiù chū
satisfazer (vt)	使满意	shǐ mǎn yì
saudar (vt)	欢迎	huān yíng
secar (vt)	把 … 弄干	bǎ … nòng gān
seguir …	跟随	gēn suí
selecionar (vt)	挑选	tiāo xuǎn
semear (vt)	播种	bō zhǒng
sentar-se (vr)	坐下	zuò xia
sentenciar (vt)	判处	pàn chǔ
sentir (~ perigo)	感觉	gǎn jué
ser diferente	与 … 不同	yù … bùtóng
ser indispensável	需要	xū yào
ser necessário	需要	xū yào
ser preservado	保持	bǎo chí
ser, estar	当	dāng
servir (restaurant, etc.)	服务	fú wù
servir (roupa)	合适	hé shì
significar (palavra, etc.)	表示	biǎo shì
significar (vt)	意味着	yì wèi zhe
simplificar (vt)	简化	jiǎn huà
sobrestimar (vt)	评价过高	píngjià guògāo
sofrer (vt)	感到痛苦	gǎn dào tòng kǔ

sonhar (vi)	做梦	zuò mèng
sonhar (vt)	梦想	mèng xiǎng
soprar (vi)	吹	chuī

sorrir (vi)	微笑	wēi xiào
subestimar (vt)	轻视	qīng shì
sublinhar (vt)	在 … 下画线	zài … xià huà xiàn
sujar-se (vr)	弄脏	nòng zāng

supor (vt)	假设	jiǎ shè
suportar (as dores)	忍受	rěn shòu
surpreender (vt)	使惊讶	shǐ jīng yà
surpreender-se (vr)	吃惊	chī jīng
suspeitar (vt)	怀疑	huái yí

suspirar (vi)	叹气	tàn qì
tentar (vt)	试图	shì tú
ter (vt)	有	yǒu
ter medo	害怕	hài pà

terminar (vt)	结束	jié shù
tirar (vt)	取下	qǔ xià
tirar cópias	复印	fù yìn
tirar uma conclusão	下结论	xià jié lùn

tocar (com as mãos)	摸	mō
tomar emprestado	借	jiè
tomar nota	记录	jì lù
tomar o pequeno-almoço	吃早饭	chī zǎo fàn

tornar-se (ex. ~ conhecido)	变成	biàn chéng
trabalhar (vi)	工作	gōng zuò
traduzir (vt)	翻译	fān yì
transformar (vt)	改造	gǎi zào

tratar (a doença)	治疗	zhì liáo
trazer (vt)	运来，带来	yùn lái, dài lái
treinar (pessoa)	训练	xùn liàn
treinar-se (vr)	训练	xùn liàn
tremer (de frio)	颤抖	chàn dǒu

trocar (vt)	交换	jiāo huàn
trocar, mudar (vt)	改变	gǎi biàn
usar (uma palavra, etc.)	使用	shǐ yòng
utilizar (vt)	利用	lì yòng
vacinar (vt)	给 … 接种疫苗	gěi … jiē zhòng yì miáo

vender (vt)	卖	mài
verter (encher)	倒入	dào rù
vingar (vt)	报 … 之仇	bào … zhī chóu
virar (ex. ~ à direita)	转弯	zhuǎn wān
virar (pedra, etc.)	把 … 翻过去	bǎ … fān guò qu

virar as costas	扭过脸去	niǔ guò liǎn qu
viver (vi)	存在	cún zài
voar (vi)	飞	fēi

voltar (vi)	回来	huí lai
votar (vi)	投票	tóu piào
zangar (vt)	使生气	shǐ shēng qì
zangar-se com …	生气	shēng qì
zombar (vt)	嘲笑	cháo xiào